MARCELO HUGO DA ROCHA
Coordenação

PRÁTICA EMPRESARIAL

MARCELO HUGO DA ROCHA
Coordenação

GIOVANI MAGALHÃES
LORRAINE BONADIO
RENATO BORELLI

PRÁTICA
EMPRESARIAL

9ª edição
2025

- Os autores deste livro e a editora empenharam seus melhores esforços para assegurar que as informações e os procedimentos apresentados no texto estejam em acordo com os padrões aceitos à época da publicação, e todos os dados foram atualizados pelos autores até a data de fechamento do livro. Entretanto, tendo em conta a evolução das ciências, as atualizações legislativas, as mudanças regulamentares governamentais e o constante fluxo de novas informações sobre os temas que constam do livro, recomendamos enfaticamente que os leitores consultem sempre outras fontes fidedignas, de modo a se certificarem de que as informações contidas no texto estão corretas e de que não houve alterações nas recomendações ou na legislação regulamentadora.

- Data do fechamento do livro: 11/12/2024

- Os autores e a editora se empenharam para citar adequadamente e dar o devido crédito a todos os detentores de direitos autorais de qualquer material utilizado neste livro, dispondo-se a possíveis acertos posteriores caso, inadvertida e involuntariamente, a identificação de algum deles tenha sido omitida.

- Direitos exclusivos para a língua portuguesa
  Copyright ©2025 by
  Saraiva Jur, um selo da SRV Editora Ltda.
  Uma editora integrante do GEN | Grupo Editorial Nacional
  Travessa do Ouvidor, 11
  Rio de Janeiro – RJ – 20040-040

- **Atendimento ao cliente: https://www.editoradodireito.com.br/contato**

- Reservados todos os direitos. É proibida a duplicação ou reprodução deste volume, no todo ou em parte, em quaisquer formas ou por quaisquer meios (eletrônico, mecânico, gravação, fotocópia, distribuição pela Internet ou outros), sem permissão, por escrito, da **SRV Editora Ltda.**

- Capa: Tiago Dela Rosa

DADOS INTERNACIONAIS DE CATALOGAÇÃO NA PUBLICAÇÃO (CIP)

B731p   Borelli, Renato

       Passe na OAB 2ª fase – completaço® – prática empresarial / Renato Borelli, Giovani Magalhães, Lorraine Bonadio ; coordenado por Marcelo Hugo da Rocha. – 9. ed. – São Paulo : Saraiva Jur, 2025.

       251 p. – (Passe na OAB 2ª fase - Completaço®)
       ISBN: 978-85-5362-729-5

       1. Direito. 2. OAB. 3. Exame de ordem. 4. Prática empresarial. I. Magalhães, Giovani. II. Bonadio, Lorraine. III. Rocha, Marcelo Hugo da. IV. Título. V. Série.

2024-4057

CDD 340
CDU 34

Elaborado por Odilio Hilario Moreira Junior - CRB-8/9949

Índice para catálogo sistemático:
1. Direito 340
2. Direito 34

À Luiza Claudia e Giovani Neto, os meus maiores amores da vida, as minhas maiores riquezas, que me fizeram renascer e me reinventar tanto como pessoa quanto como profissional, por terem me dado as duas missões mais importantes na vida de um ser humano: a de ser marido, compartilhando alegrias e responsabilidades na condução da família e do lar, e a de ser pai, o primeiro professor e grande herói que certamente todos tivemos.
Giovani Magalhães

A Deus, que guia cada passo dos meus projetos; à minha mãe, cuja fé inabalável em mim sempre me impulsionou; ao meu marido, meu constante pilar de incentivo e apoio; aos meus filhos, que são a essência da minha inspiração diária; e a todos os meus alunos, que colorem meus dias com aprendizado e alegria.
Lorraine Bonadio

Aos meus pais, por sempre acreditarem em mim, e aos meus filhos, verdadeira razão do meu viver.
Renato Borelli

Sobre os autores

Coordenação
MARCELO HUGO DA ROCHA

Autores
GIOVANI MAGALHÃES
Advogado. Mestre em Direito Constitucional nas Relações Privadas pela Universidade de Fortaleza – Unifor (2010). Especialista em Direito e Processo Tributário pela Fundação Escola Superior de Advocacia do Ceará – Fesac, em convênio com a UVA (2008), e em Direito Empresarial pela Fesac, em convênio com a UECE (2004). Bacharel em Direito pela Unifor. Professor da Unifor nas disciplinas de Direito Empresarial na graduação e na pós-graduação. Professor de Direito Empresarial da Fesac, em cursos de extensão e na pós-graduação em Direito Empresarial. Professor de Direito Empresarial, em preparatórios de Exame de Ordem e concursos públicos, em 1ª e 2ª Fases. Tem experiência na área de pesquisa em Direito, com ênfase em Análise Econômica do Direito, Direito Empresarial e Direito Tributário. Autor de diversos artigos jurídicos publicados em revistas jurídicas e *sites* especializados, bem como na preparação para exames da OAB e para concursos públicos, tanto na área jurídica quanto na área fiscal, nas disciplinas de Direito Empresarial e Direito Tributário, tanto em cursos presenciais quanto em cursos a distância. Autor de várias obras jurídicas. Palestrante.

LORRAINE BONADIO
Advogada. Mestranda em Direito. Especialista em Direito Processual Civil e Direito Civil pelo Instituto Brasileiro de Ensino, Desenvolvimento e Pesquisa (IDP), em Direito Empresarial pela PUC e em Gestão de Empresas, Direito Tributário e Direito Administrativo pela Uniamérica. Coordenadora de Curso de Direito e Núcleo de Prática Jurídica em Brasília/DF. Professora em cursos preparatórios para concursos públicos e Exame de Ordem. Presidente da Comissão de Direito Tributário da Subseção OAB/DF. Autora de publicações em Direito Empresarial. Palestrante.

RENATO BORELLI
Juiz Federal Substituto, junto ao TRF 1, com atuação na 15ª Vara Federal de Brasília. Corregedor do Presídio Federal de Brasília. Foi Juiz Federal Substituto do TRF 5. Foi advogado privado e advogado público. Trabalhou como assessor de Desembargador Federal (TRF 1) e de Ministro (STJ). Foi Conselheiro por dois mandatos no CARF/Ministério da Fazenda (antigo Conselho de Contribuintes). É formado em Direito e Economia, com especialização em Direito Público e Direito Tributário. Palestrante e professor com vasta experiência na preparação para concursos e preparatórios para OAB.

Nota da coordenação

A coleção **Passe na OAB 2ª Fase** com sete volumes, um para cada disciplina optativa, nasceu na primeira série "**Questões & Peças Comentadas**", lançada em 2011. Nesse período, foi lançada outra série para completar a preparação: "**Teoria & Modelos**". Então, em 2017, lançamos a primeira edição do **Passe na OAB 2ª Fase – Completaço**®, que reunia a experiência de ambas as abordagens das séries anteriores num único livro para cada disciplina.

Com o tempo, reunimos novas ferramentas para seguir pelo caminho mais rápido para aprovação na OAB. Incluímos roteiros passo a passo, súmulas selecionadas, cronograma de estudos, quadro de incidência de peças e vídeos, além de melhorias na apresentação do conteúdo com quadros, esquemas e uma diagramação mais amigável e didática. A experiência dos autores, todos professores reconhecidos, também está presente no livro que você tem em mãos e no conteúdo *online* disponível por meio do acesso ao *QR Code* ao longo da obra. Você encontrará mais questões dissertativas comentadas, peças processuais exemplificadas e vídeo. O cronograma de estudos para 40 dias de preparação e as súmulas selecionadas também estão disponíveis para acessar de forma *online*, incluindo novas atualizações dos autores. É por isso que escolhemos "Completaço" como título para esta coleção: o conteúdo é mais que completo, é Completaço!

Bons estudos e ótima aprovação!

Marcelo Hugo da Rocha
@profmarcelohugo

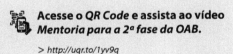

Acesse o QR Code e assista ao vídeo Mentoria para a 2ª fase da OAB.

> http://uqr.to/1yv9q

Prefácio

Há um princípio assentado em boa parte do globo: o curso de Direito forma bacharéis em Direito, não forma advogados, nem juízes, nem promotores, nem delegados, nem funcionários públicos, nem professores etc. Assim, o grau de bacharel atesta uma capacidade acadêmica; não é uma licença profissional. Para se tornar juiz, promotor, delegado, funcionário público, entre outras carreiras, é preciso fazer um concurso público e lograr aprovação. Para se tornar advogado também; e o concurso se chama Exame de Ordem.

Consequente e coerentemente, o Exame de Ordem não é uma prova de confirmação do bacharelado. Não se duvida que o bacharel tenha conhecimentos jurídicos que, aliás, são atestados por seu diploma e pela instituição que o emitiu. Afere-se se ele tem conhecimentos próprios da carreira que postula: a advocacia. Essa orientação já está presente na primeira fase do exame; mas na segunda, torna-se ainda mais acentuada.

Justo por isso, é preciso uma literatura específica que auxilie o candidato a compreender como a prova funciona, qual tipo de habilidade e competência está sendo avaliada, qual postura dele se espera. Não raro, os candidatos acabam se assustando, pois o que se pede no Exame foge daquilo que habitualmente constava das provas feitas na faculdade.

Nesse contexto, para sorte de todos os envolvidos, surge o livro dos professores Giovani Magalhães e Marcelo Hugo da Rocha:[*] uma ferramenta preciosa para a aprovação no Exame de Ordem. Em primeiro lugar, pela história de ambos, dois educadores que se dedicam especificamente a esse momento crucial na vida do bacharel: passar no exame que lhe assegurará profissão na carreira que escolheu. Isso se reflete numa metodologia específica, na atenção aos pontos mais visados pelos examinadores. Como se não bastasse, expressa-se numa didática própria que, por si só, socorre o candidato num momento tão difícil.

Não seria sequer necessário que isso fosse dito: folheando as páginas seguintes, ficam claras a qualidade e a utilidade deste material. Resta ao leitor aproveitar o guia, dar sua mão aos mestres e aproveitar a excelente ajuda que este livro oferece. É assim que os sonhos se tornam realidade.

Parabéns, Giovani e Marcelo, pelo trabalho. E vocês, leitores e leitoras, Deus os abençoe e ilumine.

Com carinho,

Gladston Mamede
(2017)

---

[*] A partir da 6ª edição, em 2022, Renato Borelli passou a integrar a obra em coautoria. A partir da 8ª edição, em 2024, Lorraine Bonadio passou a integrar a obra em coautoria.

Sumário

Nota da coordenação IX
Prefácio XI
Quadro de incidência de peças XXI
Cronograma de estudos XXIII

Peças profissionais: teoria e modelos 1
1. Ação do procedimento comum 1
    1.1. Apresentação 1
    1.2. Características e requisitos 2
    1.3. Como identificar a peça 3
    1.4. Competência 3
    1.5. Fundamentos mais comuns 3
    1.6. Estrutura da peça 4
    1.7. Questão da peça profissional 6
    1.8. Modelo da peça 6
    1.9. Questão da peça profissional 8
    1.10. Modelo da peça 9
2. Contestação 11
    2.1. Apresentação 11
    2.2. Características e requisitos 11
    2.3. Como identificar a peça 12
    2.4. Competência 12
    2.5. Fundamentos mais comuns 12
    2.6. Estrutura da peça 13
    2.7. Questão da peça profissional 14
    2.8. Modelo da peça 15
3. Réplica à contestação 19
    3.1. Apresentação 19
    3.2. Características e requisitos 19
    3.3. Como identificar a peça 20
    3.4. Competência 20
    3.5. Fundamentos mais comuns 20

3.6.	Estrutura da peça	21
3.7.	Questão da peça profissional	22
3.8.	Modelo da peça	22

4. Ação de obrigação de fazer (ou não fazer) 25
    4.1. Apresentação 25
    4.2. Características e requisitos 25
    4.3. Como identificar a peça 26
    4.4. Competência 26
    4.5. Fundamentos mais comuns 26
    4.6. Estrutura da peça 28
    4.7. Questão da peça profissional 29
    4.8. Modelo da peça 30
5. Ação renovatória de aluguel 33
    5.1. Apresentação 33
    5.2. Características e requisitos 33
    5.3. Como identificar a peça 34
    5.4. Competência 34
    5.5. Fundamentos mais comuns 34
    5.6. Estrutura da peça 35
    5.7. Questão da peça profissional 36
    5.8. Modelo da peça 36
    5.9. Ação de despejo 38
    5.10. Questão da peça profissional 39
    5.11. Modelo da peça 39
6. Ação de exigir contas 41
    6.1. Apresentação 41
    6.2. Características e requisitos 41
    6.3. Como identificar a peça 42
    6.4. Competência 42
    6.5. Fundamentos mais comuns 42
        6.5.1. A apresentação de contas do administrador judicial 42
    6.6. Estrutura da peça 43
    6.7. Questão da peça profissional 44
    6.8. Modelo da peça 44
7. Ação de execução por quantia certa 47
    7.1. Apresentação 47
    7.2. Características e requisitos 48
    7.3. Como identificar a peça 50
    7.4. Competência 50

7.5.	Fundamentos mais comuns	50
7.6.	Estrutura da peça	51
7.7.	Questão da peça profissional	52
7.8.	Modelo da peça	53
7.9.	Questão da peça profissonal	55
7.10.	Modelo da peça	55
8. Embargos à execução		59
8.1.	Apresentação	59
8.2.	Características e requisitos	59
8.3.	Como identificar a peça	60
8.4.	Competência	61
8.5.	Fundamentos mais comuns	61
8.6.	Estrutura da peça	62
8.7.	Questão da peça profissional	64
8.8.	Modelo da peça	64
9. Embargos de terceiro		67
9.1.	Apresentação	67
9.2.	Características e requisitos	68
9.3.	Como identificar a peça	68
9.4.	Competência	68
9.5.	Fundamentos mais comuns	69
9.6.	Estrutura da peça	69
9.7.	Questão da peça profissional	70
9.8.	Modelo da peça	70
10. Ação monitória		73
10.1.	Apresentação	73
10.2.	Características e requisitos	73
10.3.	Como identificar a peça	74
10.4.	Competência	75
10.5.	Fundamentos mais comuns	75
10.6.	Estrutura da peça	76
10.7.	Questão da peça profissional	77
10.8.	Modelo da peça	77
11. Ação de execução de título judicial		81
11.1.	Apresentação	81
11.2.	Características e requisitos	81
11.3.	Como identificar a peça	82
11.4.	Competência	82
11.5.	Fundamentos mais comuns	83

11.6.	Estrutura da peça	83
11.7.	Questão da peça profissional	84
11.8.	Modelo da peça	85
11.9.	Questão da peça profissional	87
11.10.	Modelo da peça	87
12. Ação de dissolução parcial de sociedades		89
12.1.	Apresentação	89
12.2.	Características e requisitos	89
12.3.	Como identificar a peça	91
12.4.	Competência	92
12.5.	Fundamentos mais comuns	92
12.6.	Estrutura da peça	94
12.7.	Questão da peça profissional	95
12.8.	Modelo da peça	96
13. Incidente de desconsideração da personalidade jurídica		99
13.1.	Apresentação	99
13.2.	Características e requisitos	99
13.3.	Como identificar a peça	102
13.4.	Competência	102
13.5.	Fundamentos mais comuns	102
13.6.	Estrutura da peça	104
13.7.	Questão da peça profissional	105
13.8.	Modelo da peça	106
13.9.	O que não é desconsideração da personalidade jurídica	108
14. Pedido de falência e autofalência		111
14.1.	Apresentação	111
14.2.	Características e requisitos	111
14.3.	Como identificar a peça	112
14.4.	Competência	113
14.5.	Fundamentos mais comuns	113
14.6.	Estrutura da peça	114
14.7.	Questão da peça profissional	115
14.8.	Modelo da peça	116
14.9.	Questão da peça profissional	118
14.10.	Modelo da peça	119
15. Ações de recuperação de empresas		121
15.1.	Apresentação	121
15.2.	Características e requisitos	121
	15.2.1. Recuperação judicial	121

	15.2.2.	Recuperação extrajudicial	122
	15.2.3.	Credores sujeitos à recuperação	123
	15.2.4.	Legitimidade ativa.	123
15.3.	Como identificar a peça		124
15.4.	Competência		125
15.5.	Fundamentos mais comuns		125
15.6.	Estrutura da peça		126
15.7.	Questão da peça profissional		128
15.8.	Modelo da peça		129

16. Ações relativas ao procedimento de verificação e habilitação de créditos 133
    16.1. Apresentação 133
    16.2. Características e requisitos............ 134
        16.2.1. Ação de habilitação retardatária e ação de impugnação de crédito.... 134
        16.2.2. Ação de retificação do Quadro Geral de Credores............ 135
        16.2.3. Ação rescisória de crédito............ 135
    16.3. Como identificar a peça 136
    16.4. Competência 137
    16.5. Fundamentos mais comuns 137
    16.6. Estrutura da peça............ 137
    16.7. Questão da peça profissional............ 139
    16.8. Modelo da peça 140
    16.9. O incidente de classificação do crédito público............ 141

17. Ação de restituição............ 143
    17.1. Apresentação 143
    17.2. Características e requisitos............ 143
    17.3. Como identificar a peça 144
    17.4. Competência 144
    17.5. Fundamentos mais comuns 145
    17.6. Estrutura da peça............ 145
    17.7. Questão da peça profissional............ 147
    17.8. Modelo da peça 147

18. Ação revocatória 151
    18.1. Apresentação 151
    18.2. Características e requisitos............ 151
    18.3. Como identificar a peça 152
    18.4. Competência 152
    18.5. Fundamentos mais comuns 153
    18.6. Estrutura da peça............ 154
    18.7. Questão da peça profissional............ 155

18.8.	Modelo da peça	156
19. Ação declaratória de extinção das obrigações do falido (ação de reabilitação)		161
19.1.	Apresentação	161
19.2.	Características e requisitos	161
19.3.	Como identificar a peça	162
19.4.	Competência	162
19.5.	Fundamentos mais comuns	163
19.6.	Estrutura da peça	163
19.7.	Questão da peça profissional	164
19.8.	Modelo da peça	165
20. Pedido de tutela provisória de urgência (cautelar ou antecipada) em caráter antecedente		167
20.1.	Apresentação	167
20.2.	Características e requisitos	167
20.2.1.	Da tutela antecipada requerida em caráter antecedente	168
20.2.2.	Da tutela cautelar requerida em caráter antecedente	169
20.3.	Como identificar a peça	170
20.4.	Competência	170
20.5.	Fundamentos mais comuns	170
20.5.1.	Da sustação do protesto	170
20.5.2.	Da exibição de livros empresariais e documentos societários	172
20.5.3.	Do arresto	174
20.5.4.	Do sequestro	174
20.5.5.	Da sustação dos efeitos da patente ou do registro e uso de marca	175
20.6.	Estrutura da peça	175
20.7.	Questão da peça profissional	177
20.8.	Modelo da peça	178
21. Agravo de instrumento		181
21.1.	Apresentação	181
21.2.	Características e requisitos	181
21.3.	Como identificar a peça	182
21.4.	Competência	182
21.5.	Fundamentos mais comuns	183
21.6.	Estrutura da peça	184
21.7.	Questão da peça profissional	185
21.8.	Modelo da peça	186
22. Embargos de declaração		191
22.1.	Apresentação	191
22.2.	Características e requisitos	191

22.3.	Como identificar a peça	192
22.4.	Competência	192
22.5.	Fundamentos mais comuns	192
22.6.	Estrutura da peça	193
22.7.	Questão da peça profissional	193
22.8.	Modelo da peça	194
23. Apelação e demais recursos		197
23.1.	Apresentação	197
23.2.	Características e requisitos	197
23.3.	Como identificar a peça	199
23.4.	Competência	199
23.5.	Fundamentos mais comuns	199
23.6.	Estrutura da peça	200
23.7.	Questão da peça profissional	201
23.8.	Modelo da peça	202
23.9.	Questão da peça profissional	205
23.10.	Modelo da peça	205
24. Questões dissertativas comentadas		209
Súmulas selecionadas		241
Referências		243

Quadro de incidência de peças

PEÇAS	EXAMES				
Ação de cancelamento de protesto	XXIX				
Ação de cobrança	XXVI				
Ação de despejo	XXXIII	40º			
Ação de dissolução parcial	XXII	XXXI			
Ação de dissolução de sociedade pelo procedimento comum	39º				
Ação de embargos de terceiro	XXXII				
Ação de execução por quantia certa fundada em título executivo extrajudicial	XIV	IV	XXVII	38º	41º
Ação de impugnação de crédito	35º				
Ação de obrigação de não fazer	XXVIII				
Ação de prestação de contas	XV				
Ação de resolução de sociedade (ou resolução de sociedade em relação a um sócio), cumulada com apuração de haveres (ou liquidação de quotas)	XII				
Ação de restituição (ou pedido de restituição) na falência	X				
Ação monitória	XXI				
Ação ordinária por perdas e danos	II				
Ação ou pedido de falência ou ação de execução por título extrajudicial	XVI				
Ação renovatória de aluguel	XX				
Ação revocatória	XXIII				
Agravo de instrumento	IX	XXX	XXXIV		
Apelação	XVIII				
Contestação	VI				
Contestação ao requerimento de falência	XIII				

PEÇAS	EXAMES	
Embargos à execução	XXIV	
Execução de título judicial ou cumprimento de sentença arbitral	VII	36º
Habilitação de crédito retardatária ou Impugnação à relação de credores (ou apenas Impugnação)	VIII	III
Petição simples cuja nomenclatura e/ou conteúdo deve remeter à ideia de refutação à contestação (réplica à contestação)	V	
Incidente de desconsideração da personalidade jurídica	XXV	
Pedido (ou requerimento) de extinção das obrigações do falido	XVII	
Pedido/requerimento de recuperação judicial	XIX	
Recurso especial	XI	
Requerimento de falência	37º	

Cronograma de estudos

Acesse o *QR Code* e veja o cronograma de estudos de 40 dias elaborado pelos autores com sugestão do que você pode estudar em cada um dos dias antes da prova.

> *http://uqr.to/1yv9r*

Peças profissionais: teoria e modelos

1. AÇÃO DO PROCEDIMENTO COMUM

1.1. Apresentação

Toda vez que, para o Exame de Ordem, for necessária a elaboração de uma petição inicial, regra geral tal peça prático-profissional seguirá o que aqui se apresenta. O procedimento comum está previsto no Código de Processo Civil, nos arts. 318 a 511. Pode-se falar em três possibilidades de ações, no âmbito do procedimento ordinário:

(i) **ação declaratória** – procedimento judicial em que se busca o reconhecimento de algum fato ocorrido antes do início do processo, ou seja, é a ação em que o juiz irá declarar a existência ou a inexistência de relação jurídica;

(ii) **ação constitutiva** – procedimento judicial em que se busca promover uma alteração no estado jurídico de, pelo menos, uma das partes no processo, ou seja, é a ação em que o juiz irá constituir uma nova situação jurídica para alguma das partes no processo; e

(iii) **ação condenatória** – procedimento judicial em que se busca exigir uma prestação, ou seja, é a ação em que o juiz irá condenar uma das partes a fazer, deixar de fazer ou pagar algo a outra parte do processo.

Seja lá como for, a estrutura da petição inicial, do procedimento comum, serve de base tanto para a elaboração das diversas petições iniciais, cujas ações tenham regulamentação específica, quanto para ações cuja legislação não regulamente procedimento específico.

Importante destacar que, no Código de Processo Civil de 1973, o procedimento comum era dividido em procedimento ordinário e procedimento sumário. Tal divisão deixa de existir com o Código de Processo Civil vigente (CPC/2015) – Lei n. 13.105/2015. Nesse ínterim, é importante destacar, na forma do que determina o art. 1.049 do CPC/2015, que toda vez que a lei remeter a procedimento previsto na lei processual, sem especificá-lo, ou mesmo ao procedimento sumário, serão observadas as normas do procedimento comum. Por força deste dispositivo, é que se percebe a importância da ação do procedimento comum.

Muitas vezes, **a própria legislação, ao regulamentar a ação judicial, remete ao procedimento ordinário**, como é o caso, por exemplo:

(i) da ação renovatória de aluguel (art. 51 da Lei n. 7.357/85);

(ii) da ação revocatória (art. 134 da Lei n. 11.101/2005); e

(iii) da ação rescisória de crédito (ações relativas ao procedimento de verificação e habilitação de créditos) (art. 19 da Lei n. 11.101/2005).

Tais ações, entretanto, serão estudadas, em separado, cada uma em um capítulo específico. Porém cabe desde já destacar que são ações que seguirão as normas do procedimento comum, com as modificações trazidas em cada legislação especial.

De outra sorte, **há ações judiciais em que a legislação não apresenta o procedimento** (é o caso, por exemplo, da ação de cancelamento de protesto (art. 26 da Lei n. 9.492/97); da ação declaratória de nulidade ou de anulabilidade de franquia (art. 2º, § 2º, da Lei n. 13.966/2019); e da ação de responsabilidade contra administrador de S/A (art. 159 da Lei n. 6.404/76). Em tais casos, o rito também seguirá o procedimento comum, submetendo-se a petição inicial às considerações previstas neste capítulo.

Por fim, **há ações judiciais em que a legislação remete ao procedimento sumário**. Como já se viu, o procedimento sumário foi extinto e tudo o que a ele se refere, no âmbito do CPC, se entende à luz do procedimento comum. Frise-se, por oportuno: **qualquer controvérsia ocorrida entre representante e representado, no âmbito do contrato de representação comercial, deveria ser resolvida, na via judicial, pelo procedimento sumário**. É o que se extrai do art. 39 da Lei n. 4.886/65. Com o CPC/2015, a ação para cobrar as remunerações a que tem direito o representante comercial deve, também, submeter-se ao procedimento comum.

1.2. Características e requisitos

Chega-se à presente peça prático-profissional, por exclusão. Vale dizer, diante do caso apresentado, que algumas reflexões precisam ser feitas. E devem sê-las em sequência. **Inicialmente**, deve-se verificar se o examinador exigirá que **venha a ser impugnada uma decisão judicial**. Neste caso, sabe-se que a exigência é a da elaboração de um **recurso**, cabendo apreciar, no caso concreto, qual seria o recurso cabível.

Não sendo caso de recurso, a estrutura da peça prático-profissional estará em primeira instância. Percebendo tal fato, deve-se verificar se o examinador exigirá que **venha a ser assegurado algum direito** ao cliente. Neste caso, sabe-se que a exigência é a da elaboração de um **pedido de tutela provisória de urgência, cautelar ou antecipada, em caráter antecedente**.

Para o pedido de tutela provisória de urgência, será dedicado um capítulo específico, em que se demonstrarão os principais casos, em matéria de direito empresarial: (i) a sustação de protesto; (ii) a exibição de documentos (livros empresariais); (iii) o sequestro de bens, para a assegurar a ação revocatória; e (iv) a suspensão dos efeitos da patente ou do registro e do uso da marca, para as ações de nulidade relacionadas à propriedade industrial.

Não sendo o caso de pedido de tutela provisória, deve-se verificar se o examinador exigirá **a cobrança de determinada prestação**. Nesse caso, em se tratando de **título executivo extrajudicial**, a petição seguirá a estrutura de **ação de execução;** caso o título em questão seja uma **sentença arbitral**, a petição seguirá a estrutura da **ação de execução de título judicial**.

Não se pode deixar de notar que, caso o documento **não tenha força executiva**, a petição seguirá a estrutura da **ação monitória**. Por sua vez, caso não haja sequer documentos, será o caso da denominada **ação de cobrança**, cuja estrutura é a que se estuda neste capítulo.

Por fim, **não sendo o caso, também, de se cobrar alguma prestação de alguém**, o examinador só poderá exigir ação judicial que venha a declarar, a constituir ou a condenar uma das partes a algo. **Se houver lei específica** regulamentando, deve-se seguir o previsto.

1.3. Como identificar a peça

Esta peça é de fácil identificação. Com efeito, o examinando deverá fazer o exame das características e requisitos na forma anteriormente apresentada. De outro modo, o caso apresentado descreverá a situação fática, destacando o problema que servirá de base para a lide em questão.

É importante perceber que, do caso narrado, **em nenhum momento será dito que alguém teria entrado com uma ação judicial**. Vale dizer, é você, advogado do cliente do caso concreto, que **dará início a um procedimento judicial**. Se já há procedimento judicial em andamento, então será o caso de verificar o cabimento de contestação, ou de réplica à contestação.

Para esta peça processual, insista-se, por oportuno: o caso vai trazer a pretensão de alguém (o autor – o seu cliente) que está sendo resistido por outrem (o réu – contra quem você vai ajuizar a ação), sendo certo que em nenhum momento será mencionado que, para aquela lide, já há ação em andamento.

1.4. Competência

A depender do caso concreto, a competência poderá ser alterada. Genericamente falando, contudo, tem-se que a ação deverá ser endereçada à "Vara Cível da Comarca... do Estado de...". Evidentemente, se a questão for precisa quanto à Comarca ou ao Estado, a localização poderá ser informada.

Não se falará em Vara Cível, entretanto, em duas oportunidades:

(i) para as ações judiciais relacionadas à Lei n. 11.101/2005 – neste caso, regra geral, o direcionamento será para a "Vara de Falências e Recuperação de Empresas da Comarca... do Estado de..."; e

(ii) para as ações judiciais envolvendo propriedade industrial (nos termos da Lei n. 9.279/96) ou discussões em face da Junta Comercial (nos termos da Lei n. 8.934/94) – neste caso, regra geral, o direcionamento será para a "Vara Federal da Seção Judiciária de...".

1.5. Fundamentos mais comuns

O art. 319 do CPC determina o que cabe à petição inicial indicar: (i) o juízo a que é dirigida; (ii) os nomes, prenomes, estado civil, a existência de união estável, profissão, o número de inscrição no Cadastro de Pessoas Físicas ou no Cadastro Nacional de Pessoas Jurídicas, o endereço eletrônico, o domicílio e a residência do autor e do réu; (iii) os fatos e os fundamentos jurídicos do pedido; (iv) o pedido, com suas especificações; (v) o valor da causa; (vi) as provas com que o autor pretende demonstrar a verdade dos fatos alegados; e (vii) a opção do autor pela realização ou não de audiência de conciliação ou de mediação.

Como se vê, a primeira indicação é a do **endereçamento**, vale dizer, do juízo competente. Em termos de 2ª Fase em Direito Empresarial, a regra é o direcionamento ao juízo da Vara Cível. Porém, cabe ressaltar a necessidade de adequação no caso concreto. Assim, se o caso concreto, por exemplo, falar em "Vara Empresarial" ou destacar que na comarca existe "Vara Única", deverá ser feita tal adaptação.

A segunda indicação é a **qualificação das partes**, com a indicação da **ação judicial** a ser promovida, pelo seu *nomen juris*. No que pertine à qualificação das partes, remete-se o leitor para a estrutura da peça, no final deste capítulo. O *nomen juris* da ação nada mais é do que o nome previsto em lei, a denominação pela qual o provimento judicial é conhecido.

A terceira indicação se refere aos **fatos e fundamentos jurídicos do pedido**. Acerca "Dos Fatos", caberá ao examinando, apenas e tão somente, transcrever fielmente o caso apresentado. Quanto à parte "Do Direito", deve-se fazer a ligação dos fatos narrados com os dispositivos legais e entendimentos sumulados aplicáveis à espécie, sendo certo notar que a mera indicação ou transcrição dos dispositivos não pontua.

A quarta indicação é a **do pedido, com suas especificações**. Neste patamar, deve-se perceber que o pedido deve ser certo, conforme exige o art. 322 do CPC, e determinado, nos termos do art. 324 do CPC. Em essência, são os seguintes pedidos: (i) a **opção do autor pela realização ou não da audiência de conciliação ou de mediação** (caso haja a opção pela audiência de conciliação, o réu deverá ser citado com antecedência mínima de 20 dias); (ii) principal, referente à procedência do pedido no sentido de determinar a realização da pretensão assistida; (iii) de condenação às custas e honorários advocatícios, nos termos do art. 85, § 2º, do CPC; (iv) a indicação do local em que o autor deve receber as intimações do processo, nos termos do art. 106, I, do CPC.

Há, ainda, a indicação das **provas com que o autor pretende demonstrar a verdade dos fatos alegados**. Frise-se, por oportuno, que o protesto genérico por provas não pontua. Faz-se mister indicar as provas que pretende produzir, em conformidade com a lei e com a narrativa do caso concreto.

Por fim, deve-se fazer a indicação do **valor da causa**. O art. 291 do CPC determina que toda causa deve ter um valor certo a ela atribuído, mesmo que não tenha conteúdo econômico imediatamente aferido. Em termos práticos, a regra é que a própria narrativa dos fatos apresentará qual o proveito econômico que a parte terá. Em caso de dúvida, pode-se fazer a seguinte menção "Dá-se à presente causa o valor de R$ ...".

A depender do caso concreto, há a possibilidade de se requerer a **tutela provisória de urgência, cautelar ou antecipada, em caráter incidental**, nos termos do art. 294, parágrafo único, do CPC. Para tanto, é necessário destacar, nos termos do art. 300 do CPC: (i) elementos que evidenciem a probabilidade do direito; e (ii) o perigo de dano ou o risco ao resultado útil do processo.

1.6. Estrutura da peça

1. **Endereçamento:** Ao juízo da... Vara Cível da Comarca de... do Estado de...

    Atentar para a informação constante do caso concreto que pode trazer "Vara Única" ou "Vara da Comarca da Capital" e, nestes termos, segue-se o que o caso apresentar.

2. **Identificação das partes:** se for **pessoa física**: Fulano de tal, Nacionalidade..., Estado civil..., Profissão..., portador do RG n. ..., e do CPF n. ..., residente e domiciliado na...; se for **pessoa jurídica**: Nome Empresarial, pessoa jurídica de direito privado, inscrita no CNPJ n. ..., estabelecida na..., neste ato se fazendo presente por seu administrador... (pode fazer a qualificação de "pessoa física"); se for **sociedade anônima**: Nome Empresarial, pessoa jurídica de direito privado, inscrita no CNPJ n. ..., estabelecida na..., neste ato se fazendo presente por seu diretor... (pode fazer a qualificação de "pessoa física").
3. **Representação judicial:** advogado(a), com mandato em anexo.
4. **Nome da ação e fundamentação legal:** ação do procedimento comum, com fundamento no art. 319 do CPC e no... (deve-se indicar, também, o fundamento de direito material cabível no caso concreto). Há medidas judiciais que, apesar de seguirem o procedimento ordinário, têm *nomen juris* específicos (*por* exemplo: ação de cancelamento de protesto, nos termos do art. 26 da Lei n. 9.492/97); em tais casos, sugere-se fazer a indicação do *nomen juris* específico.
5. **Narrativa dos fatos ("Dos Fatos"):** a transcrição integral do caso narrado. Frise-se, por oportuno, a necessidade de se limitar à cópia do caso apresentado, não cabendo inventar ou deduzir dados, sob pena de ser atribuída NOTA ZERO à peça prático-profissional elaborada.
6. **Fundamentação ("Do Direito"):** cabe sempre ressaltar que a mera citação ou transcrição de artigos de lei e mesmo de súmulas de jurisprudência não pontua. Deve, na verdade, ser desenvolvido um raciocínio jurídico acerca do dispositivo legal ou entendimento sumulado apresentado. Assim, mais do que apenas dizer que o que se pretende está previsto no art. X, da Lei Y, é de se demonstrar o porquê da utilização de tal fundamento legal.
7. **Pedidos ("Do Pedido"):** a) a concessão de liminar/tutela antecipada no sentido de... (quando houver a necessidade); b) a opção do autor pela realização de audiência de conciliação ou de mediação, devendo o réu ser citado com a antecedência mínima de 20 dias (isto é a regra geral; toda vez que o caso for silente, a opção será pela realização de audiência de conciliação ou de mediação – se a opção for pela não realização de tal audiência, a questão proposta deverá ser expressa neste sentido); c) a procedência do pedido do autor no sentido de... (descrever exatamente o que se pretende e não esquecer de confirmar o que foi pedido na liminar ou tutela antecipada com a confirmação da sentença); d) a condenação ao pagamento das custas e dos honorários advocatícios, sendo estes últimos pleiteados no importe de 20% do valor da causa, conforme disposição do art. 85, § 2º, do CPC; e) que as intimações sejam enviadas para o escritório na Rua... (art. 106, I, do CPC). Pretende-se provar o alegado por todas as provas em direito admitidas, especialmente... (o pedido genérico de provas não pontua. Desse modo, faz-se necessário você especificar as provas que pretende produzir, em conformidade com o caso apresentado no Exame, por exemplo: especialmente por prova testemunhal cujo rol será apresentado oportunamente).
8. **Valor da causa:** dá-se à presente causa o valor de R$ ...
9. **Fechamento da peça:** local, data. Advogado, OAB n. ... (não inventar dados).

1.7. Questão da peça profissional

(39º Exame) Em 1973, foi constituída a sociedade Balsa Nova Transportes Hidroviários Ltda. pelos sócios Jari, Vitória, Branca e Santana para explorar o transporte de veículos de carga e de passageiros por meio de balsas (*ferryboat*) que atravessam o rio Oiapoque em dois trechos. A administração da sociedade sempre coube exclusivamente à sócia Vitória.

Por décadas o empreendimento foi exitoso, proporcionando lucros para a sociedade e para os sócios em razão do intenso transporte transfronteiriço entre o Brasil e a Guiana Francesa e diante da inexistência de qualquer ponte rodoviária sobre o rio Oiapoque.

Após os governos do Brasil e da França decidirem construir uma ponte binacional, os sócios perceberam que a conclusão da obra poderia arruinar os negócios da sociedade e cogitaram mudar o objeto social; todavia, isso nunca foi efetivado. Com a abertura da ponte, o impacto foi imediato na redução das receitas da sociedade e, novamente, foi discutida a alteração do objeto.

Os sócios Jari e Santana, com participação conjunta de 50% (cinquenta por cento) no capital social, propuseram, na reunião ocorrida no dia 22 de agosto de 2022, a aprovação da mudança do objeto social, de transporte hidroviário para transporte rodoviário de cargas internacional, o que foi recusado pelas sócias Vitória e Branca, titulares de quotas do restante do capital. Como consta em ata da reunião, a proposta não foi aprovada por não ter sido atingido o *quorum* legal. As sócias Vitória e Branca argumentam que a atividade social pode se manter em razão da necessidade do uso da balsa para cruzar o rio Oiapoque nos horários de fechamento da ponte, propondo que os horários de funcionamento fossem alterados. Em um primeiro momento, o assunto ficou prejudicado, pois os sócios Jari e Santana acolheram a sugestão, mas o funcionamento alterado não melhorou a receita, e os prejuízos estão cada vez mais elevados, sendo iminente a insolvência.

Os sócios Jari e Santana entendem que é inviável a continuidade da sociedade com o objeto atual, em razão de o objeto estar exaurido. Diante da posição contrária e irredutível das sócias Vitória e Branca, os sócios Jari e Santana pretendem, em juízo, a decretação da extinção da sociedade, após a liquidação do seu patrimônio. Com esse objetivo, eles procuram você, como advogado(a), para a defesa dos seus interesses. Jari e Santana reiteram a você que não pretendem a resolução da sociedade em relação a eles por meio de liquidação de suas respectivas quotas.

Redija a peça processual adequada, considerando que a sociedade tem sede na cidade de Oiapoque, AP, e que a comarca de Oiapoque possui mais de uma vara, todas não especializadas.

1.8. Modelo da peça

Excelentíssimo Senhor Doutor Juiz de Direito da ... Vara da Comarca de Oiapoque/AP.

Jari, nacionalidade, estado civil, profissão, portador do RG n. ..., inscrito no CPF n. ..., residente e domiciliado na... (endereço completo), e Santana, nacionalidade, estado civil, profissão, portador do RG n. ..., inscrito no CPF n. ..., residente e domiciliado na... (endereço completo), por seu advogado infra-assinado, vêm à presença de Vossa Excelência, nos termos do art. 318 do CPC, propor:

AÇÃO DE DISSOLUÇÃO DE SOCIEDADE PELO PROCEDIMENTO COMUM

em face de Balsa Nova Transportes Hidroviários Ltda., pessoa jurídica de direito privado, inscrita no CNPJ sob n. ..., com sede na ... (endereço completo), Oiapoque/AP, representada pela sócia administradora Vitória, nacionalidade, estado civil, profissão, portadora do RG n. ..., inscrita no CPF n. ..., residente e domiciliada ... (endereço completo), e sócia Branca, nacionalidade, estado civil, profissão, portadora do RG n. ..., inscrita no CPF n. ..., residente e domiciliada na... (endereço completo), pelas razões de fato e de direito a seguir:

DOS FATOS

A sociedade Balsa Nova Transportes Hidroviários Ltda. foi constituída em 1973 pelos sócios Jari, Vitória, Branca e Santana para exploração do transporte hidroviário de veículos e passageiros. A sócia Vitória sempre exerceu a administração da empresa.

Por décadas, a sociedade foi lucrativa, beneficiando-se do transporte transfronteiriço entre o Brasil e a Guiana Francesa. Contudo, com a construção de uma ponte binacional sobre o Rio Oiapoque, houve uma significativa redução nas receitas da sociedade, pondo em risco a sua continuidade.

Em reunião realizada em 22 de agosto de 2022, os autores, titulares de 50% do capital social, propuseram a mudança do objeto social para transporte rodoviário de cargas internacional, o que foi recusado pelas rés Vitória e Branca, titulares da outra metade do capital social, argumentando que a balsa poderia continuar operando nos horários de fechamento da ponte.

Apesar das tentativas de readequar os horários de operação, a receita da sociedade continuou a declinar, resultando em prejuízos que ameaçam sua solvência.

Diante da inviabilidade da continuidade da sociedade no objeto atual, e da recusa das rés em aprovar a mudança do objeto social, os autores buscam a dissolução da sociedade e a subsequente liquidação do patrimônio.

DO DIREITO

Nos termos do art. 116 do Código de Processo Civil, verifica-se litisconsórcio unitário entre a sociedade Balsa Nova Transportes Hidroviários Ltda. e as sócias Branca e Vitória, uma vez que a dissolução da sociedade, que é o mérito do pedido, trará efeito uniforme tanto para a sociedade quanto para as sócias.

A construção e a inauguração da ponte binacional impactaram diretamente as atividades da sociedade, cuja principal função era o transporte hidroviário de pessoas e cargas por meio de balsas, tornando o objeto social da sociedade obsoleto. Diante dessa mudança significativa no cenário econômico, os sócios Jari e Santana propuseram, em reunião realizada em 22 de agosto de 2022, a dissolução da sociedade ou a alteração de seu objeto social para transporte rodoviário de cargas internacional. Contudo, essa proposta foi rejeitada pelas sócias Vitória e Branca, inviabilizando qualquer tentativa de adaptação do negócio à nova realidade.

Nos termos do art. 1.034, II, do Código Civil, a sociedade pode ser dissolvida judicialmente a requerimento de qualquer dos sócios, quando o fim social está exaurido. Diante da inviabilidade econômica da atividade original e do impacto negativo contínuo nas receitas, é evidente que a continuidade da sociedade nas condições atuais é prejudicial aos interesses dos sócios, justificando assim a dissolução judicial da sociedade e a subsequente liquidação do patrimônio social.

DOS PEDIDOS

Diante do exposto, requerem:
a) a citação das rés para, querendo, contestarem a presente ação no prazo legal;

b) a procedência do pedido, com a decretação da dissolução da sociedade Balsa Nova Transportes Hidroviários Ltda.;
c) a nomeação de um liquidante para proceder à liquidação do patrimônio social;
d) a condenação das rés ao pagamento das custas processuais e honorários advocatícios;
e) a manifestação sobre o interesse na realização de audiência de conciliação e mediação, conforme art. 319, VII, do CPC.

Protesta provar o alegado por todos os meios de prova em Direito admitidos, especialmente pela junta do contrato social da sociedade e a ata da reunião de 22 de agosto de 2022, na qual foi rejeitada a proposta de alteração do objeto social.

Dá-se à causa o valor de R$ ... (valor correspondente ao patrimônio líquido da sociedade).

Nestes termos,
Pede deferimento.
Local, Data.
Advogado – OAB n. ...

1.9. Questão da peça profissional

(XXIX Exame) O microempreendedor individual Teófilo Montes emitiu, em caráter *pro soluto*, no dia 11 de setembro de 2013, nota promissória à ordem, no valor de R$ 7.000,00 (sete mil reais), em favor de Andradas, Monlevade & Bocaiúva Ltda., pagável no mesmo lugar de emissão, cidade de Cláudio/MG, comarca de Vara única e sede da credora. Não há endosso na cártula, nem prestação de aval à obrigação do subscritor.

O vencimento da cártula ocorreu em 28 de fevereiro de 2014, data de apresentação a pagamento ao subscritor, que não o efetuou. Não obstante, até a presente data, não houve o ajuizamento de qualquer ação judicial para sua cobrança, permanecendo o débito em aberto. Sem embargo, a sociedade empresária beneficiária levou a nota promissória a protesto por falta de pagamento, tendo sido lavrado o ato notarial em 7 de março de 2014.

Persiste o registro do protesto da nota promissória no tabelionato e, por conseguinte, a inadimplência e o descumprimento de obrigação do subscritor.

Teófilo Montes procura você, como advogado(a), e relata que não teve condições de pagar a dívida à época do vencimento e nos anos seguintes. Contudo, também não recebeu mais nenhum contato de cobrança do credor, que permanece na posse da cártula.

A intenção do cliente é extinguir o registro do protesto e seus efeitos, diante do lapso de tempo entre o vencimento da nota promissória e seu protesto, de modo a "limpar seu nome" e eliminar as restrições que o protesto impõe à concessão de crédito.

Com base nos fatos relatados, elabore a peça processual adequada.

1.10. Modelo da peça

Ao juízo da Vara Única da Comarca de Cláudio do Estado de MG

Teófilo Montes, microempreendedor individual, (qualificação), por seu advogado ao final assinado, vem respeitosamente perante Vossa Excelência, nos termos do art. 319, do CPC, e do art. 26, da Lei n. 9.492/97, ajuizar

AÇÃO DE CANCELAMENTO DE PROTESTO

em face de Andradas, Monlevade & Bocaiúva Ltda., representada pelo seu administrador, (qualificação), pelos fatos e fundamentos a seguir expostos.

DOS FATOS

O microempreendedor individual Teófilo Montes emitiu, em caráter "pro soluto", no dia 11 de setembro de 2013, nota promissória à ordem, no valor de R$ 7.000,00 (sete mil reais), em favor de Andradas, Monlevade & Bocaiúva Ltda., pagável no mesmo lugar de emissão, cidade de Cláudio/MG, comarca de Vara única e sede da credora. Não há endosso na cártula, nem prestação de aval à obrigação do subscritor.

O vencimento da cártula ocorreu em 28 de fevereiro de 2014, data de apresentação a pagamento ao subscritor, que não o efetuou. Não obstante, até a presente data, não houve o ajuizamento de qualquer ação judicial para sua cobrança, permanecendo o débito em aberto. Sem embargo, a sociedade empresária beneficiária levou a nota promissória a protesto por falta de pagamento, tendo sido lavrado o ato notarial em 7 de março de 2014.

Persiste o registro do protesto da nota promissória no tabelionato e, por conseguinte, a inadimplência e o descumprimento de obrigação do subscritor. Contudo, também não recebeu mais nenhum contato de cobrança do credor, que permanece na posse da cártula.

A intenção do cliente é extinguir o registro do protesto e seus efeitos, diante do lapso de tempo entre o vencimento da nota promissória e seu protesto, de modo a "limpar seu nome" e eliminar as restrições que o protesto impõe à concessão de crédito.

DO DIREITO

A pretensão do subscritor tem fundamento de direito material no art. 26, § 3º, da Lei n. 9.492/97: "O cancelamento do registro do protesto, se fundado em outro motivo que não no pagamento do título ou documento de dívida, será efetivado por determinação judicial, pagos os emolumentos devidos ao Tabelião".

É importante observar, inicialmente, que a nota promissória foi emitida em caráter "pro soluto", com efeito de pagamento, para afastar a discussão do negócio subjacente (relação causal). Frise-se, por oportuno, a ocorrência da prescrição cambial, haja vista o decurso do prazo de mais de 3 anos, contados da data do vencimento (28/02/14), nos termos do art. 70 c/c art. 77 do Decreto n. 57.663/66.

Observe-se que, mesmo com a ocorrência do protesto por falta de pagamento, interrompendo a prescrição, não se verificou por parte do credor outro ato interruptivo, nos termos do art. 202, III, do CC. Mesmo contando de 07/03/14 até a presente data, já houve o decurso do prazo prescricional.

É importante salientar, em face da prescrição, o não ajuizamento, por parte do credor, de ação monitória, nos termos do art. 700, I, do CPC. Já houve, inclusive, a prescrição, também, em face de tal feito.

Com efeito, já decorreram mais de 5 anos, contados da data do vencimento, prazo prescricional para o ajuizamento da ação monitória mencionada, de acordo com o art. 206, § 5º, I, do CC, em interpretação conjugada com a Súmula n. 504 do STJ.

Frise-se, por oportuno, a impossibilidade de apresentação do original do título protestado ou de declaração de anuência para obter o cancelamento do protesto diretamente no Tabelionato de Protesto de Títulos.

Desta forma, diante da ausência de pagamento do título, não resta ao autor senão requerer o cancelamento do protesto por via judicial, com amparo no art. 26, § 3º, da Lei n. 9.492/97.

DOS PEDIDOS

Diante do exposto, é a presente para requerer:
a) a procedência do pedido para que seja determinado o cancelamento do protesto, expedindo-se mandato de cancelamento de protesto ao tabelionato, onde se lavrou o referido protesto;
b) a expedição de mandado de citação do réu (art. 239 do CPC);
c) a condenação do réu ao pagamento de honorários advocatícios e de custas processuais (art. 82, § 2º, e art. 85, "caput", ambos do CPC);
d) a intimação do autor para os demais atos do processo, no seguinte endereço: ... (art. 106, , do CPC);
e) a opção do autor pela realização de audiência de conciliação ou de mediação, devendo o réu ser citado com a antecedência mínima de 20 dias, de acordo com o art. 319, VII, do CPC.

Protesta provar o alegado por todos os meios de prova em Direito admitidos, nos termos do art. 319, VI, do CPC, especialmente pelo depoimento pessoal do réu e pela juntada de prova documental.

Dá-se à presente causa o valor de R$ 7.000,00 (valor corrigido monetariamente e acrescido dos juros de mora até a data de propositura da ação).

Nestes termos,
Pede deferimento.
Local, Data.
Advogado – OAB n. ...

Acesse o *QR Code* e veja mais modelos de peças sobre o tema que foram elaborados para você.

> http://uqr.to/1yv9s

2. CONTESTAÇÃO

2.1. Apresentação

Dentre as respostas possíveis do réu quanto à citação está a **contestação**, prevista no art. 336 do CPC: "incumbe ao réu alegar, na contestação, toda a matéria de defesa, expondo as razões de fato e de direito, com que impugna o pedido do autor e especificando as provas que pretende produzir".

A defesa do réu pode ser *processual* (denominadas **preliminares** e previstas no art. 337 do CPC) e de *mérito*. Cabe também ao réu manifestar-se precisamente sobre os fatos narrados na petição inicial, pois se presumem verdadeiros os fatos não impugnados, a não ser nos casos em que não for admissível, a seu respeito, a confissão, ou se a petição inicial não estiver acompanhada do instrumento público que a lei considerar da substância do ato e se estiver em contradição com a defesa, considerada em seu conjunto (art. 341 do CPC).

Deve-se observar que, em se tratando de **ação monitória**, a **defesa do réu** é denominada **embargos monitórios**. Vale dizer, trata-se de uma peça prático-profissional que em tudo aproveita a estrutura da contestação. Apenas não se diz que se oferece ou apresenta contestação, mas sim embargos monitórios (art. 702 do CPC). O nome da peça muda, mas a estrutura permanece a mesma, na medida em que o § 1º do art. 702 admite, nos embargos monitórios, serem alegadas qualquer matéria possível para defesa no procedimento comum.

Já na **contestação aos embargos de terceiro** do credor com garantia real (art. 680 do CPC), o embargado somente poderá alegar que: (i) o devedor comum é insolvente; (ii) o título é nulo ou não obriga a terceiro; e (iii) outra é a coisa dada em garantia. Para os demais credores, a contestação segue a sorte da do procedimento comum ora estudado.

Por sua vez, na ação de consignação em pagamento, o réu poderá alegar que (art. 554 do CPC): (i) não houve recusa ou mora em receber a quantia ou a coisa devida; (ii) foi justa a recusa; (iii) o depósito não se efetuou no prazo ou no lugar do pagamento; (iv) o depósito não foi integral.

Por fim, para a **contestação em processo de falência**, deve-se atentar para o que se encontra previsto no art. 96 da Lei n. 11.101/2005.

2.2. Características e requisitos

Conforme prevê o art. 336 do CPC, a **contestação** deve trazer a exposição das razões de fato e de direito, com que impugna o pedido do autor, em que o réu deve especificar as provas que pretende produzir quanto à matéria de defesa. O prazo para contestar é de 15 dias (art. 335 do CPC).

É importante destacar com o CPC o princípio da unidade de defesa. Com efeito, agora a defesa do réu deverá ser feita em peça única, cabendo notar que a alegação de incompetência relativa passa a ser matéria de preliminar, da forma como já era a alegação de incompetência absoluta (art. 337, II, do CPC). A reconvenção, também, passa a ser feita no bojo da própria contestação (art. 343 do CPC).

2.3. Como identificar a peça

O enunciado deverá trazer a informação de ajuizamento de uma ação baseada nos fatos da questão e a citação da parte que lhe procurará para defendê-la.

2.4. Competência

A contestação será dirigida ao **juiz da causa**, de acordo com o art. 335 do CPC. Tal é o entendimento que se extrai do fato de que, como o *nomen juris* da peça determina, a contestação é feita para contestar todos os termos da ação inicialmente ajuizada contra o réu, o seu cliente.

2.5. Fundamentos mais comuns

Antes de *atacar* o mérito da ação, em tópico inicial, o réu tem as **defesas processuais** – denominadas preliminares – indicadas no art. 337 do CPC, a saber:

I – inexistência ou nulidade da citação;

II – incompetência absoluta ou relativa;

III – incorreção do valor da causa;

IV – inépcia da petição inicial;

V – perempção;

VI – litispendência;

VII – coisa julgada;

VIII – conexão;

IX – incapacidade da parte, defeito de representação ou falta de autorização;

X – convenção de arbitragem;

XI – ausência de legitimidade ou de interesse processual;

XII – falta de caução ou de outra prestação, que a lei exige como preliminar;

XIII – indevida concessão do benefício de gratuidade de justiça.

Importa destacar, em matéria de direito empresarial, nos termos do histórico de 2ª Fase, as preliminares mais recorrentes são:

    a) **Incompetência absoluta:** ação proposta em juízo absolutamente incompetente, caso, por exemplo, do pedido de falência que deve ser proposto no juízo do principal estabelecimento do devedor (art. 3º da Lei n. 11.101/2005), entendendo o STJ que a competência falimentar é absoluta em razão da matéria – a **incompetência relativa**, conforme o CPC atual, certamente, também, fará parte do presente rol;

b) **Inépcia da petição inicial:** o art. 330, § 1º, do CPC determina que se considera inepta a petição inicial quando: (i) lhe faltar o pedido ou a causa de pedir; (ii) o pedido for indeterminado, ressalvadas as hipóteses em que se permite o pedido genérico; (iii) da narração dos fatos não decorrer logicamente a conclusão; e (iv) contiver pedidos incompatíveis entre si;

c) **Defeito de representação:** o caso, por exemplo, de uma sociedade vir a ser representada por um mero gerente e não por um de seus administradores ou o caso de, na sociedade anônima, a procuração ser passada por um conselheiro de administração e não por um diretor;

d) **Convenção de arbitragem:** pactuada a realização de arbitragem como mecanismo para solução das controvérsias de determinado contrato, deve-se instaurar o procedimento arbitral, não cabendo às partes irem, pois, ao Judiciário; e

e) **Ausência de legitimidade ou de interesse processual:** imagine o caso de um sócio vir a juízo, em nome próprio, pleiteando um direito da sociedade, sem existir autorização legal para tanto.

Frise-se, por oportuno, regra geral, arguida qualquer matéria prevista como preliminar de contestação, haverá de haver, nos pedidos, o pedido de extinção do processo sem resolução de mérito, nos termos do art. 485 do CPC.

Quanto à defesa de mérito (ou *substancial*), o réu pode negar os fatos ou os efeitos que pretende o autor (denomina-se "defesa direta") ou concordar com a relação jurídica, mas apresentar fato extintivo (também fatos modificativo e impeditivo), como o pagamento ("defesa indireta"). A **prescrição** e **decadência** compõem a defesa dita *indireta*, nestes termos.

De acordo com o art. 487, II, do CPC, o acolhimento de prescrição ou de decadência são causas de resolução de mérito. Assim, **não se deve alegar prescrição ou decadência como matéria de preliminar**. Certamente, o examinando perderá pontos importantes caso cometa este equívoco. Devem, quando for o caso, ser apresentadas como o primeiro argumento no âmbito do mérito.

2.6. Estrutura da peça

1. **Endereçamento:** ao juízo de 1º grau (Vara Cível ou Única) em que está sendo processada a pretensão da parte autora.
2. **Identificação das partes:** parte autora (demandante): pessoa física ou pessoa jurídica, com qualificação completa; parte ré (demandada): pessoa física ou pessoa jurídica, com qualificação completa. É possível também informar para parte autora como "devidamente qualificada nos autos *supra*", se for o caso.
3. **Representação judicial**: procurador(a) com mandato em anexo.

4. **Nome da peça e fundamento legal:** contestação sob fundamento do art. 335 e seguintes do CPC.
5. **Narrativa dos fatos ("Breve relato da Inicial"):** exposição dos fatos previstos na situação hipotética da questão. Não inventar outros fatos nem trazer detalhes ausentes no problema.
6. **Fundamentação ("Do Direito"):** atente-se que a mera citação de artigos não pontua. Dividir esse tópico em dois: *preliminares* (se houver) e *mérito*. No primeiro, desenvolver as hipóteses constantes do art. 337 do CPC para os fins do art. 485 e seus incisos. No segundo, argumentar com os fatos apresentados no enunciado da questão e fundamentar no direito material, buscando a improcedência dos pedidos do autor.
7. **Pedidos:** a) o acolhimento das preliminares (especificar quais, se houver), extinguindo-se o processo sem resolução de mérito; b) no mérito, a improcedência dos pedidos formulados pelo autor (destacar prescrição e decadência, se houver); c) a condenação nas custas processuais e pagamento de honorários advocatícios, nos termos do art. 85 do CPC; d) a produção de todos os meios de prova admitidos, especialmente... (o pedido genérico de provas não pontua); e) que as intimações sejam encaminhadas ao endereço do escritório patrono, conforme o inciso I do art. 106 do CPC.
8. **Valor da causa:** não há.
9. **Fechamento da peça:** local, data. Advogado, OAB n. ... (não inventar dados).

2.7. Questão da peça profissional

(XXV Exame – Reaplicação) Distribuidora de Alimentos WWA S/A, João Paulo e Daniela, todos acionistas de Sociedade Anônima T. Borba Celulose, propuseram ação de responsabilidade civil, no dia 31 de maio de 2016, em face de João Silva e Antônio dos Santos, ex-administradores. O feito foi distribuído para a Primeira Vara Cível de Lages/SC.

Os autores sustentam que durante o exercício social de 2015, quando João Silva e Antônio dos Santos eram, respectivamente, diretor de operações e diretor de produção, realizaram 6 (seis) operações de compra de máquinas industriais importadas, entre os meses de junho a novembro de 2015, mas não seguiram as prescrições determinadas pela Secretaria da Receita Federal (SRF) para liberação da mercadoria e pagamento de tributos incidentes.

A Sociedade Anônima T. Borba Celulose, segundo os autores, teve manifesto prejuízo com o pagamento das multas e restrições cadastrais junto a SRF. Os ex-administradores não tomaram qualquer medida para regularizar a situação fiscal da companhia e adimplir o referido débito. Em razão destes atos dolosos, a companhia teve um prejuízo de R$ 4.400.000,00 (quatro milhões e quatrocentos mil reais), valor sem atualização e juros moratórios.

O balanço patrimonial do exercício social de 2015 foi aprovado, sem reservas, pela assembleia geral ordinária realizada em 25 de abril de 2016 e a ata publicada no órgão oficial e em jornais de grande circulação, em 29 de abril de 2016. Segundo os autores, os réus não deram nenhuma explicação pelos atos de sua responsabilidade e os acionistas que aprovaram o balanço o fizeram por desconhecimento técnico e boa-fé. Distribuído o feito, realizada a audiência de conciliação pelas partes em 27 de julho de 2016, quarta-feira, não houve autocomposição.

A advogada dos ex-administradores João Silva e Antônio dos Santos deve tomar as providências cabíveis no processo. Ao ler a petição inicial ela deve verificar a data da propositura da ação. Ao ter acesso aos documentos, como a ata da assembleia, as demonstrações financeiras e os documentos da administração, ela irá constatar que, até o presente momento, não foi ajuizada nenhuma ação para anular a deliberação que aprovou sem ressalvas as demonstrações financeiras. Além disso, os prejuízos à companhia imputados a seus clientes, na verdade, decorrem de atos ilícitos praticados por prepostos das sociedades importadoras, que deixaram de praticar os atos exigidos pela SRF para liberação da carga.

Elabore a peça processual adequada.

2.8. Modelo da peça

Ao juízo da 1ª Vara Cível da Comarca de Lages, do Estado de Santa Catarina

Processo n. ...

João Silva, nacionalidade..., estado civil..., profissão..., residente e domiciliado na ..., e Antônio dos Santos, por seu advogado abaixo assinado, vem respeitosamente perante Vossa Excelência oferecer

CONTESTAÇÃO

tempestivamente, em 15 dias contados da data de audiência de conciliação, nos termos do art. 333, I, do CPC, ao processo em epígrafe, de autoria de Distribuidora de Alimentos WWA/SA, João Paulo e Daniela, já qualificados às fls, pelos fundamentos a seguir apresentados.

DOS FATOS

Distribuidora de Alimentos WWA S/A, João Paulo e Daniela, todos acionistas de Sociedade Anônima T. Borba Celulose, propuseram ação de responsabilidade civil, no dia 31 de maio de 2016, em face de João Silva e Antônio dos Santos, ex-administradores. O feito foi distribuído para a Primeira Vara Cível de Lages/SC.

Os autores sustentam que durante o exercício social de 2015, quando João Silva e Antônio dos Santos eram, respectivamente, diretor de operações e diretor de produção, realizaram 6 (seis) operações de compra de máquinas industriais importadas, entre os meses de junho a novembro de 2015, mas não seguiram as prescrições determinadas pela Secretaria da Receita Federal (SRF) para liberação da mercadoria e pagamento de tributos incidentes.

A Sociedade Anônima T. Borba Celulose, segundo os autores, teve manifesto prejuízo com o pagamento das multas e restrições cadastrais junto à SRF. Os ex-administradores não tomaram qualquer medida para regularizar a situação fiscal da companhia e adimplir o referido débito. Em razão desses atos dolosos, a companhia teve um prejuízo de R$ 4.400.000,00 (quatro milhões e quatrocentos mil reais), valor sem atualização e juros moratórios.

O balanço patrimonial do exercício social de 2015 foi aprovado, sem reservas, pela assembleia geral ordinária realizada em 25 de abril de 2016 e a ata publicada no órgão oficial e em jornais de grande circulação, em 29 de abril de 2016. Segundo os autores, os réus não deram nenhuma explicação pelos atos de sua responsabilidade e os acionistas que aprovaram o balanço o fizeram por desconhecimento técnico e boa-fé. Distribuído o feito, realizada a audiência de conciliação pelas partes em 27 de julho de 2016, quarta-feira, não houve autocomposição.

Ao ter acesso aos documentos, como a ata da assembleia, as demonstrações financeiras e os documentos da administração, constatou-se que, até o presente momento, não foi ajuizada nenhuma ação para anular a deliberação que aprovou sem ressalvas as demonstrações financeiras. Além disso, os prejuízos à companhia imputados a seus clientes, na verdade, decorrem de atos ilícitos praticados por prepostos das sociedades importadoras, que deixaram de praticar os atos exigidos pela SRF para liberação da carga.

PRELIMINARMENTE

Antes de examinar o mérito do presente feito, há algumas questões preliminares, de acordo com o art. 337 do CPC a serem levantadas. Senão vejamos:

I. Da Ilegitimidade Ativa "ad causam"

A legitimidade ativa é deferida a qualquer acionista para promover a ação de responsabilidade em face dos administradores somente quando a ação social não for proposta após o decurso do prazo de 3 (três) meses da deliberação da assembleia geral, o que não ocorreu (a deliberação ocorreu em 25-4-2016 e a ação foi proposta em 31-5-2016), com fundamento no art. 159, § 3º, da Lei n. 6.404/76. Desse modo, o autor da presente ação, em tese, deveria ser a Sociedade Anônima T. Borba Celulose, e não os seus acionistas, autores do presente feito.

II. Da Falta de Condição de Procedibilidade

Como a aprovação das demonstrações financeiras pela AGO foi sem reserva, a ação de responsabilidade deveria, necessariamente, ser precedida da ação própria destinada a anular a deliberação, prevista no art. 286 da Lei n. 6.404/76, o que não ocorreu no caso. Assim, não foi preenchida a condição de procedibilidade para a ação de responsabilidade. Não resta dúvida, portanto, de que primeiro seria necessária ação para anular a deliberação acerca da aprovação sem reservas das demonstrações financeiras, para, só então, ir buscar a responsabilidade dos administradores.

DO MÉRITO

Ultrapassadas as preliminares anteriormente suscitadas, não se pode, adentrando ao mérito, deixar de perceber o seguinte:

A aprovação sem reservas das demonstrações financeiras pela AGO exonera de responsabilidade os administradores, ora réus, de acordo com o art. 134, § 3º, da Lei n. 6.404/76. Desse modo, ainda que os réus do presente feito tivessem realmente causado prejuízos à companhia, a aprovação sem reservas das suas contas e das demonstrações financeiras acaba por exonerá-los de responsabilidade.

De mais a mais, não se pode deixar de notar que os prejuízos à companhia imputados aos réus, na verdade, decorrem de fato de terceiro, pois os atos ilícitos foram praticados por prepostos das sociedades importadoras, que deixaram de praticar os atos exigidos pela SRF para liberação da carga. De modo que, não praticando nenhuma espécie de ilícito, não podem os réus ser chamados a responder patrimonialmente por quaisquer prejuízos.

DOS PEDIDOS

Diante do exposto e em razão da ordem jurídica em vigor, requer:

O acolhimento das preliminares levantadas, julgando extinto o processo sem resolução de mérito, nos termos do art. 485, VI, do CPC;

Caso não sejam acolhidas as preliminares suscitadas, não sendo reconhecida a carência do direito de ação, que sejam julgados improcedentes os pedidos formulados na Inicial, extinguindo-se o processo com resolução de mérito, nos termos do art. 487, I e II, do CPC;

A condenação do autor ao pagamento de custas processuais e honorários advocatícios, estes últimos nos termos do art. 85 do CPC;

Que as intimações sejam encaminhadas ao endereço do escritório patrono, conforme o inciso I do art. 106 do CPC, informado na procuração em anexo.

Protesta provar o alegado por todos os meios de prova em Direito admitidos, especialmente pela juntada de prova documental (como a ata da AGO, as demonstrações financeiras e os documentos da administração) e tudo o mais que se fizer necessário, desde logo já requerido.

Nestes termos,
Pede deferimento.
Local, Data.
Advogado – OAB n. ...

Acesse o *QR Code* e veja mais modelos de peças sobre o tema que foram elaborados para você.

> http://uqr.to/1yv9t

3. RÉPLICA À CONTESTAÇÃO

3.1. Apresentação

Denomina-se **réplica à contestação** a peça processual pela qual o juiz intima o autor a se manifestar acerca da defesa apresentada pelo réu. Trata-se de peça processual que decorre do princípio do contraditório, inerente ao processo civil brasileiro, base processual para os litígios que tenham por mérito questões empresariais.

Com efeito, o autor é obrigado a trazer junto da sua petição inicial, além dos fatos e fundamentos previstos nela, tudo o que tiver de elemento de prova a servir de base à sua pretensão, nos termos dos arts. 319, VI, e 320, ambos do CPC. Pode ser indeferida, aliás, a petição inicial que não apresenta todos os fatos e documentos necessários ao ajuizamento da ação, por força do art. 330, IV, do CPC.

Na mesma toada, nos termos do art. 336 do CPC, o réu também é obrigado a trazer toda a sua matéria de defesa, apresentando documentos e especificando as provas que pretende produzir. Note-se, porém, que o réu tem a possibilidade, na contestação, também, de se manifestar sobre os fatos narrados na petição inicial, nos termos do art. 341 do CPC.

Exatamente porque é dado ao réu se manifestar sobre os fatos e documentos apresentados pelo autor, deve ser assegurado a este o mesmo direito, qual seja, o de se manifestar sobre os fatos e documentos apresentados pelo réu. Tal possibilidade é garantida mediante a réplica à contestação.

3.2. Características e requisitos

Trata-se de petição simples que poderá ser dividida, didática e estilisticamente, em DOS FATOS, DO DIREITO e DO PEDIDO, muito semelhante ao que acontece com a estrutura para a petição inicial. Há, entretanto, algumas diferenças que merecem destaque.

Primeiro, **na réplica à contestação, não há a necessidade de se fazer o protesto por provas**. Como o processo é um todo de peças, documentação e atos processuais, não se pode deixar de notar que o autor já fez a especificação das provas que pretende produzir, com o advento da petição inicial e o réu, na sua contestação.

Segundo, **não há valor da causa**. Note-se que a Réplica à Contestação é uma peça prático-profissional apresentada em processo judicial já em andamento. Desse modo, nunca é demais lembrar que a menção ao valor da causa já terá sido feita anteriormente, na petição inicial.

Terceiro, **deve-se fazer um único pedido:** *o de reiterar os pedidos previstos na petição inicial, dando especial destaque ou ênfase ao pedido principal da ação.* Desse modo, não existe pedido de citação, de procedência de pedido, de condenação em custas e na sucumbência. O único pedido que pode, ainda, aparecer é, a depender sempre do caso concreto apresentado, o de indicar o endereço a partir do qual vai receber intimação, caso tenha havido mudança de endereço (art. 106, II, do CPC).

A **réplica à contestação** poderá ser apresentada *em duas situações*: (i) **se o réu opuser fato impeditivo, modificativo ou extintivo do direito do autor**; ou (ii) **se o réu alegar alguma das preliminares previstas no art. 337 do CPC.**

O prazo para apresentação da réplica é de 15 dias, conforme arts. 350 e 351 do CPC, podendo o juiz facultar ao autor a produção de prova documental.

3.3. Como identificar a peça

A identificação da peça é simplória. Com efeito, o caso concreto narrará, além do litígio havido entre as partes, o fato de já ter havido o ingresso da petição inicial, a citação do réu para produzir defesa e a apresentação de sua contestação. Na narrativa do caso, haverá expressa menção de que o juiz tendo recebido a peça de defesa mandou intimar a parte autora para se manifestar.

A lógica do andamento processual é a seguinte: (i) *na petição inicial,* o autor apresenta o caso a juízo, demonstrando seus fundamentos; (ii) *na contestação,* o réu fala sobre os fatos e fundamentos apresentados pelo autor na inicial; e (iii) **na réplica, o autor fala sobre os fatos e fundamentos apresentados pelo réu na contestação.**

3.4. Competência

O caso narrado para a elaboração da peça prático-profissional deverá indicar em qual juízo está tramitando a ação judicial examinada. É exatamente neste juízo, vale dizer, o juízo que recebeu a petição inicial e a contestação, que deve ser encaminhada a réplica.

3.5. Fundamentos mais comuns

Reitere-se, de início, na forma dos arts. 350 e 351 do CPC, que o elemento motivador para a apresentação da Réplica à Contestação é o fato de o juiz intimar o autor para se manifestar sobre documentos trazidos pelo réu, sobre um fato novo e/ou sobre as preliminares por ele alegadas na contestação. Alguns casos clássicos de Réplica à Contestação já foram festejados pelo Exame da OAB, em duas oportunidades.

No período Cespe, o Exame de 2008.3 registra caso em que fora ajuizada ação de responsabilidade contra atos do administrador. Tal administrador, tendo sido citado, argumentou na contestação: a ilegitimidade de partes, tanto autora quanto ré; a ilegalidade da conduta dos autores, em promover ação judicial em desconformidade com a lei; pedidos insertos e indeterminados. Em face de tais argumentos, o juiz determina que os autores se manifestem em dez dias. Frise-se, por oportuno, que, na época, estava em vigor o CPC/73, sendo certo notar, para aquele Código de Ritos, que o prazo de réplica era de dez dias.

No período FGV, a peça processual foi contemplada quando do advento do V Exame de Ordem. O caso tratava de um pedido de falência que tinha por base três notas promissórias em valor de R$ 50.000,00, cada, em que apenas uma delas foi protestada para fins falimentares. Na contestação, o réu argumentou que havia notas promissórias não protestadas e pediu o deferimento de caução real para garantir o juízo. O juízo, então, abre prazo para o credor se manifestar sobre os fundamentos da defesa. Este caso e a respectiva peça são apresentados mais à frente neste capítulo.

3.6. Estrutura da peça

1. **Endereçamento:** ao juízo de 1º grau (Vara Cível ou Única) em que está sendo processada a pretensão da parte autora. É importante fazer a indicação do juízo nos exatos moldes apresentados pelo caso prático.

    É de bom alvitre deixar um espaço de cinco linhas do endereçamento para o preâmbulo, com a indicação das partes para que, neste espaço, seja feita menção ao processo em trâmite. Caso não haja numeração, mencione-se "Processo n. ...".

2. **Identificação das partes:** o autor da petição inicial é o autor na réplica, assim como o réu. Pelo fato de já estarem devidamente qualificados em momentos processuais anteriores (o autor, na inicial, e o réu, na contestação), não há a necessidade de se fazer a qualificação novamente, bastando informar que as partes já estão devidamente qualificadas nos autos em epígrafe.

3. **Representação judicial:** procurador(a) com mandato às fls. ... .

4. **Nome da peça e fundamento legal:** Réplica à Contestação, com fundamento nos arts. 350 e 351 do CPC.

5. **Narrativa dos fatos ("Dos Fatos"):** exposição dos fatos previstos na situação hipotética da questão. Não inventar outros fatos nem trazer detalhes ausentes no problema. É importante frisar que o edital é expresso em atribuir NOTA ZERO ao examinando que inventar dados ou que de algum outro modo pretenda se identificar.

6. **Fundamentação ("Do Direito"):** parte da peça processual em que serão apresentados os fundamentos legais e/ou entendimentos sumulados que dizem respeito à lide. Deve-se atentar, no entanto, que a mera citação ou transcrição de artigos não pontuam. Frise-se, por oportuno, a necessidade de se rebater todos os argumentos apresentados na contestação, neste momento.

7. **Pedidos:** trata-se, como visto, de peça com pedido único, consistente em reiterar os pedidos apresentados na petição inicial, dando especial destaque ou ênfase ao pedido principal da ação.

8. **Valor da causa:** não há.

9. **Fechamento da peça:** local, data. Advogado, OAB n. ... (não inventar dados).

3.7. Questão da peça profissional

(V Exame) A Indústria de Solventes Mundo Colorido S.A. requereu a falência da sociedade empresária Pintando o Sete Comércio de Tintas Ltda., com base em três notas promissórias, cada qual no valor de R$ 50.000,00, todas vencidas e não pagas. Das três cambiais que embasam o pedido, apenas uma delas (que primeiro venceu) foi protestada para fim falimentar. Em defesa, a devedora requerida, em síntese, sustentou que a falência não poderia ser decretada porque duas das notas promissórias que instruíram o requerimento não foram protestadas. Em defesa, requereu o deferimento de prestação de uma caução real, que garantisse o juízo falimentar da cobrança dos títulos. Recebida a defesa tempestivamente ofertada, o juiz da 4ª Vara Empresarial da Comarca da Capital do Estado do Rio de Janeiro abriu prazo para o credor se manifestar sobre os fundamentos da defesa.

Você, na qualidade de advogado(a) do credor, deve elaborar a peça em que contradite, com o apontamento dos fundamentos legais expressos e os argumentos de defesa deduzidos.

3.8. Modelo da peça

Ao juízo da 4ª Vara Empresarial da Comarca da Capital do Estado do Rio de Janeiro

Processo n. ...

Indústria de Solventes Mundo Colorido S/A, já qualificada nos autos da ação de falência em epígrafe, que move contra Pintando o Sete Comércio de Tintas Ltda., por seu procurador infra-assinado, com procuração às fls. ..., vem respeitosamente perante Vossa Excelência, com fundamento nos arts. 350 e 351 do CPC, oferecer

RÉPLICA À CONTESTAÇÃO

pelos fundamentos de fato e de direito a seguir:

DOS FATOS

A Indústria de Solventes Mundo Colorido S.A. requereu a falência da sociedade empresária Pintando o Sete Comércio de Tintas Ltda., com base em três notas promissórias, cada qual no valor de R$ 50.000,00, todas vencidas e não pagas. Das três cambiais que embasam o pedido, apenas uma delas (que primeiro venceu) foi protestada para fim falimentar.

Em defesa, a devedora requerida, em síntese, sustentou que a falência não poderia ser decretada porque duas das notas promissórias que instruíram o requerimento não foram protestadas. Em defesa, requereu o deferimento de prestação de uma caução real, que garantisse o juízo falimentar da cobrança dos títulos.

DO DIREITO

Como se percebe do que fora narrado, a defesa do réu se baseia em duas teses: (i) o fato de existirem notas promissórias que não estão protestadas; e (ii) o pedido de caução real para o fim de garantir o juízo. Com efeito, as duas teses apresentadas não merecem guarida.

De acordo com o art. 96, § 2º, da Lei n. 11.101/2005, não é fator impeditivo de falência a existência de notas promissórias sem protesto se, ao final, restarem obrigações em montante superior ao previsto no art. 94, I, da mesma Lei n. 11.101/2005. Ainda que se desconsiderem as notas promissórias que não foram protestadas, bastaria uma delas para superar o valor mínimo exigido pela lei para o requerimento de falência.

Quanto ao segundo argumento apresentado, deve-se destacar que, com a atual lei de falências e recuperação de empresas, não há mais hipótese de realização de caução real para garantia do juízo. O que ainda poderia ser deferido ao devedor, acaso requerido, seria a realização de depósito elisivo que, nos termos do art. 98, parágrafo único, da Lei n. 11.101/2005, deve ser feito, sempre, em dinheiro.

DOS PEDIDOS

Diante do exposto, reiteram-se todos os pedidos feitos na Inicial, no sentido de ser declarada a falência do devedor, rejeitando todos os argumentos de defesa.

Nestes termos,
Pede deferimento.
Local, Data.
Advogado – OAB n. ...

4. AÇÃO DE OBRIGAÇÃO DE FAZER (OU NÃO FAZER)

4.1. Apresentação

Há determinadas situações em que se pretende, no Judiciário, **a condenação de alguém a praticar um ato, ou mesmo de se abster de tal prática**. Para estas situações, aquele que tem a sua pretensão resistida – o autor –, deve lançar mão da ação de obrigação de fazer. Parte da doutrina, também, fala na ação de obrigação de não fazer para tais casos.

É bom que se diga que se trata da mesma ação judicial. **O fazer ou o não fazer depende da leitura do caso pelo intérprete**. Um exemplo: há, regra geral, obrigação de o empresário alienante não concorrer com o empresário adquirente, no trespasse (será explorado mais à frente). Pode-se, neste caso, falar tanto em obrigação de fazer ("não concorrer") quanto em obrigação de não fazer ("concorrer").

A ação de obrigação de fazer se encontra regulamentada no art. 497 do CPC. Várias são as situações de utilização da presente medida judicial relacionadas ao direito empresarial. Daí a importância do seu estudo e o conhecimento de sua elaboração para quem pretende se dedicar à 2ª Fase de Direito Empresarial.

4.2. Características e requisitos

De início, deve-se frisar que se trata de **ação judicial que segue o procedimento comum**, em essência. Assim, tudo aquilo que se constatou no estudo do procedimento comum, também vale para a presente peça processual. Evidentemente, há algumas peculiaridades trazidas pelo dispositivo legal que a regulamenta.

Nesta ação, **cabe ao juiz conceder a tutela específica da obrigação, assegurando o resultado prático equivalente ao do adimplemento, se procedente o pedido** (art. 497, *caput*). Visando efetivar a tutela específica ou o resultado prático equivalente, o juiz poderá determinar medidas como a **imposição de multa por tempo de atraso, busca e apreensão, remoção de pessoas e coisas, desfazimento de obras e impedimento de atividade nociva, se necessário com requisição de força policial** (art. 536, § 1º, do CPC).

Note-se, ademais, a **possibilidade de conversão da obrigação de fazer em perdas e danos**, toda vez que for impossível a tutela específica ou a obtenção do resultado prático equivalente (art. 499 do CPC). Para tanto, será necessário requerimento do autor. Trata-se, portanto, de um pedido específico e necessário para esta ação. **A conversão em perdas e danos poderá ocorrer independentemente de multa prevista no art. 500 do CPC.**

Processualmente, **o caminho para a concessão liminar da tutela específica da obrigação de fazer é a da tutela de urgência, nos termos do art. 300 do CPC**. Desse modo, para este tipo de medida judicial, deve ser aberto um tópico denominado "Da Tutela de Urgência" ou "Da Tutela Provisória", entre a parte "Do Direito" e a "Dos Pedidos". Frise-se, por oportuno, a possibilidade de ser concedida liminarmente, de acordo com o art. 300, § 2º, do CPC.

Como meio de assegurar a concessão da tutela específica liminarmente, o juiz poderá impor **multa independentemente de requerimento da parte, desde que seja suficiente e compatível com a obrigação e que se determine prazo razoável para o cumprimento do preceito** (art. 537 do CPC). Apesar de a lei falar que a imposição da multa mencionada pode se dar independentemente de pedido do autor, para fins de 2ª Fase do Exame da OAB, orienta-se a apresentação de mais um pedido específico para esta peça, qual seja, o de o juiz impor multa diária pelo descumprimento de obrigação.

Por fim, diante das circunstâncias do caso concreto, **será possível que o presente feito venha combinado com pedido de reparação de danos**. Para tanto, o caso deverá indicar que o possível cliente amargou prejuízos em face do ato do réu. Trata-se, é bom ressaltar, de **mera possibilidade**; portanto, **nem sempre haverá tal cumulação**.

4.3. Como identificar a peça

A narrativa apresentada para a elaboração da peça prático-profissional descreverá uma situação em que alguém teria a obrigação de praticar determinado fato ou mesmo de se abster da prática de um fato, mas que se comporta contrariamente à obrigação. É imperioso perceber que, em nenhum momento da narrativa, não há nenhuma menção quanto ao ingresso de ação judicial. Ou a pessoa que será ré do presente feito tinha a obrigação de fazer algo e se omitiu, ou ela deveria se abster da prática de algo e agiu.

4.4. Competência

Na medida em que a União, autarquia ou empresa pública federal não tenham interesse no feito, não sendo parte da presente ação, a competência será, então, da justiça estadual. Vale dizer, o direcionamento desta medida judicial será a **Vara Cível da comarca do lugar onde a obrigação deve ser satisfeita**, na forma do art. 53, III, *d*, do CPC.

Quanto ao endereçamento, não custa nada lembrar a necessidade de se adequar às informações trazidas no caso concreto. Pode ser que seja indicado, por exemplo, que na comarca existe "Vara Única" ou "Vara Empresarial". Se for o caso, é dessa forma que deverá ser apresentado o juízo a que é dirigida.

4.5. Fundamentos mais comuns

Várias são as possibilidades de utilização da presente ação no âmbito do direito empresarial. Uma aplicação muito comum ocorre na esfera da **propriedade industrial**. Desde já, é importante destacar a *viabilidade do presente feito*, independentemente do bem da propriedade industrial, sendo possível *tanto em face de patente de invenção ou de modelo de utilidade quanto de registro de desenho industrial ou de marca.*

Portanto, caberá sempre que *o autor é titular de um direito de propriedade industrial e terceira pessoa está utilizando o referido direito, sem licença.* Vale dizer, alguém tem em seu favor uma patente de invenção ou modelo de utilidade ou um registro de desenho industrial ou marca. Porém terceira pessoa, que não é titular do bem, nem tem licença, utiliza indevidamente da invenção, do modelo de utilidade, da marca ou do desenho industrial, obtendo, desta utilização, proveito econômico, causando, portanto, prejuízo ao legitimado.

Para esta medida judicial, o fundamento mais comum se refere ao fato de terceira pessoa vir a usar direito da propriedade industrial, seja marca, seja patente de outrem, sem licença para tanto. Daí a necessidade da medida: fazer com que tal pessoa se abstenha de continuar usando indevidamente determinada marca ou patente de outrem. Frise-se, por oportuno, que a ação de obrigação de fazer no âmbito da propriedade industrial não é a única hipótese. Talvez seja a mais importante, mas não a única.

Outra hipótese tem relação no âmbito do **contrato de trespasse**. Com efeito, determina o art. 1.147 do CC, a proibição de o empresário alienante do estabelecimento comercial concorrer, por 5 anos, com o empresário adquirente, salvo disposição diversa prevista no contrato de trespasse. A situação, então, seria a do *empresário alienante continuar a exercer sua atividade ou de se restabelecer antes do prazo legal, sem previsão autorizativa no contrato.*

Importante, sobre este tema, determinar que se o contrato de trespasse for expresso quanto à proibição de concorrência e tiver assinado por duas testemunhas, aludido contrato será considerado título executivo extrajudicial. Assim, a obrigação de fazer poderá ser pretendida, na via executiva. Porém, caso o contrato de trepasse tenha sido assinado somente pelas partes, a pretensão relativa ao adimplemento de obrigação de fazer deverá ser pleiteada via ação monitória, nos termos do art. 700, III, do CPC.

Pode-se utilizar a ação de obrigação de fazer em que o objeto é o **nome empresarial**. O art. 1.165 do CC prescreve que o nome de sócio que vier a falecer, for excluído ou se retirar, não pode ser conservado na firma social. O caso concreto seria o seguinte: *determinado sócio, cujo nome civil integrava a firma social, faleceu, foi excluído ou se retirou, entretanto, os sócios remanescentes não providenciaram a alteração do nome empresarial.*

De outro lado, não custa notar que a **cessão de quotas**, nos termos do art. 1.003 do CC, não terá efeito sem a correspondente modificação no contrato social. Vale dizer, **só após a alteração do registro na Junta é que a cessão de quotas surtirá efeitos**. Até para fins de responsabilidade, nos termos do art. 1.032 do CC, faz-se mister a alteração. Porém, *ocorrendo a cessão total de quotas, caberia aos adquirentes providenciarem o aditivo.* Omitindo-se, poderiam os alienantes promover a presente ação.

Há um caso curioso que aparece, com alguma frequência, na jurisprudência. Trata-se da situação em que a sociedade destitui determinada pessoa da função de administrador, nomeando outra pessoa para assumir o poder gerencial da sociedade. Porém, o administrador destituído não entrega a administração ao novo legitimado e, desse modo, continua a praticar indevidamente atos de administração, em nome da sociedade.

Por fim, vale ressaltar, por oportuno, que **as situações aqui narradas não são taxativas**. Trata-se, apenas, das situações mais comuns de se encontrar na doutrina e na jurisprudência. Portanto, são as hipóteses mais prováveis de serem utilizadas pela banca examinadora, em termos de 2ª Fase de Direito Empresarial.

4.6. Estrutura da peça

1. **Endereçamento:** Excelentíssimo Senhor Doutor Juiz de Direito da... Vara Cível da comarca de... do Estado de... .

   Atentar-se aos termos dos fatos narrados que muitas vezes traz informações acerca do endereçamento, mencionando, por exemplo, que na comarca tem Vara Única. Neste caso, deve-se adequar a indicação aqui exposta ao caso narrado.

2. **Identificação das partes:** Autor – pessoa que tem direito a determinada pretensão que está sendo resistida por outrem. Réu – pessoa que deveria praticar determinado fato ou se abster de fazê-lo, mas realiza comportamento contrário. Tanto autor quanto réu podem ser pessoa física ou jurídica.

3. **Representação judicial:** advogado, com mandato em anexo.

4. **Nome da ação e fundamentação legal:** ação de obrigação de fazer, com fundamento nos arts. 319 e 497 do CPC (adicionalmente, pode-se apontar, também, como fundamentação, o dispositivo de direito material aplicável ao caso).

5. **Narrativa dos fatos ("Dos Fatos"):** exposição dos fatos previstos na situação hipotética da questão. Não inventar outros fatos nem trazer detalhes ausentes no problema. Deve-se, portanto, literalmente, copiar, de maneira integral, a questão, conforme apresentada. A criação ou invenção de outros fatos pode ser interpretada pela banca examinadora como um mecanismo de identificação, o que anulará a peça apresentada, atribuindo-lhe NOTA ZERO.

6. **Fundamentação ("Do Direito"):** importa asseverar, sempre, que a mera citação ou transcrição de artigos de lei ou súmulas de jurisprudência não pontua. Deverá o examinando construir a sua fundamentação, demonstrando a motivação, ou seja, qual o porquê de se utilizar determinado fundamento legal.

7. **Tutela específica ("Da Tutela Provisória" ou "Tutela de Urgência"):** em vista da possibilidade de concessão liminar da tutela específica pretendida, faz-se necessária a criação do presente tópico. Cabe trazer explicação acerca do art. 300 do Código de Processo Civil, visando demonstrar a necessidade da tutela pretendida e de sua concessão liminar.

   Será importante, diante da narrativa dos fatos, destacar a probabilidade do direito e o perigo de dano ou o risco ao resultado útil do processo.

8. **Pedidos ("Do Pedido"):** a) a concessão de tutela provisória no sentido de... (destacar a tutela específica pretendida); b) a opção do autor pela realização de audiência de conciliação ou de mediação, devendo o réu ser citado com a antecedência mínima de 20 dias (isto é a regra geral; toda vez que o caso for silente, a opção será pela realização de audiência de conciliação ou de mediação – se a opção for pela não realização de tal audiência, a questão proposta deverá ser

expressa neste sentido); c) a procedência do pedido do autor no sentido de... (descrever exatamente o que se pretende), confirmando-se a tutela de urgência concedida mediante sentença; d) a imposição de multa pecuniária por descumprimento de obrigação, de acordo com o art. 537 do CPC; e) a condenação ao pagamento das custas e dos honorários advocatícios, sendo estes últimos, pleiteados no importe de 20% do valor da causa, conforme disposição do art. 85, § 2º, do CPC; f) que as intimações sejam enviadas para o escritório na Rua... (art. 106, I, do CPC). Pretende-se provar o alegado por todas as provas em direito admitidas, especialmente... (O pedido genérico de provas não pontua. Desse modo, faz-se necessário você especificar as provas que pretende produzir, em conformidade com o caso apresentado no Exame).

9. **Valor da causa:** dá-se à presente causa o valor de R$ ... .
10. **Fechamento da peça:** local, data. Advogado, OAB n. ... (não inventar dados).

4.7. Questão da peça profissional

(XXVIII Exame) A sociedade empresária Refrigeração Canhoba S/A arrendou o imóvel onde está localizado um de seus estabelecimentos, situado em Capela/SE, para a sociedade Riachuelo, Salgado & Cia Ltda. A arrendatária atua no mesmo ramo de negócio da arrendadora.

O contrato, celebrado em 13 de janeiro de 2015, tem duração de cinco anos e estabeleceu, como foro de eleição, a cidade de Capela/SE. Não há previsão, no contrato, quanto à vedação ou à possibilidade de concorrência por parte do arrendador.

Em 22 de novembro de 2017, Tobias Barreto, administrador e representante legal da arrendatária, procura você e narra-lhe o seguinte: durante os dois primeiros anos do contrato, o arrendador absteve-se de fazer concorrência ao arrendatário em Capela e nos municípios de Aquidabã e Rosário do Catete, áreas de atuação do arrendatário e responsáveis pela totalidade do seu faturamento. No entanto, a partir de março de 2017, os sócios de Riachuelo, Salgado & Cia. Ltda. perceberam a atuação ofensiva de dois representantes comerciais, X e Y, que passaram a captar clientes desta sociedade, tendo como preponente a sociedade arrendadora. Os representantes comerciais começaram a divulgar informações falsas sobre os produtos comercializados pelo arrendatário, bem como as entregas não estavam sendo feitas, ou eram realizadas com atraso. Um dos sócios da arrendatária conseguiu obter o depoimento informal de clientes procurados por esses representantes, que agiam a mando da arrendadora, oferecendo generosas vantagens para que deixassem de negociar com ela.

Desde a atuação dos dois representantes comerciais, o faturamento da arrendatária paulatinamente passou a decrescer. O auge da crise ocorreu em junho de 2017, quando a arrendadora alugou um imóvel no centro de Capela e passou a divulgar, entre os clientes e nos anúncios em material impresso, descontos, vantagens e promoções para desviar a clientela da arrendatária. Com essas medidas, o faturamento de Riachuelo, Salgado & Cia. Ltda. despencou, sofrendo, entre julho e outubro de 2017, um prejuízo acumulado de R$ 290.000,00 (duzentos e noventa mil reais).

A intenção da arrendatária é que a arrendadora se abstenha de praticar os atos anticoncorrenciais, desfazendo as práticas narradas, sob pena de ter que desfazê-los à sua custa, ressarcindo o arrendatário dos prejuízos. Há urgência na obtenção de provimento jurisdicional para cessação das práticas desleais de concorrência.

Considerando que a comarca de Capela/SE possui três varas sem nenhuma especialização e que, conforme seu estatuto, a sociedade empresária Refrigeração Canhoba S/A é representada por seu diretor-presidente, Sr. Paulo Pastora, elabore a peça processual adequada.

4.8. Modelo da peça

Ao juízo da... Vara Cível... da comarca de Capela do Estado de SE.

Riachuelo, Salgado & Cia. Ltda., representada por seu administrador, Tobias Barreto, nacionalidade..., estado civil..., profissão..., portador do RG sob o n. ... e do CPF sob o n. ..., residente e domiciliado na..., por seu advogado, abaixo assinado, com mandato em anexo, vem respeitosamente perante Vossa Excelência com fundamento nos arts. 319 e 497 do CPC, no art. 195, II e III, da Lei n. 9.279/96 e no art. 1.147 do CC, promover

AÇÃO DE OBRIGAÇÃO DE FAZER COM PEDIDO DE REPARAÇÃO DE DANOS

em face de Refrigeração Canhoba S/A, representada por seu diretor presidente, Paulo Pastora, nacionalidade..., estado civil..., profissão..., portador do RG sob o n. ..., e do CPF sob o n. ..., residente e domiciliado na..., pelos fundamentos de fato e de direito a seguir.

DOS FATOS

A sociedade empresária Refrigeração Canhoba S/A arrendou o imóvel onde está localizado um de seus estabelecimentos, situado em Capela/SE, para a sociedade Riachuelo, Salgado & Cia. Ltda. A arrendatária atua no mesmo ramo de negócio da arrendadora.

O contrato, celebrado em 13 de janeiro de 2015, tem duração de cinco anos e estabeleceu como foro de eleição a cidade de Capela/SE. Não há previsão, no contrato, quanto à vedação ou à possibilidade de concorrência por parte da arrendadora.

Em 22 de novembro de 2017, Tobias Barreto, administrador e representante legal da arrendatária, procura você e narra-lhe o seguinte: durante os dois primeiros anos do contrato, o arrendador absteve-se de fazer concorrência à arrendatária em Capela e nos municípios de Aquidabã e Rosário do Catete, áreas de atuação da arrendatária e responsáveis pela totalidade do seu faturamento. No entanto, a partir de março de 2017, os sócios de Riachuelo, Salgado & Cia. Ltda. perceberam a atuação ofensiva de dois representantes comerciais, X e Y, que passaram a captar clientes dessa sociedade, tendo como preponente a sociedade arrendadora. Os representantes comerciais começaram a divulgar informações falsas sobre os produtos comercializados pela arrendatária, bem como as entregas não estavam sendo feitas, ou eram realizadas com atraso. Um dos sócios da arrendatária conseguiu obter o depoimento informal de clientes procurados por esses representantes, que agiam a mando da arrendadora, oferecendo generosas vantagens para que deixassem de negociar com ela.

Desde a atuação dos dois representantes comerciais, o faturamento da arrendatária paulatinamente passou a decrescer. O auge da crise ocorreu em junho de 2017, quando a arrendadora alugou um imóvel no centro de Capela e passou a divulgar, entre os clientes e nos anúncios em material impresso, descontos, vantagens e promoções para desviar a clientela da arrendatária. Com essas medidas, o faturamento de Riachuelo, Salgado & Cia. Ltda. despencou, sofrendo, entre julho e outubro de 2017, um prejuízo acumulado de R$ 290.000,00 (duzentos e noventa mil reais).

A intenção da arrendatária é que a arrendadora se abstenha de praticar os atos anticoncorrenciais, desfazendo as práticas narradas, sob pena de ter que desfazê-los à sua custa, ressarcindo a arrendatária dos prejuízos. Há urgência na obtenção de provimento jurisdicional para cessação das práticas desleais de concorrência.

DO DIREITO

O art. 1.147, parágrafo único, do CC determina que, durante todo o tempo do contrato de arrendamento, é vedado o restabelecimento pelo arrendador em razão de ausência de autorização expressa no contrato. No caso concreto, nota-se o restabelecimento da arrendadora, através de seus representantes comerciais X e Y, 2 anos após a realização do arrendamento do estabelecimento.

É ato de concorrência desleal divulgar informações falsas sobre os produtos comercializados pelo concorrente (arrendatário) e que as entregas não estavam sendo feitas ou eram realizadas com atraso, com fundamento no art. 195, II, da Lei n. 9.279/96.

Da mesma forma, é também ato de concorrência desleal o emprego de meio fraudulento, para desviar, em proveito próprio ou alheio, clientela de outrem, como a conduta da arrendadora em divulgar entre os clientes e nos anúncios em material impresso com descontos, vantagens e promoções para desviar a clientela da arrendatária, de acordo com o art. 195, III, da Lei n. 9.279/96.

Diante da prática dos atos de concorrência desleal, independentemente de qualquer medida na seara criminal, poderá o prejudicado poderá intentar as ações cíveis que considerar cabíveis na forma do Código de Processo Civil, nos termos do art. 207 da Lei n. 9.279/96.

De outro lado, o art. 927 do CC determina que aquele causar dano a outrem será obrigado a reparar o prejuízo causado. Pelo fato de Refrigeração Canhoba S/A ter praticado atos de concorrência desleal, através de seus representantes comerciais, houve um desvio ilícito de clientela. Assim, a Ré deve ser chamada a responder pelos prejuízos causados à Autora, em face do desvio de clientela.

DA TUTELA PROVISÓRIA

O art. 300 do CPC prevê que é possível a concessão de tutela provisória de urgência quando houver elementos que evidenciem a probabilidade do direito e o perigo de dano ou o risco ao resultado útil do processo, destacando o art. 300, § 2º, do CPC, a possibilidade de concessão liminar. Por sua vez, o art. 497 do CPC estabelece a possibilidade de o juiz conceder a tutela específica da obrigação. A Ré deveria não concorrer com a Autora, pelo prazo do contrato de arrendamento. Tendo se restabelecido em dois anos, e praticado contra a Autora atos de concorrência desleal, descumpriu tal obrigação.

A probabilidade do direito é feita a partir do depoimento informal de clientes que foram procurados pelos representantes comerciais, oferecendo generosas vantagens patrimoniais, caso deixassem de negociar com a arrendatária. A verossimilhança da alegação é comprovada com o contrato de arrendamento. O perigo de dano se deve ao fato de que a continuidade da empresa por Riachuelo, Salgado & Cia. pode restar inviável, haja vista o faturamento ter despencado, entre julho e outubro de 2017.

Dessa forma, há urgência na obtenção de provimento jurisdicional para cessação das práticas desleais de concorrência, tendo em vista que o faturamento de Riachuelo, Salgado & Cia. Ltda. despencou, sofrendo, entre julho e outubro de 2017, um prejuízo acumulado de R$ 290.000,00 (duzentos e noventa mil reais).

DOS PEDIDOS

Diante do exposto, é a presente para requerer:
a) a concessão liminarmente de tutela provisória de urgência, em razão da gravidade dos fatos e dos danos que vem sofrendo a Autora, para determinar a cessação imediata dos atos de concorrência desleal;
b) a convocação de audiência de conciliação ou de mediação, por opção do autor, devendo o réu ser citado com antecedência mínima de 20 dias (art. 319, VII, ou art. 334, ambos do CPC);
c) a procedência do pedido da Autora para reconhecer a ilicitude do restabelecimento e os atos de concorrência desleal praticados, com danos ao patrimônio da arrendatária, bem como para determinar a indenização pelos atos de concorrência desleal praticados e pela violação da proibição de restabelecimento, confirmando-se a tutela específica concedida liminarmente mediante sentença;
d) a imposição de multa pecuniária por descumprimento de obrigação, de acordo com o art. 537 do CPC;
e) a condenação ao pagamento das custas e dos honorários advocatícios, sendo estes últimos pleiteados no importe de 20% do valor da causa, conforme disposição do art. 85, § 2º, do CPC;
f) que as intimações sejam enviadas para o escritório na Rua... (art. 106, I, do CPC).

Pretende-se provar o alegado por todas as provas em direito admitidas, especialmente pela juntada do contrato de arrendamento; a oitiva de testemunhas, cujo rol será apresentado oportunamente, e tudo o mais que se fizer necessário, desde logo já requerido.

Dá-se à presente causa o valor de R$ 290.000,00 (Duzentos e noventa mil reais).

Nestes termos,
Pede deferimento.
Capela/SE, Data.
Advogado – OAB n. ...

5. AÇÃO RENOVATÓRIA DE ALUGUEL

5.1. Apresentação

Muitas vezes, o *empresário-locatário*, depois de criar com dificuldade o seu *ponto comercial*, tornando, finalmente, seu negócio rentável e conhecido, depara-se com um pedido de retomada do imóvel de sua sede pelo *locador*, onde investiu tempo e dinheiro para se estabelecer.

A presente ação trata de garantir o direito do **locatário** de renovação de contrato de aluguel de locação não residencial, ou seja, de locação de imóveis destinados ao comércio, prevista na Lei n. 8.245/91. Para tanto, ele deverá observar os requisitos do art. 51 da lei, bem como não estar nas situações do art. 52.

Considera-se **locação não residencial**, segundo o art. 55, quando o locatário for *pessoa jurídica* e o imóvel destinar-se ao uso de seus titulares, diretores, sócios, gerentes, executivos ou empregados.

5.2. Características e requisitos

Segundo o art. 51 da Lei n. 8.245/91, o locatário terá direito à renovação do contrato, por igual prazo, desde que, **cumulativamente:**

I – o contrato a renovar tenha sido celebrado por **escrito** e **com prazo determinado**;

II – o prazo mínimo do contrato a renovar ou a soma dos prazos ininterruptos dos contratos escritos seja de **cinco anos**;

III – o locatário esteja explorando seu comércio, no mesmo ramo, pelo prazo mínimo e ininterrupto de **três anos**.

Esse direito pode ser exercido também:

a) pelos cessionários ou sucessores da locação;
b) pelo sublocatário no caso de sublocação total do imóvel;
c) pelo sócio sobrevivente, desde que continue no mesmo ramo quando dissolvida a sociedade comercial por morte de um dos sócios;
d) pelo locatário ou pela sociedade quando o contrato autorizar que o locatário utilize o imóvel para as atividades de sociedade de que faça parte e que a esta passe a pertencer o fundo de comércio;
e) pelas indústrias e sociedades civis com fim lucrativo, regularmente constituídas.

É importante observar que do direito a renovação *decai* aquele que não propuser a ação no interregno de **um ano, no máximo, até seis meses, no mínimo, anteriores** à data da finalização do prazo do contrato em vigor.

A ação **renovatória** de aluguel terá o **rito do procedimento comum** diferente da *ação revisional* de aluguel (art. 68).

5.3. Como identificar a peça

Situações que apontem que houve a celebração de contrato de aluguel, em consonância com os requisitos do art. 51 da Lei n. 8.245/91 (contrato por prazo determinado e respeitados os prazos legais), somadas ao desejo de não renovação por parte da locadora do imóvel, certamente, como advogado(a) da parte locatária, será exigida uma medida judicial cabível para defender o interesse dela.

5.4. Competência

É competente para conhecer e julgar tais ações o **foro do lugar da situação do imóvel**, salvo se outro houver sido eleito no contrato ("foro de eleição"), art. 58, II, da Lei n. 8.245/91. Assim, a ação será endereçada ao juízo da comarca do lugar do imóvel (vara cível ou vara única).

5.5. Fundamentos mais comuns

Além dos demais requisitos exigidos no **art. 319 do Código de Processo Civil**, nos termos do art. 71 da Lei n. 8.245/91, a petição inicial da ação renovatória deverá ser instruída com:

1	Prova	A	do preenchimento dos requisitos dos incisos I, II e III do art. 51 da Lei n. 8.245/91;
		B	do exato cumprimento do contrato em curso;
		C	da quitação dos impostos e taxas que incidiram sobre o imóvel e cujo pagamento lhe incumbia;
		D	de que o fiador do contrato ou o que o substituir na renovação aceita os encargos da fiança, autorizado por seu cônjuge, se casado for;
		E	quando for o caso, de ser cessionário ou sucessor, em virtude de título oponível ao proprietário.
2	Indicação	F	clara e precisa das condições oferecidas para a renovação da locação;
		G	do fiador quando houver no contrato a renovar e, quando não for o mesmo, com indicação do nome ou denominação completa, número de sua inscrição no Ministério da Fazenda, endereço e, tratando-se de pessoa natural, a nacionalidade, o estado civil, a profissão e o número da carteira de identidade, comprovando, desde logo, mesmo que não haja alteração do fiador, a atual idoneidade financeira.

Atente-se que, se proposta a ação pelo sublocatário do imóvel ou de parte dele, serão citados o sublocador e o locador, como litisconsortes, salvo se, em virtude de locação originária ou renovada, o sublocador dispuser de prazo que admita renovar a sublocação; na primeira hipótese, procedente a ação, o proprietário ficará diretamente obrigado à renovação.

Por fim, com o advento da Lei n. 13.966/2019, que veio a modernizar o sistema de franquia no Brasil, a legislação passou a trazer um novo fundamento. O art. 3º da Lei n. 13.966/2019 estabelece que, nos casos em que o franqueador subloque ao franqueado o ponto comercial onde se acha instalada a franquia, **qualquer uma das partes terá legitimidade para propor a renovação do contrato de locação** do imóvel.

O valor do aluguel, nesse caso, a ser pago pelo franqueado ao franqueador, pode ser superior ao que o franqueador paga ao proprietário do imóvel, desde que: (i) essa possibilidade esteja expressa e clara na Circular de Oferta de Franquia; e (ii) o valor pago a maior não implique excessiva onerosidade ao franqueado, garantida a manutenção do equilíbrio econômico-financeiro da sublocação na vigência do contrato de franquia. Tudo de acordo com o art. 3º, parágrafo único, da Lei n. 13.966/2019.

5.6. Estrutura da peça

1. **Endereçamento:** Vara Cível ou Vara Única do lugar da situação do imóvel locado.
2. **Identificação das partes:** parte autora (locatária): firma ou denominação, pessoa jurídica, CNPJ e endereço; parte ré (locadora): firma ou denominação, pessoa jurídica, CNPJ e endereço, ou, caso seja pessoa física, nome, qualificação e endereço.
3. **Representação judicial:** procurador(a) com mandato em anexo.
4. **Nome da ação e fundamento legal:** ação renovatória de aluguel, sob fundamento dos arts. 51 e 71 da Lei n. 8.245/91.
5. **Narrativa dos fatos ("Dos Fatos"):** exposição dos fatos previstos na situação hipotética da questão. Não inventar outros fatos nem trazer detalhes ausentes no problema.
6. **Fundamentação ("Do Direito"):** atente-se que a mera citação de artigos não pontua. Deve-se apontar os requisitos do art. 51 e demonstrar a partir do enunciado da questão que eles estão preenchidos, bem como identificar aqueles do art. 71 e informar que os documentos comprobatórios estão em anexo da inicial. E, por fim, que o pedido de renovação está dentro do prazo de um ano, no máximo, até seis meses, no mínimo, anteriores à data da finalização do prazo do contrato em vigor (art. 51, § 5º).
7. **Pedidos ("Dos Pedidos"):** a) procedência dos pedidos da parte autora (locatária), com ensejo de renovar compulsoriamente o contrato de locação nos termos da vigência dele; b) a opção do autor pela realização de audiência de conciliação ou de mediação, devendo o réu ser citado com a antecedência mínima de 20 dias [isto é a regra geral; toda vez que o caso for silente, a opção será pela realização de audiência de conciliação ou de mediação – se a opção for pela não realização de tal audiência, a questão proposta deverá ser expressa neste sentido]; c) condenação da parte ré ao pagamento de custas e honorários advocatícios; d) produção de todas as provas admitidas no Direito; e) informar endereço em que receberá as intimações (art. 106, I, do CPC).
8. **Valor da causa:** dá-se à presente causa o valor de R$ ... (doze vezes o valor do aluguel – art. 58, III, da Lei n. 8.245/91).
9. **Fechamento da peça:** local, data. Advogado, OAB n. ... (não inventar dados).

5.7. Questão da peça profissional

(XX Exame) Distribuidora de Medicamentos Mundo Novo Ltda. foi dissolvida em razão do falecimento do sócio Pedro Gomes, ocorrido em 2013, com fundamento no art. 1.035 do Código Civil. A sociedade foi constituída, em 1997, para atuar na comercialização de medicamentos e sempre atuou nesta atividade. Para manter a clientela do estabelecimento, mesmo após a dissolução da sociedade, Iguatemi, única sócia de Pedro Gomes, requereu seu registro como empresária individual, e, com o deferimento, prosseguiu, agora em nome próprio, a empresa antes exercida pela sociedade.

O estabelecimento onde foi instalada a sociedade está situado na cidade de Chapadão do Sul, Estado de Mato Grosso do Sul. O imóvel é alugado desde a constituição da sociedade, sendo locadora a Imobiliária Três Lagoas Ltda. A vigência inicial do contrato foi de 3 (três) anos, tendo sido celebrados contratos posteriores por igual prazo, sucessiva e ininterruptamente. Durante a vigência do último contrato, que expirou em setembro de 2015, a sociedade limitada foi dissolvida. Diante da continuidade da empresa posterior à dissolução da sociedade limitada, por Iguatemi, como empresária individual, esta procurou o locador e lhe apresentou proposta de novo aluguel, que foi rejeitada sem justificativa plausível.

Em abril de 2014, temendo o prejuízo ao estabelecimento empresarial já consolidado, a perda considerável de clientela e os efeitos nefastos da transferência para outra localidade, Iguatemi procurou sua advogada para que esta propusesse a medida judicial que assegurasse sua permanência no imóvel, informando que o valor atual do aluguel mensal é de R$ 17.000,00 (dezessete mil reais) e que contratou seguro de fiança locatícia.

Considerando que na Comarca de Chapadão do Sul/MS existem apenas duas varas (1ª e 2ª), competindo ao Juiz da 1ª Vara o julgamento de ações cíveis, elabore a peça adequada.

5.8. Modelo da peça

Ao juízo da 1ª Vara da Comarca de Chapadão do Sul, do Estado de Mato Grosso do Sul

Iguatemi, empresária individual, nacionalidade..., estado civil..., com Registro na Junta Comer- cial sob o n. ..., estabelecida em..., por meio do seu advogado, abaixo assinado, vem, com o devi- do respeito e acatamento, com fundamento nos arts. 51, "caput" e § 3º, e 71 da Lei n. 8.245/91 e no art. 319 do CPC promover

AÇÃO RENOVATÓRIA DE ALUGUEL

em face de Imobiliária Três Lagoas Ltda., pelos fundamentos de fato e de direito a seguir.

DOS FATOS

Distribuidora de Medicamentos Mundo Novo Ltda. foi dissolvida em razão do falecimento do sócio Pedro Gomes, ocorrido em 2013, com fundamento no art. 1.035 do Código Civil. A sociedade foi constituída, em 1997, para atuar na comercialização de medicamentos e sempre atuou nesta atividade.

Para manter a clientela do estabelecimento, mesmo após a dissolução da sociedade, Iguatemi, única sócia de Pedro Gomes, requereu seu registro como empresária individual, e, com o deferimento, prosseguiu, agora em nome próprio, a empresa antes exercida pela sociedade.

O estabelecimento onde foi instalada a sociedade está situado na cidade de Chapadão do Sul, Estado de Mato Grosso do Sul. O imóvel é alugado desde a constituição da sociedade, sendo locadora a Imobiliária Três Lagoas Ltda. A vigência inicial do contrato foi de 3 (três) anos, tendo sido celebrados contratos posteriores por igual prazo, sucessiva e ininterruptamente. Durante a vigência do último contrato, que expirou em setembro de 2015, a sociedade limitada foi dissolvida. Diante da continuidade da empresa posterior à dissolução da sociedade limitada, por Iguatemi, como empresária individual, esta procurou o locador e lhe apresentou proposta de novo aluguel, que foi rejeitada sem justificativa plausível.

Em abril de 2014, temendo o prejuízo ao estabelecimento empresarial já consolidado, a perda considerável de clientela e os efeitos nefastos da transferência para outra localidade, Iguatemi procurou sua advogada para que esta propusesse a medida judicial que assegurasse sua permanência no imóvel, informando que o valor atual do aluguel mensal é de R$ 17.000,00 (dezessete mil reais) e que contratou seguro de fiança locatícia.

DO DIREITO

O art. 51 da Lei n. 8.245/91 estabelece os requisitos para o direito de inerência ao ponto. Desde que atendidos, o que ocorre no caso concreto, e não havendo acordo com o locador, será possível ao locatário, ou ao seu sucessor, a renovação compulsória da locação, a partir de uma decisão judicial. O requisito formal – art. 51, I – ocorre no caso concreto, na medida em que se trata de uma sequência de contratos com prazo determinado. Por sua vez, o requisito temporal – art. 51, II – ocorre no caso concreto, haja vista que se trata de relação locatícia para fins não residenciais celebrada desde 1997. Por fim, o requisito material – art. 51, III – também foi respeitado, haja vista que a atividade exercida sempre foi a mesma (portanto, há mais de 3 anos é exercida a mesma atividade).

Frise-se, por oportuno, que, apesar de Iguatemi não ser a locatária originária, trata-se efetivamente de uma sucessora desta, aproveitando todos os requisitos do contrato originário. Com efeito, a sociedade Distribuidora de Medicamentos Mundo Novo Ltda., locatária originária, veio a ser dissolvida, em razão do falecimento de um dos seus sócios – Pedro Gomes. Iguatemi, a sócia sobrevivente, autora do presente feito, continuou a exercer a mesma atividade exercida antes pela sociedade, tornando-se assim parte legítima, à luz do que prescreve o art. 51, § 3º, da Lei n. 8.245/91.

Não custa nada lembrar que o presente feito foi promovido, respeitando o prazo previsto no art. 51, § 5º, da Lei n. 8.245/91, ou seja, no interregno de 1 (um) ano no máximo a até 6 (seis) meses no mínimo da data de finalização do contrato.

Assim, é o presente feito para promover a renovação compulsória da locação, sendo utilizado, como patamar mínimo, o valor atual do aluguel. Visando garantir a presente locação renovada, contratou-se seguro de fiança locatícia, junto à SEGURADORA, com CNPJ sob o n. ..., e estabelecida em... .

DOS PEDIDOS

Ante o exposto, preenchidos os requisitos dos arts. 51 e 71 da lei, e nos termos do art. 319 do CPC, requer:

a) procedência dos pedidos da parte autora, com ensejo de renovar compulsoriamente o contrato de locação nos termos pactuados;
b) realização de audiência de conciliação ou de mediação, por opção do autor, devendo o réu ser citado com a antecedência mínima de 20 dias;
c) condenação da parte ré ao pagamento de custas e honorários advocatícios;
d) produção de todas as provas admitidas no Direito, especialmente pela ouvida da parte ré, pela juntada dos documentos previstos no art. 71 da Lei n. 8.245/91, e tudo o mais que se fizer necessário;
e) que as intimações sejam encaminhadas ao endereço do escritório patrono, conforme o inciso I do art. 106 do CPC, informado na procuração em anexo.

Dá-se à presente causa o valor de R$ 204.000,00 (duzentos e quatro mil reais).

Nestes termos,
Pede deferimento.
Local, Data.
Advogado – OAB n. ...

Rol de documentos conforme o art. 71 da Lei n. 8.245/91:
a) contratos de locação firmados pela sociedade Distribuidora de Medicamentos Mundo Novo Ltda. para o cumprimento do art. 51, I e II, da Lei n. 8.245/91;
b) prova de que a autora, como sub-rogatária do direito à renovação, deu continuidade ao mesmo ramo de negócio da sociedade empresária (distribuição de medicamentos), perfazendo, sem interrupção, o prazo mínimo de 3 (três) anos (art. 51, III, da Lei n. 8.245/91);
c) prova do exato cumprimento do contrato em curso;
d) prova da quitação dos impostos e taxas que incidiram sobre o imóvel e cujo pagamento lhe incumbia;
e) apresentação de apólice de Seguro Fiança Locatícia contratada com a seguradora, com o valor total da apólice abrangendo todos os custos da locação até seu encerramento (a apólice substitui prova de anuência do fiador com os encargos da fiança de que trata o art. 71, VI, da Lei n. 8.245/91).

5.9. Ação de despejo

A ação de despejo tem vez quando o locatário não desocupa o imóvel apesar das notificações para tanto do locador. Em geral, acontece, no meio empresarial, quando o imóvel não está mais sob o regime da renovação compulsória da locação, seja porque o contrato já se encerrou, seja porque o locador não está obrigado a renovar a locação e a ação renovatória foi julgada improcedente.

O § 1º do art. 59 da Lei n. 8.245/91 determina as situações em que será concedida liminar para desocupação em 15 dias, independentemente da audiência da parte contrária e desde que prestada a caução no valor equivalente a três meses de aluguel.

Atente-se às disposições do art. 62 da mesma lei, quando as ações de despejo forem fundadas na falta de pagamento de aluguel e acessórios da locação, de aluguel provisório, de diferenças de aluguéis, ou somente de quaisquer dos acessórios da locação.

A petição inicial deve observar os requisitos do art. 319 do CPC, porque o procedimento da ação de despejo é o comum (antes, "ordinário"), de acordo com o art. 59 da Lei n. 8.245/91. Lembrando, ainda, que a ação deve ser proposta no foro do lugar da situação do imóvel (art. 58, II da Lei n. 8.245/91). O valor da causa corresponde a 12 meses de aluguel (art. 319, V, do CPC c/c o art. 58, III, da Lei n. 8.245/91). Com base no art. 63 a Lei n. 8.245/91, deve ser requerida a expedição de mandado de despejo.

5.10. Questão da peça profissional

(XXXIII Exame) Luís Caroebe manteve com a sociedade São João da Baliza Locadora de Veículos Ltda, por mais de quinze anos, contratos de locação não residencial de imóvel de sua propriedade, situado no bairro dos Estados, cidade de Boa Vista/RR. Em 2019, a locatária ajuizou tempestivamente ação renovatória para ver assegurado seu direito ao ponto empresarial. Por ocasião do oferecimento da contestação, sem que haja pedido para desocupação voluntária, Luís Caorebe alegou e comprovou que necessitaria do imóvel para transferência do estabelecimento de Iracema Caroebe EIRELI, constituído em 2013, e cuja titularidade pertence a Iracema Caroebe, neta de Luís Caroebe. Diante de tal justificativa, o locador não tinha mais interesse em renovar o contrato e esperava que o imóvel lhe fosse devolvido ao final do término do contrato. A ação renovatória foi julgada improcedente e a decisão transitou em julgado. Não obstante, o contrato se encerrou e a locatária não realizou a desocupação voluntária como esperava o locador, sendo necessário, agora, que o faça de forma coercitiva. Ademais, foi enviado à locatária, em 9 de setembro de 2020, notificação extrajudicial com aviso de recebimento, restando não atendida.

Você, como advogado(a), foi procurado(a) por Luís Caroebe para a propositura de medida judicial em defesa de seus direitos, sendo-lhe informado que (i) o valor do aluguel na vigência do último contrato era de R$ 15.000,00 (quinze mil reais), (ii) não há sublocatários e (iii) o pagamento dos aluguéis e acessórios da locação foi feito integralmente, de modo que não há débito a ser pago.

Elabore a peça processual adequada, considerando que o foro competente para conhecer e julgar a medida processual possui mais de um juiz.

5.11. Modelo da peça

Ao juízo da Vara Cível da Comarca de Boa Vista, do Estado de Roraima

Luis Caroebe, profissão., nacionalidade., estado civil., por meio do seu advogado, abaixo assinado, vem, com o devido respeito e acatamento, com fundamento nos arts. 59 da Lei n. 8.245/91 e 319 do CPC, promover

AÇÃO DE DESPEJO

em face de São João da Baliza Locadora de Veículos Ltda., representada por seu administrador, pelos fundamentos de fato e de direito a seguir.

DOS FATOS

Luís Caroebe manteve com a sociedade São João da Baliza Locadora de Veículos Ltda, por mais de quinze anos, contratos de locação não residencial de imóvel de sua propriedade, situado no bairro dos Estados, cidade de Boa Vista/RR.

Em 2019, a locatária ajuizou tempestivamente ação renovatória para ver assegurado seu direito ao ponto empresarial. Por ocasião do oferecimento da contestação, sem que haja pedido para desocupação voluntária, Luís Caorebe alegou e comprovou que necessitaria do imóvel para transferência do estabelecimento de Iracema Caroebe EIRELI, constituído em 2013, e cuja titularidade pertence a Iracema Caroebe, neta de Luís Caoebe.

Diante de tal justificativa, o locador não tinha mais interesse em renovar o contrato e esperava que o imóvel lhe fosse devolvido ao final do término do contrato.

A ação renovatória foi julgada improcedente e a decisão transitou em julgado. Não obstante, o contrato se encerrou e a locatária não realizou a desocupação voluntária como esperava o locador, sendo necessário, agora, que o faça de forma coercitiva. Ademais, foi enviado à locatária, em 9 de setembro de 2020, notificação extrajudicial com aviso de recebimento, restando não atendida.

O valor do aluguel na vigência do último contrato era de R$ 15.000,00 (quinze mil reais) e não havia sublocatários. O pagamento dos aluguéis e acessórios da locação foi feito integralmente, de modo que não há débito a ser pago.

DO DIREITO

O inciso II do art. 52 da Lei n. 8.245/91 estabelece a não obrigatoriedade de renovação da locação. Em razão da necessidade de utilização do imóvel para transferência de estabelecimento da EIRELI constituída pela neta de Luís Caorebe há mais de 1 ano, foi solicitada a desocupação voluntária, o que não ocorreu por parte do locador. E com a improcedência da ação renovatória e o trânsito em julgado da decisão, tornou-se ilegal a permanência da locatária no imóvel após o encerramento do contrato.

Assim, é o presente feito para promover o despejo da locadora nos termos aqui expostos.

DOS PEDIDOS

Ante o exposto, preenchidos os requisitos dos arts. 59 da lei, e nos termos do art. 319 do CPC, requer:

a) procedência dos pedidos da parte autora, com o propósito de despejo da parte locadora;
b) realização de audiência de conciliação ou de mediação, por opção do autor, devendo o réu ser citado com a antecedência mínima de 20 dias;
c) condenação da parte ré ao pagamento de custas e honorários advocatícios;
d) a expedição de mandado de despejo, com base no art. 63 da Lei n. 8.245/91;
e) que as intimações sejam encaminhadas ao endereço do escritório patrono, conforme o inciso I do art. 106 do CPC, informado na procuração em anexo.

Dá-se à presente causa o valor de R$ 180.000,00 (Cento e oitenta mil reais).

Nestes termos,
Pede deferimento.
Local, Data.
Advogado – OAB n. ...

Rol de documentos conforme a Lei n. 8.245/91:
a) o contrato de locação;
b) a notificação extrajudicial feita à locatária com aviso de recebimento; e
c) a decisão da ação renovatória transitada em julgado.

6. AÇÃO DE EXIGIR CONTAS

6.1. Apresentação

Destaque-se, inicialmente, que no âmbito do CPC/73 havia a possibilidade das denominadas *ação de prestação de contas ativa* e *ação de prestação de contas passiva*. O CPC extinguiu o procedimento de prestação passiva de contas, rebatizando *ação de prestação de contas ativa* como **ação de exigir contas**.

A *ação de prestação de contas* é necessária, por exemplo, à liquidação da sociedade em conta de participação, segundo o art. 996 do Código Civil. Também os administradores de sociedade empresária são obrigados a prestar contas aos sócios de forma justificada de sua administração e apresentar-lhes o inventário anualmente, bem como o balanço patrimonial e o de resultado econômico – *vide* art. 1.020 do Código Civil ou art. 122, III, da Lei n. 6.404/76.

Caso não o façam ou façam de forma inadequada, caberá aos sócios prejudicados a **ação de exigir contas**. É o que diz o art. 550 do CPC: "aquele que afirmar ser titular do direito de exigir contas requererá a citação do réu para que as presta ou ofereça contestação no prazo de 15 dias".

Assim, atualmente, com a entrada em vigor da Lei n. 13.105/2015, apenas quem tem o direito de exigir a prestação de contas poderá propor a respectiva ação.

Em matéria empresarial, também cabe nas hipóteses de comissão (art. 709 do CC) e mandato mercantil (art. 668 do CC). Atente-se ao enunciado da Súmula 259 do STJ: "A ação de prestação de contas pode ser proposta pelo titular de conta corrente bancária".

6.2. Características e requisitos

A **ação de exigir de contas** prevista no art. 550 do CPC segue um procedimento especial. Na petição inicial, o autor especificará, detalhadamente, as razões pelas quais exige as contas, instruindo-a com os documentos comprobatórios dessa necessidade, se existirem (§ 1º). No primeiro, debater-se-á se o réu tem ou não a obrigação de prestar contas. Poderá ser simplificado, caso o réu consinta em apresentar as contas, abrindo prazo de 15 dias **para o autor** dizer sobre elas, e, havendo necessidade de produzir provas, o juiz designará audiência de instrução e julgamento; em caso contrário, proferirá desde logo a sentença (§ 2º).

Se **o réu não contestar** a ação ou **não negar a obrigação de prestar contas**, observar-se-á o disposto no art. 355 (ocorrerá o julgamento antecipado, sendo proferida sentença com resolução de mérito), de acordo com o art. 550, § 4º; **caso haja contestação**, a sentença, que julgar *procedente* a ação, condenará o **réu a prestar as contas no prazo de 15 dias**, sob pena de não lhe ser lícito impugnar as que o autor apresentar (art. 550, § 5º, do CPC).

As contas do réu devem ser apresentadas **na forma adequada**, especificando-se as receitas, a aplicação das despesas e os investimentos, se houver (art. 551 do CPC). Portanto, não há mais a necessidade de as contas serem apresentadas na forma mercantil. Caso o autor apresente impugnação às contas apresentadas pelo réu, o juiz estabelecerá prazo razoável para que o réu apresente os documentos justificativos dos lançamentos individualmente impugnados (art. 551, § 1º, do CPC).

Caso **o réu não apresente as contas**, o autor deverá apresentá-las, no prazo de 15 dias, podendo o juiz determinar a realização de exame pericial, se necessário. É o que dispõe o art. 550, § 6º, 2ª parte, do CPC. Neste caso, as contas do autor deverão ser apresentadas na forma adequada, já instruídas com os documentos justificativos, especificando-se as receitas, a aplicação das despesas e os investimentos, se houver, bem como o respectivo saldo (art. 551, § 2º, do CPC).

Por fim, conforme o art. 552 do CPC, a sentença apurará o saldo e constituirá título executivo judicial. Portanto, tal saldo haverá de ser recebido mediante pedido de cumprimento de sentença.

6.3. Como identificar a peça

A situação a ser apresentada pela banca destacará alguma das hipóteses de negativa de quem deveria prestar contas, a fim de que o titular possa exigi-las. Ademais, a ação de exigir contas eventualmente pode pressupor a análise de saldo devedor ou credor entre as partes.

6.4. Competência

Segue a regra geral de competência do art. 46 do CPC, assim, a ação de exigir contas será proposta no foro do domicílio do réu.

6.5. Fundamentos mais comuns

O fundamento para se exigir contas é único: o art. 550 do CPC. É importante demonstrar a relação a partir da qual decorre o direito de exigir contas, bem como a obrigação, daquele que virá a ser réu da ação, de prestar contas.

Essa "demonstração" será baseada no direito material, seja um contrato de mandato mercantil ou comissão, seja a liquidação de uma sociedade em conta de participação, seja qualquer outra vinculação obrigacional sob a disciplina de empresarial.

6.5.1. A apresentação de contas do administrador judicial

O administrador judicial, enquanto representante da massa falida (art. 75, V, do CPC), tem a obrigação de prestar suas contas, consistindo a aprovação delas em um dos requisitos necessários para o juiz proferir a sentença de encerramento do processo falimentar. Trata-se de mais um caso de ação de prestação de contas ou de ação de exigir contas. Entretanto, há, para a apresentação das contas do administrador judicial, procedimento especial, fora do CPC, previsto no **art. 154 da Lei n. 11.101/2005**. As contas do administrador judicial deverão ser apresentadas no prazo de até 30 dias após o final da etapa de liquidação judicial (art. 154, *caput*). Tais contas deverão ser autuadas em separado, em ação distribuída por dependência e apensada ao final aos autos principais da falência (art. 154, § 1º).

Será, então, publicado aviso de que as contas foram entregues e se encontram à disposição dos interessados para, querendo, impugnar as contas apresentadas no prazo de dez dias (art. 154, § 2º). Decorrido o prazo do aviso e apurados os fatos, realizando-se as diligências necessárias, será aberto prazo de cinco dias para o Ministério Público se manifestar. Ao final, o administrador judicial poderá ser ouvido caso haja impugnação ou parecer contrário do Ministério Público (art. 154, § 3º).

É importante constatar: em caso de rejeição das contas do administrador judicial, será possível determinar a indisponibilidade ou o sequestro dos bens, nos termos do art. 154, § 5º. Tal disposição está em consonância com o que prevê o art. 553, parágrafo único, do CPC.

6.6. Estrutura da peça

1. **Endereçamento:** em Vara Cível ou Única, regra geral do art. 46 do CPC.
2. **Identificação das partes:** parte autora: pessoa física ou pessoa jurídica, com qualificação completa; parte ré: pessoa física ou pessoa jurídica, com qualificação completa.
3. **Representação judicial:** procurador(a) com mandato em anexo.
4. **Nome da peça e fundamento legal:** ação de exigir contas, com fundamento no art. 550 do CPC (caso seja a prestação de contas do administrador judicial, incluir, também, o art. 154 da Lei n. 11.101/2005, na fundamentação legal).
5. **Narrativa dos fatos ("Dos Fatos"):** exposição dos fatos previstos na situação hipotética da questão. Não inventar outros fatos nem trazer detalhes ausentes no problema. Destacar a negativa ou de prestar ou de receber as contas. Sugere-se realizar a cópia fiel do caso apresentado, cabendo notar que, se o examinando trouxer fato novo, anulará a sua peça, sendo atribuída nota ZERO.
6. **Fundamentação ("Do Direito"):** atente-se que a mera citação de artigos não pontua. Demonstrar que há um direito de exigir a prestação de contas (art. 550 do CPC), baseado numa relação que está prevista em lei, por exemplo, a liquidação de uma sociedade em conta de participação (art. 996 do CC).
7. **Pedidos:** a) citação da parte ré para no prazo de 15 dias apresentar as contas ou contestar a ação, conforme o art. 550 do CPC, sob pena do art. 355; b) procedência do pedido em todos os seus termos no sentido de condenar a ré à prestação de contas (deve-se especificar o que motiva a exigência das contas, de acordo com a questão), sob pena de a ré não poder impugnar as contas das autoras; c) apresentação da prestação de contas na forma adequada, especificando-se as receitas e a aplicação das despesas, e os investimentos, de acordo com exigência do art. 551 do CPC; d) condenação da parte ré ao pagamento de custas e

honorários advocatícios, estes últimos de acordo com o art. 85 do CPC; e) informar endereço em que receberá as intimações (art. 106, I, do CPC).
8. **Valor da causa:** pode ser o valor de alçada, sendo incerto o valor do benefício econômico (art. 291 do CPC), ou corresponder à estimativa do valor econômico perseguido pelo autor.
9. **Fechamento da peça:** local, data. Advogado, OAB n. ... (não inventar dados).

6.7. Questão da peça profissional

(XV Exame) As sociedades Porto Franco Reflorestamento Ltda., Fortuna Livraria e Editora Ltda. e Cia. Cedral de Papel e Celulose constituíram sociedade em conta de participação, sendo as duas primeiras sócias participantes e a última, sócia ostensiva. O contrato vigorou por quatro anos, até maio de 2014, quando foi extinto por instrumento particular de distrato, sem que houvesse, posteriormente, o ajuste de contas por parte da companhia com as sócias participantes, referente ao ano de 2013 e aos meses de janeiro a maio de 2014. O objeto da conta de participação era a realização de investimentos na atividade da sócia ostensiva para fomentar a produção de papel para o objeto de Fortuna Livraria e Editora Ltda. e a aquisição de matéria-prima de Porto Franco Reflorestamento Ltda. O contrato estabeleceu como foro de eleição a cidade de Tuntum, Estado do Maranhão, Comarca de Vara Única. As sócias participantes o procuram para, na condição de advogado, propor a medida judicial que resguarde seus interesses.

Elabore a peça adequada com base nas informações prestadas pelas clientes e nas disposições legais concernentes ao tipo societário.

6.8. Modelo da peça

Ao juízo da... Vara Única da Comarca de Tuntum, do Estado do Maranhão

Porto Franco Reflorestamento Ltda., pessoa jurídica, inscrita no CNPJ n. ..., com sede na rua..., n. ..., na cidade de..., neste ato se fazendo presente por seu administrador..., e Fortuna Livraria e Editora Ltda., pessoa jurídica, inscrita no CNPJ n. ..., com sede na rua..., n. ..., na cidade de..., neste ato se fazendo presente por seu administrador..., pelo seu advogado, com mandato anexo, vem, respeitosamente, à presença de Vossa Excelência, com fundamento no art. 914, I, do CPC e no art. 996, "caput", c/c arts. 1.020 e 1.033, II, do Código Civil, propor

AÇÃO DE EXIGIR CONTAS

em face de Cia. Cedral de Papel e Celulose, pessoa jurídica, inscrita no CNPJ n. ..., com sede na rua..., n. ..., na cidade de..., neste ato se fazendo presente por seu diretor... nas razões que seguem.

DOS FATOS

As sociedades Porto Franco Reflorestamento Ltda., Fortuna Livraria e Editora Ltda. e Cia. Cedral de Papel e Celulose constituíram sociedade em conta de participação, sendo as duas primeiras sócias participantes e a última, sócia ostensiva. O contrato vigorou por quatro anos, até maio de 2014, quando foi extinto por instrumento particular de distrato, sem que houvesse, posteriormente, o ajuste de contas por parte da companhia com as sócias participantes, referente ao ano de 2013 e aos meses de janeiro a maio de 2014. O objeto da conta de participação era a realização de investimentos na atividade da sócia ostensiva para fomentar a produção de papel para o objeto de Fortuna Livraria e Editora Ltda. e a aquisição de matéria-prima de Porto Franco Reflorestamento Ltda. O contrato estabeleceu como foro de eleição a cidade de Tuntum, Estado do Maranhão, Comarca de Vara Única.

DO DIREITO

Trata-se o presente caso de uma dissolução de uma sociedade em conta de participação na qual a ré era a sócia ostensiva; portanto, apenas ela realizava a atividade social e administrava a sociedade, nos termos do art. 991 do Código Civil.

Como administradora, a ré estava obrigada a prestar contas de sua administração aos sócios participantes, com fundamento no art. 996, "caput", c/c o art. 1.020 do Código Civil. Notadamente se destaca a obrigação diante do distrato firmado entre a ré e as autoras. O distrato operou a dissolução de pleno direito da sociedade e a consequente liquidação da conta de participação, nos termos do art. 996, "caput", c/c o art. 1.033, II, do Código Civil.

Conforme prevê o art. 914, I, do CPC, cabe ação de prestação de contas para quem tem o direito de exigi-las. No caso em espécie, diante da falta de prestação de contas referentes ao ano de 2013 e aos meses de janeiro a maio de 2014, as sócias têm o direito de exigi-las da sócia ostensiva.

Desse modo, diante da dissolução de pleno direito da sociedade em conta de participação constituída entre a ré, na condição de sócia ostensiva, e as autoras, enquanto sócias participantes, a liquidação da sociedade se rege pelas normas relativas à prestação de contas, na forma da lei processual, por determinação do art. 996, "caput", do Código Civil.

DOS PEDIDOS

Ante o exposto, preenchidos os requisitos legais, requer:
a) a citação da parte ré para no prazo de 15 dias apresentar as contas ou contestar a ação, conforme o art. 550 do CPC;
b) a procedência do pedido em todos os seus termos no sentido de condenar a ré à prestação de contas às sócias participantes, referentes ao ano de 2013 e aos meses de janeiro a junho de 2014, no prazo de 15 dias, em conformidade com o art. 550, § 5º, do CPC, sob pena de a ré não poder impugnar as contas das autoras;
c) a apresentação da prestação de contas na forma adequada, especificando-se as receitas e a aplicação das despesas, e os investimentos, de acordo com exigência do art. 551 do CPC;
d) a condenação em custas e honorários advocatícios, estes nos termos do art. 85 do CPC;
e) que as intimações sejam encaminhadas ao endereço do escritório patrono, conforme o inciso I do art. 106 do CPC, informado na procuração em anexo.

Protesta provar o alegado por todos os meios de prova em direito admitidos, especialmente pela juntada do contrato de sociedade em conta de participação e do instrumento de distrato.

Dá-se à presente causa o valor de R$ ...

Nestes termos,
Pede deferimento.
Local, Data.
Advogado – OAB n. ...

7. AÇÃO DE EXECUÇÃO POR QUANTIA CERTA

7.1. Apresentação

Vencida uma nota promissória e não paga ou na situação de um cheque *sem fundos*, por exemplo, o que fazer para cobrar a quantia, o crédito? Executá-los! O Código de Processo Civil, a partir do art. 824, prevê essa modalidade de execução, e, caso o devedor não consiga pagar, a ação tem o objetivo de expropriar seus bens a fim de satisfazer o direito do credor.

Diferentemente do *cumprimento de sentença* (**execução de título executivo judicial**) – em que basta apresentar uma petição nos autos informando o inadimplemento –, na **execução de título extrajudicial** (aqueles previstos no art. 784 do CPC) haverá uma legítima petição inicial, inaugurando um novo processo, pois se trata de ação autônoma e independente.

Esse processo executório cabe, além da execução por quantia certa contra devedor solvente, também para obrigações de fazer e não fazer (arts. 815 e 822) e entrega da coisa (certa, art. 806; ou incerta, art. 811). Para fins didáticos, será apresentada a hipótese mais comum, mas pode ser usado o mesmo modelo de ação: execução por quantia certa.

Para a presente medida judicial, importa conhecer o que o Código de Processo Civil entende como espécies de títulos executivos extrajudiciais. Estão previstas no art. 784 do CPC, a saber:

I – a letra de câmbio, a nota promissória, a duplicata, a debênture e o cheque;

II – a escritura pública ou outro documento público assinado pelo devedor;

III – o documento particular assinado pelo devedor e por 2 (duas) testemunhas;

IV – o instrumento de transação referendado pelo Ministério Público, pela Defensoria Pública, pela Advocacia Pública, pelos advogados dos transatores ou por conciliador ou mediador credenciador por tribunal;

V – o contrato garantido por hipoteca, penhor, anticrese ou outro direito real de garantia e aquele garantido por caução;

VI – o contrato de seguro de vida em caso de morte;

VII – o crédito decorrente de foro e laudêmio;

VIII – o crédito, documentalmente comprovado, decorrente de aluguel de imóvel, bem como de encargos necessários, tais como taxas e despesas de condomínio;

IX – a certidão de dívida ativa da Fazenda Pública da União, dos Estados, do Distrito Federal, dos Territórios e dos Municípios, correspondente aos créditos inscritos na forma da lei;

X – o crédito referente às contribuições ordinárias ou extraordinárias de condomínio edilício, previstas na respectiva convenção ou aprovadas em assembleia geral, desde que documentalmente comprovadas;

XI – a certidão expedida por serventia notarial ou de registro relativa a valores de emolumentos e demais despesas devidas pelos atos por ela praticados, fixados nas tabelas estabelecidas em lei;

XI-A – o contrato de contragarantia ou qualquer outro instrumento que materialize o direito de ressarcimento da seguradora contra tomadores de seguro-garantia e seus garantidores;

XII – todos os demais títulos a que, por disposição expressa, a lei atribuir força executiva.

Quanto ao art. 784, XII, do CPC, importa ressaltar: (i) a cédula de crédito imobiliário é título executivo extrajudicial, nos termos do art. 20 da Lei n. 10.931/2004; (ii) a cédula de crédito bancário é título executivo extrajudicial, nos termos do art. 28 da Lei n. 10.931/2004; e (iii) o Boletim de Subscrição e o Aviso de Chamada constituem título executivo extrajudicial para a execução do acionista remisso, nos termos do art. 107, I, da Lei n. 6.404/76.

Ainda é oportuno saber que: (i) o art. 10 do Decreto-lei n. 167/67 atribui força executiva às cédulas e notas de crédito rural; (ii) os arts. 10 e 18 do Decreto-lei n. 413/69 atribuem força executiva, respectivamente, à cédula de crédito industrial e à nota de crédito industrial; (iii) o art. 1º da Lei n. 6.313/75, ao fazer remissão expressa ao decreto-lei que regulamenta a cédula e a nota de crédito industrial, atribui, nos mesmos moldes, força executiva às cédulas e notas de crédito à exportação; (iv) o art. 5º da Lei n. 6.840/80, nos moldes comentados no item anterior, atribui força executiva às cédulas e notas de crédito comercial; e (v) o art. 4º da Lei n. 8.929/94, atribui força executiva à Cédula de Produto Rural.

7.2. Características e requisitos

Primeiramente, a execução pode ser instaurada caso o devedor não satisfaça a **obrigação certa, líquida e exigível**, consubstanciada em **título executivo** (art. 786 do CPC). Assim, é importante destacar que cumpre ao credor, ao requerer a execução, pedir a citação do devedor e instruir a petição inicial, nos termos do art. 798, I, do CPC, com:

a) o título executivo extrajudicial;

b) com o demonstrativo do débito atualizado até a data da propositura da ação;

c) a prova de que se verificou a condição ou ocorreu o termo, se for o caso; ou

d) a prova, se for o caso, de que adimpliu a contraprestação que lhe corresponde ou que lhe assegura o cumprimento, se o executado não for obrigado a satisfazer a sua prestação senão mediante a contraprestação do exequente.

Cumpre ainda ao credor, segundo o art. 798, II, do CPC, indicar:

a) a espécie de execução de sua preferência, quando por mais de um modo puder ser realizada;
b) os nomes completos do exequente e do executado e seus números de inscrição no Cadastro de Pessoas Físicas ou no Cadastro Nacional de Pessoa Jurídica;
c) os bens suscetíveis de penhora, sempre que possível.

Incumbe ainda ao exequente, de acordo com o art. 799 do CPC:

I – requerer a intimação do credor pignoratício, hipotecário, ou anticrético, ou fiduciário, quando a penhora recair sobre bens gravados por penhor, hipoteca, anticrese ou alienação fiduciária (com o risco de se tornar ineficaz se não houver a intimação, art. 804 do CPC);

II – requerer a intimação do titular do usufruto, uso ou habitação, quando a penhora recair sobre bem gravado por usufruto, uso ou habitação;

III – requerer a intimação do promitente comprador, quando a penhora cair sobre bem em relação ao qual haja promessa de compra e venda registrada;

IV – requerer a intimação do promitente vendedor, quando a penhora sobre direito aquisitivo derivado de promessa de compra e venda registrada;

V – requerer a intimação do superficiário, enfiteuta ou concessionário, em caso de direito de superfície, enfiteuse ou concessão de uso especial para fins de moradia ou concessão de direito real de uso, quando a penhora recair sobre imóvel submetido ao regime do direito de superfície, enfiteuse ou concessão;

VI – requerer a intimação do proprietário de terreno com regime de direito de superfície, enfiteuse ou concessão de uso especial para fins de moradia ou concessão de direito real de uso, quando a penhora recair sobre direitos do superficiário, do enfiteuta ou do concessionário;

VII – requerer a intimação da sociedade, no caso de penhora de quota social ou de ação de sociedade anônima fechada, para o fim de garantir aos demais sócios a preferência para a adjudicação da quota ou da ação penhorada;

VIII – pleitear, se for o caso, medidas urgentes;

IX – proceder à averbação em registro público do ato de propositura da execução e dos atos de constrição realizados, para conhecimento de terceiros;

X – requerer a intimação do titular da construção-base, bem como, se for o caso, do titular de lajes anteriores, quando a penhora recair sobre o direito real de laje;

XI – requerer a intimação do titular das lajes, quando a penhora recair sobre a construção-base.

Atente-se que será **nula a execução** caso o título executivo extrajudicial não corresponda a obrigação certa, líquida e exigível, se o devedor não for regularmente citado ou se instaurada antes de se verificar a condição ou de ocorrido o termo, nos termos do art. 803 do CPC.

Note-se que, nos termos do art. 829 do CPC, o executado será citado para pagar a dívida no prazo de três dias. Inicialmente, cabe ao juiz fixar os honorários advocatícios na ação de execução no importe de 10% do valor da causa. Caso ocorra o pagamento integral do crédito, no prazo legal de citação, o valor dos honorários será reduzido pela metade, podendo ser elevado a até 20%, acaso rejeitados os embargos à execução, podendo a majoração ocorrer ao final do procedimento executivo (art. 827 do CPC).

7.3. Como identificar a peça

A situação mais comum, dentro da disciplina empresarial, é a execução dos títulos de crédito apontados como **títulos executivos extrajudiciais** pelo inciso I do art. 784 do CPC: a letra de câmbio, a nota promissória, a duplicata, a debênture e o cheque.

Assim, também conhecida nesses casos como **ação de execução de título extrajudicial**, a falta do pagamento da cártula leva a parte credora a procurar um advogado para acionar aquele que tem a responsabilidade por ela (aceitante, emitente, avalistas, sacador etc.).

Seja como for, o caso para exigir a peça prático-profissional ora estudada irá tratar de uma situação em que, de um lado, haverá um credor ou alguém que tenha direito a algo e do outro um devedor ou alguém que resista à pretensão de outrem. Para justificar o crédito ou o direito, haverá um documento a que a lei atribua a eficácia de título executivo.

Para além do art. 784 do CPC, como se viu, há, na legislação extravagante, a menção a outros documentos considerados títulos executivos extrajudiciais, pelo que se sugere a releitura deste capítulo.

7.4. Competência

A execução fundada em título extrajudicial será processada pelo juízo competente, observado o seguinte (art. 781 do CPC):

I – a execução poderá ser proposta no foro do domicílio do executado, de eleição constante do título ou, ainda, de situação dos bens a ela sujeitos;

II – tendo mais de um domicílio, o executado poderá ser demandado no foro de qualquer deles;

III – sendo incerto ou desconhecido o domicílio do executado, a execução poderá ser proposta no lugar onde for encontrado ou no foro do domicílio do exequente;

IV – havendo mais de um devedor, com domicílios diferentes, a execução poderá ser proposta no foro de qualquer deles, à escolha do exequente;

V – a execução poderá ser proposta no foro do lugar em que se praticou o ato ou em que ocorreu o fato que deu origem ao título, mesmo que nele não resida mais o executado.

Para fins de 2ª Fase em Direito Empresarial, a competência será, regra geral, da "Vara Cível da Comarca de... do Estado de...", não podendo esquecer a necessidade de se adaptar o endereçamento ao que a questão trouxer de informações precisas. Lembre-se das famosas menções: "Vara Única", "Vara Empresarial", "Comarca da Capital" etc.

7.5. Fundamentos mais comuns

A fim de satisfazer o direito do credor, caberá a ação de execução por quantia certa, visto que tem por objeto expropriar bens do devedor. Para tanto, será necessário o ora exequente pedir a citação do devedor e **instruir a petição inicial com** (art. 798, I, do CPC):

a) o título executivo extrajudicial;
b) o demonstrativo do débito atualizado até a data da propositura da ação;
c) a prova de que se verificou a condição, se for o caso;
d) a prova, se for o caso, de que adimpliu a contraprestação que lhe corresponde ou que lhe assegura o cumprimento, se o executado não for obrigado a satisfazer a sua prestação senão mediante a contraprestação do exequente.

Considerando a presente ação executiva fundada em título cambial, importante se faz citar a legislação pertinente, por exemplo, no caso de uma duplicata, um dos dois incisos do art. 15 da Lei n. 5.474/68 (Lei das Duplicatas). Ou seja, a duplicata aceita pelo sacado é, por si só, executável, independente de protesto (art. 15, I, da Lei n. 5.474/68); já a duplicata que não recebeu o aceite do sacado só será executável se, cumulativamente, tiver sido protestada e esteja acompanhada do documento comprobatório de entrega e recebimento de mercadoria (art. 15, II, da Lei n. 5.474/68).

Ademais, enfatizar que o título executivo extrajudicial corresponde a obrigação certa, líquida e exigível, sob pena de ser nula a execução. Segundo o art. 783 do CPC, a execução para cobrança de crédito fundar-se-á sempre em título de **obrigação certa, líquida e exigível**.

Tema muito festejado, em matéria de 2ª Fase da OAB em Direito Empresarial é o do contrato de trespasse. Com efeito, diante da compra e venda de um estabelecimento empresarial, um dos efeitos mais importantes, é o previsto no art. 1.147 do Código Civil: a proibição de concorrência. Por tal dispositivo, o alienante é obrigado a não concorrer com o adquirente, pelo prazo de cinco dias, salvo disposição em contrário no próprio contrato de trespasse.

Assim, diante de um contrato de trespasse, assinado pelo alienante e pelo adquirente, e por mais duas testemunhas, cujo contrato preveja expressamente um prazo de não restabelecimento, na hipótese de o alienante descumprir o prazo avençado, será possível o ajuizamento de ação de execução de obrigação de fazer (ou de não fazer), cuja estrutura de peça é a mesma estudada neste capítulo, com as peculiaridades previstas nos arts. 814 a 823 do CPC.

Não havendo a assinatura de duas testemunhas, mas somente as do alienante e do adquirente, o procedimento correto para exigir a obrigação de não concorrer passa a ser a da ação monitória. Por fim, acaso o contrato não preveja prazo para o restabelecimento, deverá ser, então, ajuizada a ação de obrigação de fazer (ou não fazer).

7.6. Estrutura da peça

1. **Endereçamento:** em Vara Cível ou Única em que é competente o foro do lugar onde a obrigação deve ser satisfeita, como regra geral.
2. **Identificação das partes:** parte exequente: pessoa física ou pessoa jurídica, com qualificação completa; parte executada: pessoa física ou pessoa jurídica, com qualificação completa.

3. **Representação judicial:** procurador(a) com mandato em anexo.
4. **Nome da peça e fundamento legal:** ação de execução por quantia certa (ou simplesmente, ação de execução de título extrajudicial) baseada no art. 784, ... (indicar o inciso pertinente), do CPC. Adicionalmente, será possível, também, fazer menção à legislação extravagante, onde seja mencionada a natureza executiva do título em questão.
5. **Narrativa dos fatos ("Dos Fatos"):** exposição dos fatos previstos na situação hipotética da questão. Não inventar outros fatos nem trazer detalhes ausentes no problema. Enfatizar o não pagamento.
6. **Fundamentação ("Do Direito"):** atente-se que a mera citação de artigos não pontua. A fundamentação parte do não pagamento de um título previsto como executivo extrajudicial (art. 784, I, do CPC) e que fornece a ação, preenchidos os requisitos de certeza, liquidez e exigibilidade, bem como a juntada do demonstrativo do débito atualizado até a data da propositura desta (arts. 783 e 798 do CPC). É importante trazer a referência legal do título de crédito da respectiva legislação específica, como exemplificado acima com as duplicatas.
7. **Pedidos ("Dos Pedidos"):** a) procedência dos pedidos da parte exequente; b) citação da parte executada para efetuar o pagamento em até três dias da quantia devida conforme o demonstrativo do débito atualizado, sob pena de ser expedido mandado de penhora e avaliação de bens (art. 829 do CPC); c) condenação da parte ré ao pagamento de custas e honorários advocatícios; d) informar endereço em que receberá as intimações (art. 106, I, do CPC).
8. **Valor da causa:** dá-se à presente causa o valor de R$ ... (valor do título executivo).
9. **Fechamento da peça:** local, data. Advogado, OAB n. ... (não inventar dados).

7.7. Questão da peça profissional

(XXVII Exame) Com lastro em contrato de abertura de crédito celebrado com o Banco Arroio Grande S/A, Ijuí Alimentos Ltda. emitiu uma cédula de crédito bancário em 02 de dezembro de 2015, com vencimento em 02 de janeiro de 2018. Pedro e Osório figuraram na cédula como avalistas simultâneos do emitente.

Sabe-se que a cédula de crédito bancário em comento contém cláusula de eleição de foro, na qual restou pactuado que a comarca de Porto Alegre/RS seria o foro competente para resolução de eventuais litígios entre as partes.

Trinta dias após o vencimento do título, sem que tal obrigação tenha sido adimplida, nem proposta moratória ou renegociação por parte do emitente, o Banco Arroio Grande S/A tomou conhecimento, por meio de anúncio publicado em jornal de grande circulação, de que Ijuí Alimentos Ltda. colocara à venda o único bem de sua propriedade: um imóvel de elevado valor no mercado.

Considerando o não pagamento do título e a natureza do título em que se acha consubstanciado o crédito, o credor deseja promover a cobrança judicial dos responsáveis pelo pagamento, bem como requerer medida no intuito de acautelar seu crédito, tendo em vista a iminência da venda do único bem de propriedade do devedor, considerando que o valor atualizado da dívida é de R$ 530.000,00 (quinhentos e trinta mil reais), com os juros capitalizados, despesas e encargos.

Elabore a peça processual adequada.

7.8. Modelo da peça

Ao juízo da ... Vara Cível da Comarca de Porto Alegre do Estado de RS

Banco Arroio Grande S/A, representado por seu diretor, (qualificação), pelo seu advogado, com mandato em anexo, vem, respeitosamente, perante Vossa Excelência, com fundamento no art. 784, XII, do CPC e no art. 28, "caput", da Lei n. 10.931/2004 promover

AÇÃO DE EXECUÇÃO POR QUANTIA CERTA

em face de Ijuí Alimentos Ltda., representada por seu administrador, (qualificação), e os avalistas Pedro (qualificação) e Osório (qualificação), pelos fundamentos de fato e de direito a seguir.

DOS FATOS

Com lastro em contrato de abertura de crédito celebrado com o Banco Arroio Grande S/A, Ijuí Alimentos Ltda. emitiu uma cédula de crédito bancário em 02 de dezembro de 2015, com vencimento em 02 de janeiro de 2018. Pedro e Osório figuraram na cédula como avalistas simultâneos do emitente.

Sabe-se que a cédula de crédito bancário em comento contém cláusula de eleição de foro, na qual restou pactuado que a comarca de Porto Alegre/RS seria o foro competente para resolução de eventuais litígios entre as partes.

Trinta dias após o vencimento do título, sem que tal obrigação tenha sido adimplida, nem proposta moratória ou renegociação por parte do emitente, o Banco Arroio Grande S/A tomou conhecimento, por meio de anúncio publicado em jornal de grande circulação, de que Ijuí Alimentos Ltda. colocara à venda o único bem de sua propriedade: um imóvel de elevado valor no mercado.

Considerando o não pagamento do título e a natureza do título em que se acha consubstanciado o crédito, o credor deseja promover a cobrança judicial dos responsáveis pelo pagamento, bem como requerer medida no intuito de acautelar seu crédito, tendo em vista a iminência da venda do único bem de propriedade do devedor, considerando que o valor atualizado da dívida é de R$ 530.000,00 (quinhentos e trinta mil reais), com os juros capitalizados, despesas e encargos.

DO DIREITO

Pode promover a execução forçada o credor a quem a lei confere título executivo, no caso o beneficiário da CCB, com fundamento no art. 778, "caput", do CPC. Poderá o autor instaurar a execução porque os devedores não satisfizeram obrigação certa, líquida e exigível, com fundamento no art. 783, em interpretação conjugada com o art. 786, ambos do CPC.

Diante do vencimento da CCB em 02/01/2018, não se verificou ainda o decurso do prazo prescricional de 3 (três) anos, com base no art. 44 da Lei n. 10.931/2004 c/c o art. 70, do Anexo I, do Decreto n. 57.663/66. A cédula de crédito bancário é título executivo extrajudicial, com fundamento no art. 784, XII, do CPC e no art. 28, "caput", da Lei n. 10.931/2004.

Em razão da solidariedade legal entre avalizado e avalistas, estes são corresponsáveis perante o credor, com fundamento no art. 44 da Lei n. 10.931/2004 c/c os arts. 32 e 47, do Anexo I, do Decreto n. 57.663/66.

DA TUTELA PROVISÓRIA DE URGÊNCIA

O art. 300 do Código de Processo Civil determina que a tutela de urgência será concedida quando houver elementos que evidenciem a probabilidade do direito e o perigo de dano ou o risco ao resultado útil do processo.

O Banco Arroio Grande S.A. poderá não ter o seu crédito satisfeito se o único bem de propriedade do emitente do título for alienado ("periculum in mora"). Além disso, o "fumus boni iuris" será demonstrado a partir da força executiva do título e do inadimplemento.

DOS PEDIDOS

Diante do exposto, é a presente para requerer:

a) liminarmente, a concessão de medida urgente para que o executado, Ijuí Alimentos Ltda, proprietário do imóvel, se abstenha de aliená-lo, com fundamentação no art. 799, VIII, ou no art. 301, ambos do CPC;

b) a citação do emitente para que pague a quantia exequenda, e dos avalistas, no prazo de 3 dias, sob pena de o oficial de justiça proceder à penhora de bens e à sua avaliação, com base no art. 829, "caput" e § 1º, do CPC;

c) a condenação dos réus em custas e honorários advocatícios (art. 827 do CPC);

d) que as intimações do presente feito sejam direcionadas ao endereço..., nos termos do art. 106, I, do CPC.

Por oportuno, requer a juntada dos seguintes documentos:

I – a Cédula de Crédito Bancário;

II – extratos de conta corrente, demonstrando o valor do débito atualizado até a data da propositura da ação, com base no art. 28, § 2º, da Lei n. 10.931/2004 E no art. 798, I, "b", do CPC;

III – publicação de anúncio em jornal de grande circulação com oferta de venda do único imóvel do emitente da CCB, de elevado valor.

Dá-se à presente causa o valor de R$ 270.000,00 (Duzentos e setenta mil reais).

Nestes termos,
Pede deferimento.
Local, Data.
Advogado – OAB n. ...

PRÁTICA EMPRESARIAL

 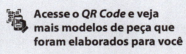

7.9. Questão da peça profissonal

(41º Exame) Izidoro, Deodoro, Lino e Estela são sócios da sociedade Bar e Lanchonete Dona Leopoldina Ltda., constituída no mês de janeiro de 2022. O capital social, o mesmo desde a data da constituição, é de R$ 25.000,00 (vinte e cinco mil reais) dividido em 100 (cem) cotas no valor unitário de R$ 250,00 (duzentos e cinquenta reais). De acordo com a 4ª cláusula do contrato, a distribuição das cotas, por sócio, é a seguinte: Izidoro, 45 cotas; Deodoro, 25 cotas; Lino, 15 quotas e Estela, 15 cotas. No ato de constituição, todos os sócios integralizaram 50% (cinquenta por cento) do valor total das cotas subscritas. A 9ª cláusula do contrato social estabeleceu o cronograma de pagamento da parte do capital a ser integralizada a prazo: 50% (cinquenta por cento) do saldo devedor até 31-12-2022 e o restante até 31-3-2023. Em caso de inadimplemento, a 10ª cláusula contempla termo de confissão de dívida para a cobrança das cotas não integralizadas e indica o foro do domicílio do credor, prevendo também multa de 10% (dez por cento) sobre o valor devido. O contrato foi assinado por todos os sócios e por quatro testemunhas. Os sócios Izidoro, Lino e a sócia Estela integralizaram suas cotas antes das datas previstas, mas o sócio Deodoro não integralizou suas cotas. No dia 1-4-2023, a sociedade, por meio de seu único administrador, Miguel dos Campos, notificou o sócio Deodoro do pagamento das parcelas vencidas no dia 31-12-2022 e 31-3-2023, mas ainda não recebeu nenhum pagamento. Você, como advogado(a), é contratado(a) pela sociedade para a cobrança da dívida, sendo informado(a) de que os demais sócios não desejam a exclusão do sócio remisso nem a redução do capital ao montante já realizado. Elabore a peça processual adequada, considerando que a sociedade Bar e Lanchonete Dona Leopoldina Ltda. tem sede em São Sebastião, AL, e os sócios são domiciliados em Junqueiro, AL, sendo ambas as localidades comarcas de vara única.

7.10. Modelo da peça

Ao juízo de Vara Única da Comarca de São Sebastião, AL (foro de eleição)

ou

Ao juízo de Vara Única da Comarca de Junqueiro, AL (foro de domicílio do executado)

Bar e Lanchonete Dona Leopoldina Ltda., representada por seu administrador Miguel dos Campos etc. (Legitimidade ativa: A sociedade Bar e Lanchonete Dona Leopoldina Ltda. pode promover a execução forçada, porque é credora do réu por título executivo extrajudicial, com base no art. 778, "caput", do CPC.)

AÇÃO DE EXECUÇÃO POR QUANTIA CERTA OU AÇÃO DE EXECUÇÃO DE TÍTULO EXTRAJUDICIAL

em face de Deodoro, qualificação completa ... (Legitimidade passiva: A execução pode ser promovida contra o sócio Deodoro reconhecido como devedor no contrato assinado por ele, com base no art. 779, IV, do CPC.)

DOS FATOS

Izidoro, Deodoro, Lino e Estela são sócios da sociedade Bar e Lanchonete Dona Leopoldina Ltda., constituída no mês de janeiro de 2022. O capital social, o mesmo desde a data da constituição, é de R$ 25.000,00 (vinte e cinco mil reais) dividido em 100 (cem) cotas no valor unitário de R$ 250,00 (duzentos e cinquenta reais).

De acordo com a 4ª cláusula do contrato, a distribuição das cotas, por sócio, é a seguinte: Izidoro, 45 cotas; Deodoro, 25 cotas; Lino, 15 quotas e Estela, 15 cotas. No ato de constituição, todos os sócios integralizaram 50% (cinquenta por cento) do valor total das cotas subscritas. A 9ª cláusula do contrato social estabeleceu o cronograma de pagamento da parte do capital a ser integralizada a prazo: 50% (cinquenta por cento) do saldo devedor até 31-12-2022 e o restante até 31-3-2023. Em caso de inadimplemento, a 10ª cláusula contempla termo de confissão de dívida para a cobrança das cotas não integralizadas e indica o foro do domicílio do credor, prevendo também multa de 10% (dez por cento) sobre o valor devido.

O contrato foi assinado por todos os sócios e por quatro testemunhas. Os sócios Izidoro, Lino e a sócia Estela integralizaram suas cotas antes das datas previstas, mas o sócio Deodoro não integralizou suas cotas. No dia 1-4-2023, a sociedade, por meio de seu único administrador, Miguel dos Campos, notificou o sócio Deodoro do pagamento das parcelas vencidas nos dias 31-12-2022 e 31-3-2023, mas ainda não recebeu nenhum pagamento.

DO CABIMENTO

A presente ação é cabível, pois existe menção ao título executivo extrajudicial: O contrato social (documento particular) contém termo de confissão de dívida e está assinado pelo devedor e quatro testemunhas, sendo considerado título executivo extrajudicial, com base no art. 784, III, do CPC.

DA TEMPESTIVIDADE

A presente ação é tempestiva, pois está dentro do prazo legal.

DO DIREITO

a) o sócio Deodoro está obrigado ao pagamento de suas cotas conforme o cronograma estabelecido no contrato (50% (cinquenta por cento) do saldo devedor até 31-12-2022 e o restante até 31-3-2023), de acordo com o art. 1.058 c/c o art. 1.004, "caput", do Código Civil;
b) verifica-se a sua mora diante da notificação pela sociedade, no dia 1-4-2023, e o não pagamento nos trinta dias seguintes.

DOS PEDIDOS

a) procedência do pedido para condenar o réu ao pagamento do valor exequendo;

b) citação do executado para pagar a dívida no prazo de três dias, com base no art. 829, "caput", do CPC;
c) pagamento da multa contratual de 10% (dez por cento) sobre o valor devido;
d) condenação do réu ao pagamento das custas, com base no art. 82, § 2º, do CPC;
e) fixação dos honorários advocatícios de 10% (dez por cento), a serem pagos pelo executado, com base no art. 827, "caput", do CPC.
Manifestação quanto à realização de audiência de conciliação/mediação.

DAS PROVAS

Das provas e demonstrativo do débito atualizado:
a) contrato social, documento considerado título executivo extrajudicial, pois contém o termo de confissão de dívida e está assinado pelo devedor e por quatro testemunhas (art. 798, I, "a", do CPC);
b) notificação da sociedade ao sócio Deodoro para pagamento, que é a prova da verificação da condição e decurso do termo para a constituição em mora (art. 798, I, "c", do CPC);
c) demonstrativo do débito atualizado (art. 798, I, "b", do CPC).

Dá-se à causa o valor de R$ 3.125,00 (25 cotas no valor unitário de R$ 250,00, deduzido o valor já pago de R$ 3.125,00).

Nestes termos,
Pede deferimento.
Local, Data.
Advogado – OAB n. ...

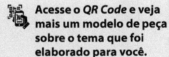

Acesse o *QR Code* e veja mais um modelo de peça sobre o tema que foi elaborado para você.

> http://uqr.to/1yv9v

8. EMBARGOS À EXECUÇÃO

8.1. Apresentação

Denominam-se embargos o mecanismo de defesa a ser judicialmente utilizado em face da ação executiva. Frise-se, por oportuno, que os embargos **podem ser**: (i) à execução – caso o **embargante seja réu na ação de execução**; ou (ii) de terceiros – **caso o embargante não seja réu na ação de execução**.

Para os embargos de terceiro, será dedicado um capítulo específico. Neste momento, serão apresentadas, portanto, as principais considerações acerca dos **embargos à execução**, para fins de elaboração da peça prático-profissional da 2ª Fase do Exame de Ordem, na matéria de direito empresarial.

8.2. Características e requisitos

Trata-se, inicialmente, de peça prático-profissional que segue a lógica da elaboração da **petição inicial** em **ação do procedimento comum**. É o que propõe o art. 771, parágrafo único, do CPC. Assim, todas as questões e cautelas na elaboração da petição inicial para o processo de conhecimento devem ser tomadas para fins de embargos do devedor. Apesar de poder ser entendida como a "contestação da ação de execução", **a sua estrutura é de petição inicial**.

Dessa forma, trata-se de peça processual em que **deverá constar**: (i) *o pedido de condenação em custas e honorários de sucumbência*; (ii) *a indicação do local em que se pretende receber as intimações do processo*; (iii) *o protesto por provas* (indicando-se as provas que pretendem ser produzidas, não cabendo o protesto genérico); e (iv) *o valor da causa*.

Como já visto, os embargos à execução devem ser **propostos pelo executado**, nos termos do art. 914 do CPC. Tal propositura atualmente **independe de penhora, depósito ou caução**. Importa, ainda, considerar que os embargos à execução não terão efeito suspensivo (art. 919 do CPC). Desse modo, por regra, apesar da propositura de embargos à execução pelo devedor, deve a ação executiva prosseguir.

Entretanto, **se o embargante requerer**, pode o juiz conceder tal **efeito suspensivo** quando "verificados os requisitos para a concessão de tutela provisória, e desde que a execução já esteja garantida por penhora, depósito ou caução suficientes" (art. 919, § 1º). Pensando na peça prático-profissional, para fins de 2ª Fase do Exame da OAB, trata-se de pedido necessário, ou seja, um dos pedidos dos embargos do devedor será justamente a concessão do efeito suspensivo.

Destaque-se, a propósito, que os requisitos para a concessão da tutela provisória de urgência estão previstos no art. 300 do CPC. São eles: (i) a **probabilidade do direito**;

e (ii) o **perigo de dano** ou o **risco ao resultado útil** do processo. *Mutatis mutandis*, trata-se dos famosos requisitos processuais do *fumus boni juris* e do *periculum in mora*.

Determina o art. 914, § 1º, do CPC, que os embargos à execução devem ser **distribuídos por dependência**. Assim, há de se fazer menção especial a este fato, devendo a petição ser endereçada ao mesmo juízo que recebeu a ação de execução. **Os embargos à execução serão autuados em apartado e instruídos com cópias das peças processuais relevantes, a serem declaradas autênticas pelo advogado.**

"Os embargos serão oferecidos no prazo de 15 (quinze) dias, contado, conforme for o caso, na forma do art. 231", determina o art. 915 do CPC. Ou seja, de uma das datas previstas no art. 231, abre-se o **prazo de 15 dias** para o **oferecimento dos embargos à execução**. Tal fato pode ser relevante, na medida em que pode o examinador exigir que a peça prático-profissional seja elaborada no último dia do prazo.

Diga-se, de passagem, que, à luz do já mencionado art. 231 do CPC, considera-se **dia do começo do prazo**: (i) a data da juntada aos autos do aviso de recebimento, **quando a citação ou intimação for pelo correio**; (ii) a data da juntada aos autos do mandado cumprido, **quando a citação ou intimação for por oficial de justiça**; (iii) a data da ocorrência da citação ou da intimação, **quando ela se der por ato do escrivão ou do chefe de secretaria**; (iv) o dia útil seguinte ao fim da dilação assinada pelo juiz, **quando a citação ou a intimação for por edital**; (v) o dia útil seguinte à consulta ao teor da citação ou da intimação ou ao término do prazo para que a consulta se dê, **quando a citação ou a intimação for eletrônica**; (vi) da data da juntada do comunicado de carta precatória, rogatória ou de ordem, ou, não havendo esse, a data de juntada da carta aos autos de origem devidamente cumprida, **quando a citação ou a intimação se realizar em cumprimento de carta**; (vii) a data da publicação, **quando a intimação se der pelo Diário da Justiça impresso ou eletrônico**; (viii) o dia da carga, **quando a intimação se der por meio de retirada dos autos, em carga, do cartório ou da secretaria**.

Aliás, 15 dias também é o prazo dado pelo art. 920, I, do CPC, para o exequente ser ouvido. Ou seja, **o embargado deve ser citado para se manifestar** no prazo legal do referido art. 920, I. Reputa-se, importante, assim mencionar, nos pedidos, que o exequente deve ser "citado para, querendo, manifestar-se em 15 dias". A apresentação do prazo correto de citação dado ao réu pode ser utilizada como objeto de pontuação.

O CPC regulamenta, no seu art. 918, os casos de **rejeição liminar** dos embargos do devedor. São eles: (i) *quando intempestivos*; (ii) *nos casos de indeferimento da petição inicial e de improcedência liminar do pedido*; ou (iii) *quando forem manifestamente protelatórios*. "Considera-se conduta atentatória à dignidade da justiça o oferecimento de embargos manifestamente protelatórios", nos termos do art. 918, parágrafo único, do CPC.

Em face de conduta atentatória à dignidade da justiça por parte do executado, "o juiz fixará multa em montante não superior a vinte por cento do valor atualizado do débito em execução, a qual será revertida em proveito do exequente, exigível nos próprios autos do processo, sem prejuízo de outras sanções de natureza processual ou material", nos termos do art. 774 do CPC.

8.3. Como identificar a peça

A situação hipotética descreverá uma narrativa em que o credor terá promovido ação de execução contra o devedor com o objetivo de receber o pagamento do seu crédito. Porém, há algum empecilho para que a referida execução venha a prosperar. Seja como for, deve a questão destacar que o devedor foi citado nesta ação executiva e que ele pretende apresentar defesa à aludida ação.

8.4. Competência

Tendo em vista que se trata de peça prático-profissional a ser distribuída por dependência, conforme a determinação do art. 914, § 1º, do CPC, já examinado, deve-se concluir que a competência para o processamento e julgamento dos embargos do devedor é do juízo onde tramitar a ação executiva.

8.5. Fundamentos mais comuns

De início, deve-se notar, na forma do art. 805 do CPC, que **a execução deve se dar da maneira menos gravosa para o devedor**. Assim, se há várias formas de ver a pretensão do credor no que tange à satisfação do seu crédito, deve-se optar por aquela que cause o menor transtorno ao devedor. Frise-se, por oportuno, que **cabe ao executado**, quando alegar a medida executiva implementada ser mais gravosa, **indicar outros meios mais eficazes e menos onerosos**, nos termos do art. 805, parágrafo único, do CPC.

Nesta toada, perceba-se que o art. 835 do CPC apresenta uma **ordem de penhora** que preferencialmente deve ser seguida. Por sua vez, os dispositivos legais na sequência mostram a forma de implementar cada modalidade de penhora. Desse modo, *tanto o desrespeito, sem justificativa jurídica, à ordem legal de penhora, quanto a realização da penhora em desconformidade com os preceitos legais, podem ser apresentados como fundamentos*.

Por sua vez, determina o art. 917 do CPC, que, **nos embargos à execução, somente poderá ser alegado pelo executado**: (i) inexequibilidade do título ou inexigibilidade da obrigação; (ii) penhora incorreta ou avaliação errônea; (iii) excesso de execução ou cumulação indevida de execuções; (iv) retenção por benfeitorias necessárias ou úteis, nos casos de título para a entrega de coisa; (v) incompetência absoluta ou relativa do juízo da execução; e (vi) qualquer matéria que lhe seria lícito deduzir como defesa em processo de conhecimento.

Cabe à lei atribuir, a determinado documento, força executiva, tornando-o, assim, passível de ação de execução. O título perderá força executiva quando, por exemplo, for consumada a prescrição. Desta forma, ou a lei não atribuiu força executiva ao documento ou o título perdeu força executiva, com o que mecanismo correto de cobrança seria a ação monitória e não a via executiva.

Não se pode deixar de notar que, em geral, o art. 784 do CPC apresenta os exemplos de títulos executivos extrajudiciais. Para fins de direito empresarial, destacam-se o inciso I – "a letra de câmbio, a nota promissória, a duplicata, a debênture e o cheque", e o inciso III – "o documento particular assinado pelo devedor e por duas testemunhas". Assim, *por exemplo*, **não cabe ação de execução, seja em face de um contrato assinado somente pelo devedor, seja em face de uma nota promissória prescrita**.

Nesse diapasão, é sempre bom lembrar de situação muito festejada na 2ª Fase da OAB em Direito Empresarial. Trata-se da cobrança judicial de duplicatas. Nos termos do art. 15, II, da Lei n. 5.474/68, a duplicata não aceita só será executável se, além do título, for apresentado, cumulativamente, o protesto por falta de pagamento e o documento comprobatório de entrega e recebimento da mercadoria. Assim, tem-se como inexequível a duplicata não aceita, mesmo protestada, em que não se apresenta, junto ao título, o comprovante de entrega da mercadoria.

Pode-se, ainda, alegar, em sede de embargos do devedor, **penhora incorreta ou avaliação errônea**. Tal como se viu anteriormente, a penhora será considerada incorreta ou a avaliação errônea toda vez que ocorrerem em desconformidade com as normas do CPC. Violam-se, assim, os princípios da execução menos gravosa pelo devedor e do devido processo legal.

O **excesso de execução** ocorre quando se exige um valor a mais do que previsto no título. Por sua vez, pode-se falar **cumulação indevida de execuções** quando, por exemplo, o autor propõe ação de execução baseada em títulos distintos, tendo por devedores pessoas diversas. Já a hipótese prevista no inciso IV, do art. 917 do CPC, não apresenta situação viável em matéria de direito empresarial.

É importante notar que o CPC/2015 veio a dirimir uma controvérsia jurídica importante existente na doutrina e na prática processual. Com efeito, na época do CPC/73 quando, por exemplo, uma ação de execução era ajuizada desrespeitando o foro de eleição previsto no título, qual deveria ser o mecanismo judicial para alegar a incompetência relativa?

Alguns defendiam, nos termos do art. 745, V, do CPC/73, que tal alegação poderia ser trazida nos próprios embargos à execução; de outra sorte, havia quem defendesse a via da exceção de incompetência relativa. Seja lá como for, com o advento do CPC, tal controvérsia foi resolvida, na medida em que, nos termos do inciso V do art. 917, **a incompetência absoluta ou relativa do juízo de execução pode ser alegada nos embargos.**

Por fim, **qualquer argumento de defesa no processo de conhecimento** poderá ser alegado nos embargos do devedor. Com efeito, quando for o caso, aquilo que, por exemplo, poderia ser alegado como preliminar em contestação, poderá ser trazido como fundamento jurídico para os embargos do devedor. Vale dizer, devem ser arguidos na parte "Do Direito" da peça.

8.6. Estrutura da peça

1. **Endereçamento:** Excelentíssimo Senhor Doutor Juiz de Direito da... Vara Cível da Comarca de... do Estado de... (o mesmo juízo onde já tramita a ação de execução.

    Atentar para as informações do caso concreto e, conforme for, adaptar a indicação ora apresentado (os famosos casos de "Vara Única", "Comarca da Capital", dentre outros).

    No espaço de cinco linhas, entre o endereçamento e o preâmbulo da peça, deve-se fazer a seguinte menção: "Distribuição por dependência ao processo n. ...".

2. **Identificação das partes:** embargante (réu da execução) e embargado (autor da execução).

    Se for pessoa física: Fulano de tal, nacionalidade..., estado civil..., profissão..., portador do RG n. ..., e do CPF n. ..., residente e domiciliado na... .

    Se for pessoa jurídica: Nome empresarial, pessoa jurídica de direito privado, inscrita no CNPJ n. ..., estabelecida na..., neste ato se fazendo presente por seu administrador... (pode fazer a qualificação de "pessoa física").

    Se for sociedade anônima: Nome empresarial, pessoa jurídica de direito privado, inscrita no CNPJ n. ..., estabelecida na..., neste ato se fazendo presente por seu diretor... (pode fazer a qualificação de "pessoa física")

3. **Representação judicial:** advogado, com mandato em anexo.
4. **Nome da peça e fundamentação legal:** embargos do devedor, com fundamento nos arts. 914 e 917... [indicar o inciso], do CPC (adicionalmente, pode-se fazer menção aos dispositivos legais utilizados para a elaboração da peça prático-profissional).
5. **Narrativa dos fatos ("Dos Fatos"):** a transcrição integral do caso narrado. Frise-se, por oportuno, a necessidade de se limitar à cópia do caso apresentado, não cabendo inventar ou deduzir dados, sob pena de ser atribuída NOTA ZERO à peça prático-profissional elaborada.
6. **Fundamentação ("Do Direito"):** cabe sempre ressaltar que a mera citação ou transcrição de artigos de lei e mesmo de súmulas de jurisprudência não pontua. Deve, na verdade, ser desenvolvido um raciocínio jurídico acerca do dispositivo legal ou entendimento sumulado apresentado. Assim, mais do que apenas dizer que o que se pretende está previsto no art. X, da Lei Y, é de se demonstrar o porquê da utilização de tal fundamento legal.

    Em termos de embargos do devedor, destacam-se, como essencial, dois pontos: (i) o enquadramento dos argumentos de defesa em uma das hipóteses previstas no art. 917 do CPC; e (ii) a atribuição de efeito suspensivo aos embargos do devedor, nos termos do art. 919, § 1º, do CPC, quando for o caso.

7. **Pedidos ("Do Pedido"):** a) a atribuição de efeito suspensivo aos presentes embargos haja vista a execução já estar garantida mediante penhora (ou depósito, ou caução, se for o caso), nos termos do art. 919, § 1º, do CPC [se houver informação pertinente na narrativa apresentada]; b) a citação do embargado para, querendo, oferecer contestação, no prazo de 15 dias, sob pena de revelia, de acordo com o art. 920, I, do CPC; c) o processamento dos presentes embargos e a sua procedência, em todos os termos, extinguindo por sentença a ação de execução em epígrafe, haja vista... [destacar os motivos pelos quais foram propostos os embargos]; d) a condenação em custas e honorários de sucumbência, nos termos do art. 85, § 2º, do CPC; e) que as intimações do presente feito sejam encaminhadas para o escritório na Rua... (art. 106, I, do CPC); pretende-se provar o alegado por todas as provas em direito admitidas, especialmente... [o pedido genérico de provas não pontua. Desse modo, faz-se necessário você especificar as provas que pretende produzir, em conformidade com o caso

apresentado no Exame; por exemplo: ... especialmente por prova testemunhal cujo rol será apresentado oportunamente].

8. **Valor da causa:** dá-se à presente causa o valor de R$ ... (a princípio, o valor da execução; no caso de embargos parciais, o valor atacado).

9. **Fechamento da peça:** local, data. Advogado, OAB n. ... (não inventar dados).

8.7. Questão da peça profissional

(XXIV Exame) Padaria e Confeitaria São João Marcos Ltda., ME, ajuizou ação executiva por título extrajudicial para cobrança de valores relativos a dois cheques emitidos por Trajano de Morais, em 19-6-2016. O primeiro cheque foi emitido em 24-10-2015, no valor de R$ 7.500,00 (sete mil e quinhentos reais), e o segundo, em 28-12-2015, no valor de R$ 15.000,00 (quinze mil reais). Os cheques foram emitidos em Rio Claro/RJ, pagáveis nessa mesma cidade, e possuem garantia pessoal cambiária firmada por Vitor Silva no anverso, em favor do emitente. Trajano de Morais e Vitor Silva foram incluídos no polo passivo da execução. O juiz da Comarca de Rio Claro, de Vara Única, despachou a inicial da ação executiva e determinou a citação dos réus para as providências legais. Vitor Silva, citado regularmente, procura você para patrocinar a defesa na ação. Tendo acesso aos autos do processo no dia 13-7-2016, você verifica que:

I. o emitente nomeou bens à penhora, com termo de penhora de gado e juntada de laudo de avaliação ao processo;

II. o oficial de justiça certificou nos autos a juntada do mandado de citação dos réus, no dia 10-7-2016;

III. os cheques não são pós-datados, tendo o primeiro sido apresentado para compensação no dia 20-11-2015 e devolvido na mesma data por insuficiência de fundos disponíveis (há carimbo de devolução do primeiro cheque no verso da cártula); o segundo foi apresentado na agência sacada em Rio Claro pelo beneficiário e exequente, no dia 12-1-2016, sendo também devolvido pelo mesmo motivo do primeiro cheque;

IV. os cheques não foram protestados.

Com base nas informações contidas no enunciado, elabore a peça processual adequada.

8.8. Modelo da peça

Ao juízo da Comarca de Rio Claro, do Estado do Rio de Janeiro

Distribuição por dependência ao Processo n. ...

Vitor Silva, nacionalidade..., estado civil..., profissão..., portador do RG sob o n. ..., e do CPF sob o n. ..., residente e domiciliado em..., por seu advogado abaixo assinado, com mandato em anexo, vem, respeitosamente, perante Vossa Excelência, com fundamento nos arts. 914, 915 e 917, III, do CPC e no art. 59 da Lei n. 7.357/85 oferecer

EMBARGOS À EXECUÇÃO

em face de Padaria e Confeitaria São João Marcos Ltda., ME, por seu administrador, ambos já devidamente qualificados no feito em epígrafe, pelos fundamentos de fato e de direito a seguir apresentados.

DOS FATOS

Padaria e Confeitaria São João Marcos Ltda., ME, ajuizou ação executiva por título extrajudicial para cobrança de valores relativos a dois cheques emitidos por Trajano de Morais, em 19-6-2016. O primeiro cheque foi emitido em 24-10-2015, no valor de R$ 7.500,00 (sete mil e quinhentos reais), e o segundo, em 23-12-2015, no valor de R$ 15.000,00 (quinze mil reais). Os cheques foram emitidos em Rio Claro/RJ, pagáveis nessa mesma cidade, e possuem garantia pessoal cambiária firmada por Vitor Silva no anverso, em favor do emitente. Trajano de Morais e Vitor Silva foram incluídos no polo passivo da execução. O juiz da Comarca de Rio Claro, de Vara Única, despachou a inicial da ação executiva e determinou a citação dos réus para as providências legais. Vitor Silva, citado regularmente, procura o advogado que a esta subscreve para patrocinar a defesa na ação. Tendo acesso aos autos do processo no dia 13-7-2016, verificou-se que:

I – o emitente nomeou bens à penhora, com termo de penhora de gado e juntada de laudo de avaliação ao processo;

II – o oficial de justiça certificou nos autos a juntada do mandado de citação dos réus, no dia 10-7-2016;

III – os cheques não são pós-datados, tendo o primeiro sido apresentado para compensação no dia 20-11-2015 e devolvido na mesma data por insuficiência de fundos disponíveis (há carimbo de devolução do primeiro cheque no verso da cártula); o segundo foi apresentado na agência sacada em Rio Claro pelo beneficiário e exequente, no dia 12-1-2016, sendo também devolvido pelo mesmo motivo do primeiro cheque;

IV – os cheques não foram protestados.

DO DIREITO

O embargante é avalista do emitente e tem responsabilidade solidária pelo pagamento, com fundamento no art. 31, "caput", da Lei n. 7.357/85. Contudo, verifica-se a ocorrência da prescrição da pretensão à execução do primeiro cheque, com fundamento no art. 59, "caput", da Lei n. 7.357/85.

O prazo de apresentação deste cheque é de 30 dias, contados da data de emissão, com fundamento no art. 33, "caput", da Lei n. 7.357/85. O prazo prescricional de 6 meses, a partir de término do prazo de apresentação, começou a correr a partir do dia 24-11-2015 e findou no dia 24-5-2016.

A ação foi proposta em 19-6-2016, portanto, após o fim do prazo prescricional. Como os cheques não foram protestados, não se verificou ato interruptivo da prescrição neste interregno (ou entre os dias 24-11-2015 e 24-5-2016).

Não obstante a prescrição do primeiro cheque, não se pode deixar de notar, ainda, que houve, no presente caso, excesso de execução. Há excesso de execução porque o valor pleiteado pelo exequente/embargado não pode ser integralmente cobrado coercitivamente do executado/embargante, com base no art. 917, III, do CPC.

DOS PEDIDOS

Diante do exposto, é a presente para requerer:
a) a atribuição de efeito suspensivo aos presentes embargos, haja vista que seu prosseguimento poderá causar ao executado grave dano de difícil reparação e a execução já está garantida por penhora, nos termos do art. 919, § 1º, do CPC;
b) a citação do embargado para, querendo, oferecer contestação, no prazo de 15 dias, sob pena de revelia, de acordo com o art. 920, I, do CPC;
c) o processamento dos presentes embargos e a sua procedência, em todos os termos, para declarar a prescrição do primeiro cheque e o excesso de execução, nos termos do art. 917, III, do CPC;
d) a condenação em custas e honorários de sucumbência, nos termos do art. 85, § 2º, do CPC;
e) que as intimações do presente feito sejam encaminhadas para o escritório na Rua... (art. 106, I, do CPC).

Pretende-se provar o alegado por todas as provas em direito admitidas, especialmente pela juntada das cópias dos cheques, da certidão de juntada aos autos do mandado de citação, da juntada do termo de penhora e laudo de avaliação dos bens penhorados, declaradas autênticas pelo advogado que subscreve esta peça, de acordo com o art. 914, § 1º, do CPC, bem como demonstrativo de valor correto, na forma do art. 917, § 3º, do CPC.

Dá-se à presente causa o valor de R$ 22.500,00 (Vinte e dois mil e quinhentos reais).

Nestes termos,
Pede deferimento.
Local, Data.
Advogado – OAB n. ...

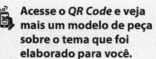

Acesse o *QR Code* e veja mais um modelo de peça sobre o tema que foi elaborado para você.

> http://uqr.to/1yv9w

9. EMBARGOS DE TERCEIRO

9.1. Apresentação

Quando aquele que **não sendo parte** no processo, por isso "terceiro", seja proprietário, seja possuidor do bem, sofrer turbação ou esbulho na posse de seus bens **por ato de apreensão judicial**, em casos como o de penhora, depósito, arresto, sequestro, alienação judicial, arrecadação, arrolamento, inventário, partilha, poderá requerer lhe sejam *manutenidos* ou *restituídos* por meio de **embargos de terceiro**. É o que define o art. 674 do CPC: "Quem, não sendo parte no processo, sofrer constrição ou ameaça de constrição sobre bens que possua ou sobre os quais tenha direito incompatível com o ato constritivo, poderá requerer o seu desfazimento ou a sua inibição por meio de embargos de terceiro".

Não se confunde com as *ações possessórias*, pois a interferência na posse resulta de um processo judicial, nem com os *embargos de devedor*, visto que nesse caso o embargante já seria **parte** em processo de execução.

A lei também equipara a "terceiro" para fins de ajuizamento dos embargos: (i) o cônjuge ou o companheiro, quando defende a posse de seus bens próprios ou de sua meação, ressalvado tratar-se de bens indivisíveis; (ii) o adquirente de bens cuja constrição decorreu de decisão que declara a ineficácia da alienação realizada em fraude à execução; (iii) quem sofre constrição judicial de seus bens por força de desconsideração da personalidade jurídica, de cujo incidente não fez parte; (iv) o credor com garantia real para obstar expropriação judicial do objeto de direito real de garantia, caso tenha sido intimado, nos termos legais dos atos expropriatórios respectivos (art. 674, § 2º).

É importante destacar uma situação clássica de utilização dos embargos de terceiro, no âmbito do direito societário. Com efeito, determina o art. 790, II, do CPC: "ficam sujeitos à execução os bens do sócio, nos termos da lei". Pensando na sociedade limitada, nos termos do art. 1.052 do Código Civil, todos os sócios respondem solidariamente pela integralização do capital social. Ou seja, até o advento da integralização do capital social, todos os sócios, na sociedade limitada, continuarão a perder bens pessoais por débitos da sociedade. Assim, se numa ação de execução contra uma sociedade limitada, cujo capital social não esteja integralizado, venha a ser, por isso, penhorado um bem pessoal de um dos sócios, este sócio terá a possibilidade de discutir o presente contexto via embargos de terceiro.

Por fim, segundo o art. 93 da Lei n. 11.101/2005, nos casos em que **não couber pedido de restituição**, fica resguardado o direito dos credores de propor *embargos de terceiros*, observada a legislação processual civil. Para o estudo da ação de restituição, será dedicado um capítulo específico. Assim, caso a constrição seja oriunda de um processo de falência, o terceiro deverá verificar se é o caso da promoção de ação de restituição; na impossibilidade desta medida, a via judicial adequada será a dos embargos de terceiro.

9.2. Características e requisitos

Os embargos podem ser opostos **por terceiro** *a qualquer tempo* no processo de conhecimento **enquanto não transitada em julgado a sentença**, e, no *processo de execução*, até cinco dias depois da adjudicação, da alienação por iniciativa particular ou da arrematação, mas sempre antes da assinatura da respectiva carta (art. 678).

Eles serão distribuídos *por dependência* ao juízo que ordenou a constrição e autuados em apartados (art. 676). O embargante, em petição elaborada com observância do disposto no art. 319, fará a **prova sumária** de sua posse e a *qualidade de terceiro*, oferecendo documentos e rol de testemunhas (art. 677). Essa prova poderá ser feita em audiência preliminar designada pelo juiz.

A decisão que reconhecer *suficientemente* provado o domínio ou a posse, segundo o art. 678, **determinará a suspensão das medidas constritivas sobre os bens litigiosos objeto dos embargos** e ordenará a **expedição de mandado de manutenção ou de restituição em favor do embargante**. Não se pode deixar de notar que o juiz poderá condicionar a ordem de manutenção ou reintegração provisória à prestação de caução pelo requerente, ressalvada a impossibilidade da parte economicamente hipossuficiente, de acordo com o parágrafo único do art. 678 do CPC.

Note-se, ademais, que, com o advento do CPC, o prazo para os embargos de terceiro serem contestados é de 15 dias, findo o qual passa a ser seguido o rito do procedimento comum. É o que ensina o art. 679 do CPC.

Trata-se de embargos a serem propostos pelo credor com garantia real, o embargado somente poderá alegar que: (i) o devedor comum é insolvente; (ii) o título é nulo ou não obriga a terceiro; (iii) outra é a coisa dada em garantia (art. 680). Acolhido o pedido inicial, o ato de constrição judicial indevida será cancelado, com o reconhecimento do domínio, da manutenção de posse ou da reintegração definitiva do bem ou do direito ao embargante (art. 681).

9.3. Como identificar a peça

Provavelmente, a situação hipotética apresentará uma constrição judicial de bens de alguém que não tenha participado de processo que deu origem a ela. Esse alguém buscará em você, advogado, a defesa de seu patrimônio em casos de penhora, depósito, arresto, sequestro, alienação judicial, arrecadação, arrolamento, inventário e partilha.

Deve ser dada especial atenção ao fato de a aludida constrição judicial ser oriunda de um processo de falência. Com efeito, nestes casos, a prioridade será examinar a possibilidade de promover ação de restituição. Não sendo o caso, será através dos embargos de terceiro que você assegurará o direito do seu cliente.

9.4. Competência

Os **embargos de terceiro** serão distribuídos por **dependência** e correrão em autos apartados perante o mesmo juiz que ordenou a constrição segundo o art. 676 do CPC.

9.5. Fundamentos mais comuns

Segundo o art. 674 do CPC, quem, não sendo parte no processo, sofrer constrição ou ameaça de constrição sobre bens que possua ou sobre os quais tenha direito incompatível com o ato constritivo, poderá requerer o seu desfazimento ou sua inibição por meio de embargos de terceiro. Importa, ainda, destacar que "os embargos podem ser de terceiro proprietário, inclusive fiduciário, ou possuidor" (§ 1º) e, além destes, aqueles indicados no § 2º do art. 674 do CPC.

Não se pode deixar de lembrar do art. 790 do CPC, determinando que ficam sujeitos à execução os bens: I – do sucessor a título singular, tratando-se de execução fundada em direito real ou obrigação reipersecutória; II – dos sócios, nos termos da lei; III – do devedor, quando em poder de terceiros; IV – do cônjuge, nos casos em que os seus bens próprios ou de sua meação respondem pela dívida; V – alienados ou gravados com ônus real em fraude de execução; VI – cuja alienação ou gravação de ônus real tenha sido anulada em razão do conhecimento, em ação autônoma, de fraude contra credores; VII – do responsável, nos casos de desconsideração da personalidade jurídica. Nestes casos, o sucessor (inciso I), os sócios (inciso II), os terceiros (inciso III), o cônjuge (inciso IV), o novo titular ou o credor com ônus real (incisos V e VI) e o responsável (inciso VII), deverão manejar embargos de terceiro para defender o seu direito.

Destaque-se, também, o art. 93 da Lei n. 11.101/2005: "Nos casos em que não couber pedido de restituição, fica resguardado o direito dos credores de opor embargos de terceiro, observada a legislação processual civil". Com efeito, o art. 674, § 1º, do CPC, estabelece que os embargos podem ser de terceiro proprietário, inclusive fiduciário, ou possuidor. Porém, como se sabe, a ação de restituição ordinariamente serve para a garantia do direito de propriedade de quem, não sendo falido, teve bens arrecadados pelo administrador judicial, de acordo com o art. 85 da Lei n. 11.101/2005. Desta forma, é forçoso reconhecer que os embargos de terceiro, em face do processo falimentar, servirão para defender a posse.

9.6. Estrutura da peça

1. **Endereçamento:** na Vara onde está o processo que originou o ato de constrição judicial, cuja peça de embargos deverá ser distribuída por dependência.
2. **Identificação das partes:** parte embargante: pessoa física ou pessoa jurídica, com qualificação completa; parte embargada: pessoa física ou pessoa jurídica, com qualificação completa.
3. **Representação judicial:** procurador(a) com mandato em anexo.
4. **Nome da peça e fundamento legal:** embargos de terceiro, sob fundamento do art. 674 do Código de Processo Civil (é possível fazer a indicação mais precisa, do parágrafo utilizado para identificar o terceiro) ou do art. 93 da Lei n. 11.101/2005.
5. **Narrativa dos fatos ("Dos Fatos"):** exposição dos fatos previstos na situação hipotética da questão. Não inventar outros fatos nem trazer detalhes ausentes no problema. Enfatizar que a parte embargante não era parte do processo em questão.

6. **Fundamentação ("Do Direito"):** atente-se que a mera citação de artigos não pontua. Deixar claro que a parte embargante não fez parte do processo, relacionando a situação da embargante no enunciado com uma das hipóteses dos parágrafos do art. 674 do CPC. Observar o art. 677 e tratar da prova sumária da posse do embargante e a qualidade de terceiro, oferecendo documentos e rol de testemunhas.
7. **Pedidos ("Dos Pedidos"):** a) procedência dos pedidos do embargante, determinando a suspensão das medidas constritivas e a expedição de mandado de manutenção ou de reintegração em favor do embargante, oferecendo-se a apresentar caução para tanto (art. 678 do CPC); b) citação da parte embargada para contestar no prazo legal de 15 dias (art. 679 do CPC); c) condenação da parte ré ao pagamento de custas e honorários advocatícios; d) produção de todas as provas admitidas no Direito (art. 369 do CPC), especialmente prova documental, cujos documentos se encontram em anexo, e prova testemunhal, cujo rol é apresentado a seguir; e) informar endereço em que receberá as intimações (art. 106, I, do CPC).
8. **Valor da causa:** dá-se à presente causa o valor de R$ ... (valor do bem cuja posse se discute).
9. **Fechamento da peça:** local, data. Advogado, OAB n. ... (não inventar dados).

9.7. Questão da peça profissional

(40º Exame) O Banco de Belém S.A. ajuizou ação de execução por quantia certa em face de Bragança, Capanema, Sapucaia & Cia. Ltda. e seu sócio majoritário, Sr. Eliseu Capanema. Em março de 2022, a sociedade empresária e o sócio Eliseu Capanema emitiram em conjunto notas promissórias com vencimento em 30-3-2023. Na data do vencimento não houve pagamento, fato que levou o credor a promover a cobrança judicial sem protesto prévio. As cambiais não têm endosso nem aval. O juízo da 2ª Vara Cível da Comarca de Santarém, no Estado do Pará, determinou a penhora de bens dos devedores para garantir a execução, sendo que também foi penhorado o imóvel comercial de propriedade do Sr. Domingos Chaves, sócio minoritário da sociedade, que não contraiu a dívida e não exerce a administração. Ao tomar ciência da penhora e ter acesso ao auto de penhora, cinco dias após sua efetivação, o Sr. Domingos Chaves encontrou a descrição do seu imóvel, situado na localidade de Alter do Chão, município de Santarém, no Pará. Imediatamente, o Sr. Domingos Chaves procura você, como advogado(a), para que sejam tomadas as providências cabíveis para reverter a medida judicial. Elabore a peça processual adequada.

9.8. Modelo da peça

Excelentíssimo Senhor Doutor Juiz de Direito da 2ª Vara Cível da Comarca de Santarém, Estado do Pará

Domingos Chaves, nacionalidade, estado civil, profissão, portador do RG n. ..., inscrito no CPF n. ..., residente e domiciliado à (endereço completo), por intermédio de seu advogado infra-assinado, confor-

...me instrumento de mandato anexo, vem, respeitosamente, à presença de Vossa Excelência, com fundamento no art. 674, "caput" e § 1º, do CPC, opor

EMBARGOS DE TERCEIRO

em face do Banco de Belém S.A., pessoa jurídica de direito privado, inscrita no CNPJ sob n. ..., com sede na Rua (endereço completo), nesta cidade de Santarém/PA, representado por seu diretor (nome, qualificação), pelos fatos e fundamentos jurídicos a seguir expostos:

DOS FATOS

O embargante tomou conhecimento de que seu imóvel, localizado na localidade de Alter do Chão, município de Santarém, Estado do Pará, foi indevidamente penhorado em ação de execução promovida pelo Banco de Belém S.A. contra a sociedade empresária Bragança, Capanema, Sapucaia & Cia. Ltda., e seu sócio majoritário, Sr. Eliseu Capanema. Tal penhora foi efetivada apesar de o embargante não ser devedor da obrigação, tampouco ter participado na emissão das notas promissórias que deram ensejo à referida execução.

A penhora foi realizada sem que o embargante, legítimo proprietário do bem, tivesse sido parte no processo, causando-lhe evidente prejuízo, já que o bem de sua propriedade, o qual é um imóvel comercial, foi indevidamente constrito.

DA TEMPESTIVIDADE

Os presentes embargos são tempestivos, tendo em vista que o embargante teve ciência da penhora apenas cinco dias após sua efetivação, conforme consta do auto de penhora, e não houve até o momento a alienação ou adjudicação do imóvel, conforme dispõe o art. 675, "caput", do Código de Processo Civil.

DO DIREITO

O embargante, Sr. Domingos Chaves, não é devedor da obrigação exequenda e, por conseguinte, não emitiu, subscreveu ou avalizou as notas promissórias que originaram a execução promovida pelo Banco de Belém S.A. A referida dívida foi contraída exclusivamente pela sociedade empresária Bragança, Capanema, Sapucaia & Cia. Ltda., e pelo seu sócio majoritário, Sr. Eliseu Capanema.

Apesar disso, o imóvel de propriedade do embargante foi alvo de penhora no processo de execução, mesmo não sendo ele parte na relação jurídica processual. Nos termos do art. 674, "caput", do Código de Processo Civil, qualquer pessoa, física ou jurídica, que não seja parte no processo e sofra constrição ou ameaça de constrição sobre bens de que seja proprietário, possuidor ou titular de outro direito, pode valer-se dos embargos de terceiro para proteger seu patrimônio.

Ademais, o embargante é considerado terceiro proprietário, conforme estabelece o art. 674, § 1º, do CPC, uma vez que não participou da relação jurídica que deu origem à execução, nem poderia responder pelas dívidas contraídas pelos demais sócios ou pela sociedade.

O ato de penhora realizado em relação ao imóvel do embargante foi indevido e merece ser desconstituído. Conforme previsto no art. 677, § 4º, do CPC, a ação deve ser proposta em face do Banco de Belém S.A., sujeito que se beneficia do ato de constrição, na condição de credor e exequente.

DOS PEDIDOS

Diante do exposto, requer:

a) a concessão de liminar para a suspensão imediata dos atos executórios em relação ao imóvel penhorado, nos termos do art. 678, "caput", do CPC;

b) a citação do embargado para, querendo, oferecer contestação no prazo de 15 dias, conforme art. 679 do CPC;

c) a procedência dos embargos para declarar a nulidade da penhora e determinar a exclusão do imóvel de propriedade do embargante da constrição judicial, nos termos do art. 681 do CPC;

d) a condenação do embargado ao pagamento das custas processuais e honorários advocatícios, conforme art. 85 do CPC.

Protesta provar o alegado por todos os meios de prova em Direito admitidos, especialmente, pela juntada dos respectivos documentos:

a) documentos que comprovam a propriedade do imóvel, tais como certidão do Registro de Imóveis;

b) cópia do contrato social da Bragança, Capanema, Sapucaia & Cia. Ltda., que demonstra a participação do embargante como sócio minoritário, sem poder de administração;

c) auto de penhora;

d) protesta pela juntada de outros documentos que se fizerem necessários (art. 677 do CPC);

e) rol de testemunhas, se necessário, conforme art. 677 do CPC.

Dá-se à causa o valor de R$ ... (valor correspondente ao valor do imóvel penhorado).

Termos em que,
Pede deferimento.
Local, Data.
Advogado – OAB n. ...

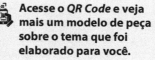

Acesse o *QR Code* e veja mais um modelo de peça sobre o tema que foi elaborado para você.

> http://uqr.to/1yv9x

10. AÇÃO MONITÓRIA

10.1. Apresentação

Há situações em que o credor tem de cobrar uma dívida não paga, mas os documentos que tem em mãos para provar seu crédito ou são insuficientes para simplesmente executar o devedor, ou já estão prescritos por lei. Assim, segundo o CPC, a **ação monitória** compete a quem pretender, com base em *prova escrita sem eficácia de título executivo*, de acordo com o art. 700:

(i) pagamento de quantia em dinheiro;

(ii) a entrega de coisa fungível ou infungível ou de bem móvel ou imóvel;

(iii) o adimplemento de obrigação de fazer ou de não fazer.

Ou seja, para os casos de ação monitória, há sempre a ocorrência de um documento em que, das duas, uma: ou ele não é título executivo, ou deixou de sê-lo, em face, dentre outros, de sua prescrição. Não se pode deixar de notar, nos termos do art. 700, § 1º, do CPC, a prova escrita, necessária para o ajuizamento desta ação, pode consistir em prova oral documentada, produzida antecipadamente.

Veja, por exemplo, a situação do *cheque prescrito* (Súmula 299 do STJ). Segundo o inciso I do art. 784 do CPC, ele é um título executivo extrajudicial, sendo assim, basta a falta de pagamento para que o seu portador promova ação de execução. Ocorre que o prazo prescricional dessa ação é de *seis meses* após o término do prazo de apresentação, de *30 ou 60* dias, conforme a praça de emissão (art. 59 do Lei n. 7.357/85). Findo tal prazo, ocorre a prescrição do cheque, perdendo, assim, a força executiva, pelo que a medida judicial para a cobrança do cheque prescrito deve ser a ação monitória – neste caso, nos termos do art. 700, I, do CPC.

10.2. Características e requisitos

Além dos requisitos do art. 319 do CPC, segue que o art. 701 do mesmo Código exige que a petição inicial esteja devidamente instruída com **prova escrita sem eficácia de título executivo** (c/c o art. 700) para que o juiz defira de plano a expedição do mandado de pagamento, de entrega da coisa ou para execução de obrigação de fazer ou não fazer no prazo de 15 dias; neste caso, o réu ficará, também, obrigado ao pagamento de honorários advocatícios de 5% do valor atribuído à causa.

Na petição inicial, deverá o autor, conforme o caso, destacar: (i) a importância devida, instruindo a petição com a memória de cálculo; (ii) o valor atual da coisa reclamada; ou (iii) o conteúdo patrimonial em discussão ou o proveito econômico perseguido (art. 700, § 2º). O valor da causa será o valor explicitado pelo autor (art. 700, § 3º). Trata-

-se, além dos casos tradicionais, de situação de indeferimento da petição inicial, a não indicação do retorno financeiro perseguido com a monitória.

Nesse **prazo de 15 dias**, poderá o réu oferecer *embargos*, que suspenderão a eficácia do mandado inicial até o julgamento em primeiro grau, nos termos do art. 702, § 4º, do CPC. Se os embargos não forem opostos, ou se forem rejeitados, constituir-se-á, de pleno direito, o **título executivo judicial**, convertendo-se o mandado inicial em **mandado executivo, de acordo com o art. 702, § 4º, do CPC**.

Não se pode deixar de notar que: a) o pedido de condenação de honorários, nos termos do art. 85 do CPC, deve ser condicionado à apresentação dos embargos monitórios; b) não há a necessidade de protesto por provas na ação monitória (a prova é pré--constituída, qual seja o documento sem força executiva).

Servirá de *prova escrita* como documento hábil também para ajuizamento da ação monitória o contrato de abertura de crédito em conta corrente, acompanhado do demonstrativo de débito (Súmula 247 do STJ).

Outras duas características procedimentais consolidadas pelo STJ e cabíveis na ação monitória são: a citação por edital (Súmula 282) e a reconvenção após a conversão do procedimento em ordinário (Súmula 292). Não custa notar, entretanto, o que o CPC/2015 acabou por positivar as referidas súmulas: (i) a Súmula 282 foi incorporada ao art. 700, § 7º; (ii) a Súmula 292 foi incorporada ao art. 702, § 6º.

É importante também considerar a norma que se extrai dos §§ 10 e 11 do art. 702 do CPC/2015. Com efeito, se quaisquer das partes agirem de má-fé, seja o autor que propõe indevidamente a presente ação, seja o réu ao opor embargos, poderá o juiz condená-los ao pagamento de multa de até 10% sobre o valor da causa em favor da outra parte.

10.3. Como identificar a peça

É importante destacar na situação hipotética a perda do prazo da propositura da ação cambial (executória) ou a ausência da força executiva do documento que o credor tem como garantia da relação de débito em que está o devedor.

Examine quais são os **títulos executivos extrajudiciais** e seus requisitos, os quais elenca o art. 784 do CPC, e o que tem o credor em mãos para cobrar a dívida. Em especial, atente-se aos **incisos I e III**, respectivamente, a letra de câmbio, a nota promissória, a duplicata, a debênture e o cheque; e o documento particular assinado pelo devedor e *por duas testemunhas*. Não havendo a assinatura das duas testemunhas, para o art. 784, III, ou ocorrendo a prescrição para o art. 784, I, será incabível a pretensão executiva, sendo certo que o caminho para a cobrança da dívida em questão será o da ação monitória.

Importa destacar que a ação monitória não se presta, apenas, para a cobrança de título de crédito prescrito. Com efeito, um contrato assinado pelas partes e por duas testemunhas é título executivo e, desse modo, caso uma das partes não cumpra a sua prestação, a outra poderá fazer a execução do contrato. Porém, caso o contrato seja assinado somente pelas partes, faltar-lhe-á força executiva, ao que a parte credora somente poderá fazer uso da ação monitória para cobrar o que lhe é devido.

10.4. Competência

É competente para conhecer e julgar tais ações o **foro do lugar onde a obrigação deve ser satisfeita, para a ação em que se lhe exigir o cumprimento** (art. 53, III, *d*, do CPC). Assim, a ação será endereçada ao juízo da comarca do lugar da obrigação (vara cível ou vara única).

10.5. Fundamentos mais comuns

O fundamento legal é único: a quem pretender, com base em **provas escritas sem eficácia de título executivo**, pagamento de soma em dinheiro, entrega de coisa ou adimplemento de obrigação de fazer ou não fazer, competirá a ação monitória (art. 700 do CPC).

Além dos casos apresentados, vale ressaltar as seguintes súmulas do STJ:

a) **Súmula 503.** O prazo para ajuizamento de ação monitória em face do emitente de cheque sem força executiva é quinquenal, a contar do dia seguinte à data de emissão estampada na cártula;

b) **Súmula 504.** O prazo para ajuizamento de ação monitória em face do emitente de nota promissória sem força executiva é quinquenal, a contar do dia seguinte ao vencimento do título.

Tema recorrente para a 2ª Fase do Exame de Ordem é o da **cobrança judicial de duplicatas**. Neste patamar, examine-se a previsão do art. 15 da Lei n. 5.474/68. Com efeito, uma duplicata que recebeu aceite do sacado poderá ser executada, sendo ela protestada ou não (art. 15, I). Porém, caso a duplicata não receba o aceite, ela só será executável se, cumulativamente: a) haja sido protestada; b) esteja acompanhada de documento hábil comprobatório da entrega e recebimento da mercadoria; e c) o sacado não tenha comprovadamente recusado o aceite, no prazo, nas condições e pelos motivos previstos nos arts. 7º e 8º da lei (art. 15, II).

Imagine-se, então, diante de um caso em que o sacador remeteu o título ao sacado que o devolveu sem aceitar, porém recebeu as mercadorias assinando o documento comprobatório de entrega, vale dizer, o canhoto da nota fiscal, que é devolvido, sempre, ao sacador. Chegando ao vencimento e não pagando, o sacador promove o protesto do título, porém, quando vai realizar a cobrança, não se encontra o canhoto da nota fiscal. Desse modo, como para ocorrer a execução judicial da duplicata seriam necessários, além do título, o protesto e o canhoto da nota fiscal, com a perda do comprovante de entrega e recebimento de mercadorias, a duplicata só passaria a ser cobrável, via ação monitória.

Outro caso importante de ação monitória, dentro do direito empresarial ocorre no âmbito da **alienação fiduciária em garantia**. Com efeito, diante da inadimplência do devedor-fiduciante, restam ao credor-fiduciário duas alternativas: a) receber o crédito; ou b) resgatar o objeto da alienação fiduciária. Caso o credor retome a posse do bem, consolidando a propriedade a seu favor, ele poderá alienar, inclusive extrajudicialmente, o objeto da alienação fiduciária para fins de quitação do contrato. Porém, admitindo-se que o valor de venda do bem não seja suficiente para a quitação da dívida, surge a pergunta:

como cobrar o **saldo remanescente** oriundo da **venda extrajudicial** de bem alienado fiduciariamente em garantia? Ação monitória, nos termos da **Súmula 384 do STJ**.

Por fim, não se pode deixar de notar que um tema recorrente, em matéria de 2ª Fase de direito empresarial, passa a alçada da ação monitória. Trata-se do **contrato de trespasse** que produz, como regra, dentre outros efeitos, a proibição de o alienante concorrer com o adquirente, pelo prazo de cinco anos, nos termos do art. 1.147 do Código Civil. Importa considerar que aludido prazo pode ser alterado ou mesmo dispensado por expressa previsão no contrato social. Assim, tem-se que o legislador estabeleceu uma obrigação de fazer para o alienante, qual seja a de não concorrer com o adquirente.

Admitindo a hipótese de que houve **contrato escrito** de trespasse, assinado pelo alienante e pelo adquirente e por mais **duas testemunhas**, tal contrato seria considerado título executivo extrajudicial, nos termos do **art. 784, III, do CPC** e, desse modo, o adimplemento da obrigação de fazer poderia ser realizado via **pretensão executiva**, se este for o caso. Porém, caso o contrato tenha sido **assinado apenas pelo alienante e pelo adquirente**, sem testemunhas, tal contrato **não** será considerado título executivo e para efetivar o seu adimplemento o adquirente do estabelecimento empresarial deverá fazer uso de ação monitória, nos termos do art. 700, III, do CPC.

De todo modo, diante da possibilidade de o contrato de trespasse ser silente acerca da proibição de restabelecimento, será possível utilizar a ação de obrigação de fazer, seguindo o rito do procedimento comum. É que, neste caso, apesar do art. 1.147 do CC ser claro neste sentido, será necessário o reconhecimento judicial da obrigação de fazer, dada a inexistência de informação expressa no contrato de trespasse.

10.6. Estrutura da peça

1. **Endereçamento:** Vara Cível ou Vara Única do lugar onde a obrigação deve ser satisfeita.
2. **Identificação das partes:** parte autora (credora): pessoa física ou pessoa jurídica, com qualificação completa; parte ré (devedora): pessoa física ou pessoa jurídica, com qualificação completa.
3. **Representação judicial:** procurador(a) com mandato em anexo.
4. **Nome da ação e fundamento legal:** ação monitória, sob fundamento do art. 700 do Código de Processo Civil.
5. **Narrativa dos fatos ("Dos Fatos"):** exposição dos fatos previstos na situação hipotética da questão. Não inventar outros fatos nem trazer detalhes ausentes no problema. Enfatizar a falta de força executiva do título de que o credor e seu cliente dispõem.
6. **Fundamentação ("Do Direito"):** atente-se que a mera citação de artigos não pontua. Informar que o título, objeto da cobrança, não tem força executiva ou que está prescrita a pretensão executiva, fundamentando pelo art. 700 do CPC ou pelas súmulas do STJ (247, 299 ou 384).

7. **Pedidos ("Dos Pedidos"):** a) procedência dos pedidos da parte autora e a expedição do mandado de pagamento, de entrega da coisa ou para execução de obrigação de fazer ou não fazer, no prazo de 15 dias (art. 701 do CPC), condenando o réu em honorários advocatícios no importe de 5% do valor da causa; b) citação da parte ré para *embargar* no prazo legal, sob pena de se constituir, de pleno direito, o título executivo judicial (art. 701, § 2º, do CPC); c) condenação da parte ré ao pagamento de custas, caso sejam opostos embargos monitórios (art. 701, § 1º, do CPC); d) a condenação do réu ao pagamento de multa, no valor de 10% do valor da causa, revertido em favor do autor, caso os embargos monitórios sejam opostos de má-fé (art. 702, § 11, do CPC); e) informar endereço em que receberá as intimações (art. 106, I, do CPC); f) a opção do autor pela realização de audiência de conciliação ou de mediação, devendo o réu ser citado com a antecedência mínima de 20 dias (isto é a regra geral; toda vez que o caso for silente, a opção será pela realização de audiência de conciliação ou de mediação – se a opção for pela não realização de tal audiência, a questão proposta deverá ser expressa neste sentido).
8. **Valor da causa:** dá-se à presente causa o valor de R$ ... (valor do título, objeto da ação monitória).
9. **Fechamento da peça:** local, data. Advogado, OAB n. ... (não inventar dados).

10.7. Questão da peça profissional

(XXI Exame) Em 31-10-2012, quarta-feira, Peçanha, domiciliado e residente na Rua X, casa Y, n. 1, na cidade de São Lourenço/MG, adquiriu eletrodomésticos no valor de R$ 100.000,00 (cem mil reais), do Lojão Chalé Ltda., EPP, tendo sido emitida, na mesma data, uma nota promissória em caráter pro solvendo no valor de R$ 100.000,00 (cem mil reais), com vencimento para o dia 25-1-2013, sexta-feira, dia útil no lugar do pagamento.

Em 5-1-2017, quinta-feira, o Sr. Fabriciano Murta, administrador e representante legal da credora, procura você munido de toda a documentação pertinente ao negócio jurídico mencionado. A cliente pretende a cobrança judicial do valor atualizado e com consectários legais de R$ 280.000,00 (duzentos e oitenta mil reais) por não ter sido adimplida a obrigação no vencimento pelo devedor e restadas infrutíferas as tentativas de cobrança amigável.

Elabore a peça adequada, eficaz e pertinente para a defesa do interesse da cliente e considere que a Comarca de São Lourenço/MG tem duas varas com competência concorrente para julgamento de matérias cíveis.

10.8. Modelo da peça

Ao juízo da... Vara Cível da Comarca de São Lourenço/MG

Lojão Chalé Ltda – EPP, pessoa jurídica, inscrita no CNPJ sob o n. ..., com sede na..., neste ato se fazendo presente por seu administrador, Fabriciano Murta, nacionalidade..., estado civil..., profis- são..., portador do RG sob o n. ..., e do CPF sob o n. ..., residente e domiciliado na..., e-mail..., por seu procurador, com mandato em anexo, vem, respeitosamente, à presença de Vossa Excelência, com fundamento no art. 700 do Código de Processo Civil – CPC, propor

AÇÃO MONITÓRIA

em face de Peçanha, nacionalidade..., estado civil..., profissão..., portador do RG sob o n. ..., e do CPF sob o n. ..., residente e domiciliado na..., e-mail, em razão do que segue.

DOS FATOS

Em 31-10-2012, quarta-feira, Peçanha, domiciliado e residente na Rua X, casa Y, n. 1, na cidade de São Lourenço/MG, adquiriu eletrodomésticos no valor de R$ 100.000,00 (cem mil reais) do Lojão Chalé Ltda., EPP, tendo sido emitida, na mesma data, uma nota promissória em caráter "pro solvendo" no valor de R$ 100.000,00 (cem mil reais), com vencimento para o dia 25-1-2013, sexta-feira, dia útil, no lugar do pagamento.

Em 5-1-2017, quinta-feira, o Sr. Fabriciano Murta, administrador e representante legal da credora, pretendia a cobrança judicial do valor atualizado e com consectários legais de R$ 280.000,00 (duzentos e oitenta mil reais) por não ter sido adimplida a obrigação no vencimento pelo devedor e restadas infrutíferas as tentativas de cobrança amigável.

DO DIREITO

O Código de Processo Civil prevê que aqueles que têm prova escrita sem eficácia de título executivo e pretendem o seu pagamento, entrega de coisa ou o adimplemento de obrigação de fazer ou não fazer, nos termos do art. 700, têm o direito à proposição da ação monitória, como é o caso da parte requerente.

O art. 70 c/c o art. 77 da LUG (anexo I do Decreto n. 57.663/66) determina que o prazo de prescrição para a nota promissória é de três anos a contar do seu vencimento. Com o advento da prescrição, a cobrança deverá ser efetivada, via ação monitória, e, para a presente medida judicial, determina a Súmula 504 do STJ que o prazo é de cinco anos, contados do vencimento.

Ademais, seguem em anexo os documentos comprobatórios da presente relação de débito em que se encontra a parte devedora, ora requerida, para que Vossa Excelência defira de plano a expedição do mandado de pagamento [de entrega da coisa ou de execução de obrigação de fazer ou não fazer] no prazo de 15 dias, conforme estabelece o art. 701 do CPC.

É importante observar que a origem do crédito é lícita, relacionada à aquisição de eletrodomésticos. Além disso, não houve novação, haja vista se tratar de título de crédito emitido em caráter "pro solvendo".

DOS PEDIDOS

Ante o exposto, preenchidos os requisitos legais, requer:
a) o provimento da presente ação e a expedição do mandado de pagamento [ou de entrega da coisa ou para execução de obrigação de fazer ou não fazer], bem como o pagamento de honorários no importe de 5% do valor da causa, no prazo de 15 dias (art. 701 do CPC);

b) a citação da devedora, ora demandada, para, querendo, oferecer sua defesa, sob pena de se constituir, de pleno direito, o título executivo judicial (art. 701, § 2º, do CPC);
c) a condenação em custas e honorários advocatícios, estes de acordo com o art. 85, § 2º, do CPC, caso sejam oferecidos embargos monitórios pelo réu (art. 701, § 1º, do CPC);
d) a condenação do réu ao pagamento de multa, no valor de 10% do valor da causa, revertido em favor do autor, caso os embargos monitórios sejam opostos de má-fé (art. 702, § 11, do CPC);
e) que as intimações sejam encaminhadas ao endereço do escritório patrono, conforme o inciso I do art. 106 do CPC, informado na procuração em anexo;
f) a opção do autor pela realização de audiência de conciliação ou de mediação, devendo o réu ser citado com a antecedência mínima de 20 dias.

Dá-se à presente causa o valor de R$ 280.000,00 (Duzentos e oitenta mil reais).

Nestes termos,
Pede deferimento.
Local, Data.
Advogado – OAB n. ...

11. AÇÃO DE EXECUÇÃO DE TÍTULO JUDICIAL

11.1. Apresentação

A partir de um dos **títulos executivos judiciais** previstos no art. 515 do CPC, busca-se o efetivo cumprimento numa *fase executória*. É o que se chama de **cumprimento de sentença**. Normalmente, trata-se de pedido feito nos próprios autos da ação de conhecimento em que se prolatou a sentença.

São títulos executivos judiciais, a saber:

I – as decisões proferidas no processo civil que reconheçam a exigibilidade de obrigação de pagar quantia, de fazer, de não fazer ou de entregar coisa;

II – a decisão homologatória de autocomposição judicial;

III – a decisão homologatória de autocomposição extrajudicial de qualquer natureza;

IV – o formal e a certidão de partilha, exclusivamente em relação ao inventariante, aos herdeiros e aos sucessores a título singular ou universal;

V – o crédito do auxiliar da justiça, quando as custas, emolumentos e honorários tiverem sido aprovados por decisão judicial;

VI – a sentença penal condenatória transitada em julgado;

VII – a sentença arbitral;

VIII – a sentença estrangeira, homologada pelo STJ;

IX – a decisão interlocutória estrangeira, após a concessão do *exequatur* à carta rogatória pelo Superior Tribunal de Justiça.

Para fins de Exame de Ordem, segundo o conteúdo programático do edital, estão previstos o *cumprimento de sentença* e *processo de execução*. Quanto ao *cumprimento*, como já se disse, não há maiores desafios além de uma simples petição no próprio processo onde se julgou e a observância preferencial dos arts. 523 e 524.

Maior importância deve ser despendida quanto à execução de *sentença arbitral*, que já foi objeto de prova (Lei de Arbitragem está prevista no edital), por se tratar, para este título judicial, de uma "legítima" ação, visto que não há processo judicial anterior. Servirá quando a **sentença arbitral** não for cumprida voluntariamente pelas partes.

11.2. Características e requisitos

Além da sentença penal condenatória transitada em julgado e da sentença estrangeira homologada pelo STJ, a execução de **sentença arbitral** exigirá processo autônomo, visto que não há processo cível precedente. Portanto, necessária se faz a ação de execução.

A sentença arbitral produz, entre as partes e seus sucessores, os mesmos efeitos da sentença proferida pelos órgãos do Poder Judiciário e, sendo condenatória, constitui **título executivo** (art. 31 da Lei n. 9.307/96).

Anota-se que, diferentemente da *autocomposição extrajudicial* de qualquer natureza, que deve ser homologada judicialmente para se tornar um título executivo (art. 515, III), o **árbitro** é juiz de fato e de direito, e a sentença que proferir não fica sujeita a recurso ou a homologação pelo Poder Judiciário (art. 18 da Lei n. 9.307/96).

Insista-se na diferença. Com efeito, apesar de ambos terem a sua gênesis externa ao Poder Judiciário – e nisso são assemelhadas – perceba que a **autocomposição extrajudicial** é levada inicialmente ao Judiciário para fins homologatórios. Desse modo, acaso não seja cumprida voluntariamente, a sua "execução" se dará sob a forma do cumprimento de sentença (da sentença que homologou a autocomposição extrajudicial).

Diferentemente é o que ocorre com a *sentença arbitral*. Com efeito, seja de acordo com o CPC, seja em conformidade com a Lei n. 9.307/96, a sentença proferida pelos árbitros produz os mesmos efeitos da sentença proferida pelo Poder Judiciário. Dessa forma, ela já surge como título executivo, sem necessitar de homologação judicial para tanto. Ou seja, a lei atribui diretamente à sentença arbitral força executivo. Daí a necessidade de um "processo autônomo" de execução para o seu "cumprimento", caso não haja o cumprimento voluntário pelas partes.

11.3. Como identificar a peça

A proposição da situação hipotética identificará a necessidade de cumprimento, em defesa de uma das partes, da decisão de um árbitro ou árbitros sobre determinada questão litigiosa posta em convenção de arbitragem.

Necessariamente, uma cláusula compromissória deverá ter sido estipulada por escrito em contrato ou em documento apartado, na qual as partes comprometeram-se a submeter à arbitragem os litígios que possam vir a surgir, relativamente a tal contrato.

Para os demais casos de cumprimento de sentença, haverá menção ao andamento inicial de uma ação de conhecimento, cujo juiz proferiu alguma das decisões previstas no art. 515 do CPC, cuja decisão até o presente momento não foi cumprida voluntariamente pelas partes.

Desse modo, percebe-se que se trata de peça de facílima identificação. Com efeito, a questão indicará sempre um dos títulos executivos judiciais previstos no Código de Processo Civil, sendo destacado o descumprimento voluntário da prestação. Em geral, tal se dará por meio de uma petição protocolada nos próprios autos da ação de conhecimento; para a sentença arbitral, por sua vez, será necessária uma ação de execução.

11.4. Competência

O art. 516 do CPC estabelece a competência para o cumprimento de sentença, determinando que ele será efetuado perante: (i) os tribunais, nas causas de sua competência originária; (ii) o juízo que decidiu a causa no primeiro grau de jurisdição; (iii) o juízo cível competente, quando se tratar de sentença penal condenatória, de sentença arbitral, de sentença estrangeira ou de acórdão proferido pelo Tribunal Marítimo.

Destaque-se, desde já, que a menção ao acórdão proferido pelo Tribunal Marítimo não tem validade. Com efeito, foi vetado o inciso X do art. 505 do CPC, que dava àquele acórdão o caráter de título executivo judicial.

Dito isto, e com foco sempre na 2ª Fase de direito empresarial do Exame de Ordem, percebe-se que, comumente, a competência será estabelecida pelos incisos II ou III, do art. 516. Em ambos os casos, o endereçamento será para a "Vara Cível da Comarca de... do Estado de...".

Nestas hipóteses, o exequente poderá optar pelo atual domicílio do executado, pelo juízo do local onde se encontrem os bens sujeitos à execução ou pelo juízo do local onde deva ser executada a obrigação de fazer ou de não fazer, casos em que a remessa dos autos do processo será solicitada ao juízo de origem.

11.5. Fundamentos mais comuns

A parte exequente deve tomar o art. 523 no seu pleito, visto que, caso o devedor, condenado ao pagamento de quantia certa ou já fixada em liquidação, não o efetue no **prazo de 15 dias**, o montante da condenação será acrescido de **multa no percentual de 10% e de honorários de advogado, no mesmo percentual**.

O requerimento a ser apresentado pelo credor deverá ser instruído com o demonstrativo discriminado e atualizado do crédito, devendo a petição indicar: (i) o nome completo das partes, bem como o seu CPF ou CNPJ; (ii) o índice de correção monetária adotado; (iii) os juros aplicados e as respectivas taxas; (iv) o termo inicial e o termo final dos juros e da correção monetária utilizados; (v) a periodicidade da capitalização dos juros, se for o caso; (vi) especificação dos eventuais descontos obrigatórios realizados; e (vii) indicação dos bens passíveis de penhora, se possível.

Tratando-se do cumprimento provisório de sentença, o pedido deverá atender ao art. 522, sendo a petição acompanhada dos seguintes documentos, em cópias autenticadas pelo advogado: (i) decisão exequenda; (ii) certidão de interposição de recurso não dotado de efeito suspensivo; (iii) procurações outorgadas pelas partes; (iv) decisão de habilitação, se for o caso; (v) facultativamente, de outras peças processuais consideradas necessárias para demonstrar a existência do crédito.

Especificamente sobre a sentença arbitral, os fundamentos jurídicos que lhe atribuem força executiva, na condição de título executivo judicial, são o inciso VII do art. 515 do CPC e o art. 31 da Lei de Arbitragem (Lei n. 9.307/96).

11.6. Estrutura da peça

1. **Endereçamento:** execução de sentença arbitral: "Vara Cível da Comarca de... do Estado de...". Cumprimento de sentença: o juízo que proferiu a sentença na ação de conhecimento. Neste caso, antes da qualificação das partes, deve-se fazer menção ao "Processo n. ...".

2. **Identificação das partes:** parte exequente: pessoa física ou pessoa jurídica, com qualificação completa; parte executada: pessoa física ou pessoa jurídica, com qualificação completa.
3. **Representação judicial:** procurador(a) com mandato em anexo.
4. **Nome da peça e fundamento legal:** ação de execução de título judicial, com fundamento nos arts. 515, VII, do CPC e 31 da Lei n. 9.307/96. Pedido de cumprimento de sentença, com fundamento nos arts. 523 e... (indicar o dispositivo legal específico – para o caso de cumprimento de obrigação de pagar quantia certa, o art. 523; para o caso de cumprimento de obrigação de fazer e não fazer, o art. 536; para o cumprimento de obrigação de entregar coisa, o art. 538 do CPC).
5. **Narrativa dos fatos ("Dos Fatos"):** exposição dos fatos previstos na situação hipotética da questão. Não inventar outros fatos, nem trazer detalhes ausentes no problema. Referenciar a existência de um título executivo judicial, no caso, a sentença arbitral. Qualquer fato novo trazido anulará a peça, sendo atribuída NOTA ZERO.
6. **Fundamentação ("Do Direito"):** atente-se que a mera citação de artigos não pontua. A ação de execução tem vez pelo não cumprimento da solução do litígio pelo juízo arbitral, visto que também estão preenchidos os requisitos de certeza, liquidez e exigibilidade do título executivo (art. 515, VII, do CPC), bem como da sentença arbitral, previstos no art. 26 da Lei n. 9.307/96. Transcrever o art. 31 da lei em comento.
7. **Pedidos ("Dos Pedidos"):** a) procedência dos pedidos da parte exequente; b) citação da parte executada para efetuar o pagamento do título executivo no prazo de 15 dias, sob pena do acréscimo de multa no importe de 10%, nos termos do art. 523 do CPC, bem como a expedição de mandado de penhora e avaliação, seguindo os atos de expropriação; c) condenação da parte ré ao pagamento de custas e honorários advocatícios, no importe de 10% do valor da causa (art. 523, § 1º, do CPC); d) informar endereço em que receberá as intimações (art. 106, I, do CPC); e) a indicação dos bens a seguir para efeito de penhora: ... (se for o caso).
8. **Valor da causa:** dá-se à presente causa o valor de R$ ... (valor do título executivo).
9. **Fechamento da peça:** local, data. Advogado, OAB n. ... (não inventar dados).

11.7. Questão da peça profissional

(VII Exame) Mate Gelado Refrescos Ltda. celebrou contrato de compra e venda com Águas Minerais da Serra S.A., pelo qual esta deveria fornecer 100 (cem) litros d'água por dia àquela, no período de 10 de dezembro de 2009 e 10 de abril de 2010. O contrato contém cláusula compromissória para a solução de eventuais conflitos decorrentes do contrato. As partes contratantes possuem sede no município de Maragogi-Alagoas.

No entanto, no dia 4 de dezembro de 2009, Águas Minerais da Serra S.A. resiliu o contrato de compra e venda. Com isso, Mate Gelado Refrescos Ltda. foi obrigada a firmar novo contrato para

PRÁTICA EMPRESARIAL

aquisição de água mineral, às pressas, com Águas Fonte da Saudade Ltda., única sociedade empresária do ramo disponível naquele momento.

Todavia, como a capacidade de produção de Águas Fonte da Saudade Ltda. é muito inferior à de Águas Minerais da Serra S.A., a produção de Mate Gelado Refrescos Ltda. ficou prejudicada e não foi possível atender à demanda dos consumidores pela bebida.

Instaurado o procedimento arbitral, Águas Minerais da Serra S.A., ao final, foi condenada a pagar a Mate Gelado Refrescos Ltda. o valor de R$ 200.000,00 pelas perdas e danos decorrentes do rompimento unilateral do contrato e falta de fornecimento do produto, tendo sido fixado na sentença arbitral o dia 25-2-2012 como termo final para o pagamento voluntário.

Contudo, Águas Minerais da Serra S.A. recusou-se a cumprir voluntariamente a decisão, embora houvesse lucrado R$ 1.000.000,00 no 4º trimestre de 2011.

Você foi procurado pelos representantes legais de Mate Gelado Refrescos Ltda. para providenciar a cobrança judicial do valor da condenação devida por Águas Minerais da Serra S.A. Redija a peça adequada, considerando que você a está elaborando no dia 1º-6-2012, e que na cidade e comarca de Maragogi, Alagoas, há somente uma única vara.

11.8. Modelo da peça

Ao juízo da... Vara Única da Comarca de Maragogi, do Estado de Alagoas

Mate Gelado Refrescos Ltda., pessoa jurídica de direito privado, inscrita no CNPJ n. ..., com sede na rua..., n. ..., na cidade..., neste ato se fazendo presente pelo seu administrador [qualificação de pessoa física], pelo seu advogado, com mandato anexo, vem, respeitosamente, à presença de Vossa Excelência, com fundamento no art. 515, VII, do Código de Processo Civil – CPC e art. 31 da Lei n. 9.307/96, propor

AÇÃO DE EXECUÇÃO DE TÍTULO JUDICIAL

em face de Águas Minerais da Serra S/A, (qualificação), nas razões que seguem.

DOS FATOS

Mate Gelado Refrescos Ltda. celebrou contrato de compra e venda com Águas Minerais da Serra S.A., pelo qual esta deveria fornecer 100 (cem) litros d'água por dia àquela, no período de 10 de dezembro de 2009 e 10 de abril de 2010. O contrato contém cláusula compromissória para a solução de eventuais conflitos decorrentes do contrato. As partes contratantes possuem sede no município de Maragogi–Alagoas.

No entanto, no dia 4 de dezembro de 2009, Águas Minerais da Serra S.A. resiliu o contrato de compra e venda. Com isso, Mate Gelado Refrescos Ltda. foi obrigada a firmar novo contrato para aquisição de água mineral, às pressas, com Águas Fonte da Saudade Ltda., única sociedade empresária do ramo disponível naquele momento.

Todavia, como a capacidade de produção de Águas Fonte da Saudade Ltda. é muito inferior à de Águas Minerais da Serra S.A., a produção de Mate Gelado Refrescos Ltda. ficou prejudicada e não foi possível atender à demanda dos consumidores pela bebida.

Instaurado o procedimento arbitral, Águas Minerais da Serra S.A., ao final, foi condenada a pagar a Mate Gelado Refrescos Ltda. o valor de R$ 200.000,00 pelas perdas e danos decorrentes do rompimento unilateral do contrato e falta de fornecimento do produto, tendo sido fixado na sentença arbitral o dia 25-2-2012 como termo final para o pagamento voluntário.

Contudo, Águas Minerais da Serra S.A. recusou-se a cumprir voluntariamente a decisão, embora houvesse lucrado R$ 1.000.000,00 no 4º trimestre de 2011.

DO DIREITO

Segundo o art. 31 da Lei n. 9.307/96, a sentença arbitral produz, entre as partes e seus sucessores, os mesmos efeitos da sentença proferida pelos órgãos do Poder Judiciário e, sendo condenatória, constitui título executivo.

O art. 515, VII, do CPC, prevê como título executivo judicial, dentre outros, a sentença arbitral, objeto da presente execução, confirmando o entendimento da lei de arbitragem mencionado anteriormente.

Ademais, afirma-se que a sentença arbitral em anexo preenche todos os requisitos do art. 26 da Lei Arbitral, a saber:

I – o relatório, que conterá os nomes das partes e um resumo do litígio;

II – os fundamentos da decisão, onde serão analisadas as questões de fato e de direito, mencionando-se, expressamente, se os árbitros julgaram por equidade;

III – o dispositivo em que os árbitros resolverão as questões que lhes forem submetidas e estabelecerão o prazo para o cumprimento da decisão, se for o caso; e

IV – a data e o lugar em que foi proferida.

Sendo assim, é de todo o direito a execução da mesma pelo ora exequente, pois não houve cumprimento da sentença.

DOS PEDIDOS

Ante o exposto, preenchidos os requisitos legais, requer:
a) procedência dos pedidos da presente ação de execução;
b) citação da parte executada para efetuar o pagamento de R$ 200.000,00 no prazo de 15 dias, sob pena de multa de 10% sobre o montante da condenação, bem como ser expedido mandado de penhora e avaliação de bens (art. 523 do CPC);
c) a condenação em custas e honorários advocatícios (art. 523, § 1º, do CPC);
d) que as intimações sejam encaminhadas ao endereço do escritório patrono, conforme o inciso I do art. 106 do CPC, informado na procuração em anexo;
e) indica-se, na falta de outros bens passíveis de penhora, em atendimento ao art. 524, VII, do CPC, o faturamento da empresa executada, haja vista o lucro de R$ 1.000.000,00 auferido somente no último trimestre de 2011.

Dá-se à presente causa o valor de R$ 200.000,00 (Duzentos mil reais).

Nestes termos,
Pede deferimento.
Local, 1º-6-2012.
Advogado – OAB n. ...

11.9. Questão da peça profissional

(36º Exame) A Companhia de Carrocerias Capão da Canoa, sociedade com sede em Cidreira/RS, e Vanini Carichi Srl, sociedade com sede em Pisa/Itália e sem estabelecimento no Brasil, celebraram, em 2018, contrato de fornecimento de carrocerias de ônibus e prestação de serviços de reposição de componentes e assistência técnica da primeira para a segunda sociedade. Houve inserção no contrato de convenção de arbitragem, estabelecendo seus termos e a sede da arbitragem no Brasil. Os atos judiciais necessários para o cumprimento de eventuais decisões do Tribunal Arbitral escolhido e medidas cautelares deveriam ser executados perante o Juízo da Comarca de Caxias do Sul/RS.

A partir de setembro de 2021, a Companhia de Carrocerias Capão da Canoa passou a ficar inadimplente em suas obrigações, com constantes atrasos na entrega dos bens e cessou a prestação de assistência técnica. A sociedade italiana Vanini Carichi Srl rescindiu o contrato, após notificação prévia da contratante, e provocou o Tribunal Arbitral para instituição da arbitragem, dando ciência a sua contraparte.

Instituída a arbitragem em fevereiro de 2022, infrutífera a conciliação, foi realizada a instrução processual sem necessidade de medidas cautelares ou de urgência. Em setembro de 2022, o Tribunal Arbitral proferiu decisão condenatória para que a sociedade brasileira pagasse à italiana o valor total de R$ 5.950.000,00 (cinco milhões novecentos e cinquenta mil reais). O presidente do Tribunal Arbitral enviou cópia da decisão às partes, que foi devidamente recebida por ambas.

A sentença arbitral determinou que o pagamento fosse realizado até o dia 7 de dezembro de 2022, sem parcelamento. Contudo, a Companhia de Carrocerias Capão da Canoa ainda não cumpriu a decisão do Tribunal Arbitral e não se encontra em recuperação judicial.

Você foi contratado(a) pela sociedade italiana para defender seus interesses no Brasil para o recebimento do crédito. Elabore a peça processual adequada, considerando que na Comarca de Caxias do Sul/RS há mais de um juízo competente.

11.10. Modelo da peça

Ao juízo da... Vara Cível da Comarca de Caxias do Sul do Estado de RS

Processo n. ...

Vanini Carichi Srl, sociedade italiana, representada por seu administrador, ambos já qualificados nos autos em epígrafe, vem respeitosamente, com fundamento no art. 31 da Lei n. 9.307/96 e art. 515, inciso VII, 523 e 139, inciso IV, do CPC, apresentar

Cumprimento de Sentença Arbitral

em face da Companhia de Carrocerias Capão da Canoa, representada por seu diretor..., ambos já qualificados nos autos em epígrafe.

DOS FATOS

Exposição dos fatos previstos na situação hipotética da questão. Não inventar outros fatos nem trazer detalhes ausentes no problema. Deve-se, portanto, literalmente, copiar, de maneira integral, a questão, conforme apresentada, sendo certo que qualquer mecanismo de identificação anulará a peça, atribuindo-se nota ZERO.

DO DIREITO

a) A autora e a ré instituíram arbitragem para dirimir conflito decorrente do descumprimento de contrato celebrado entre elas;
b) O Tribunal Arbitral decidiu pela condenação da ré ao pagamento da quantia de R$ 5.950.000,00 (cinco milhões novecentos e cinquenta mil reais);
c) A ré, mesmo tendo tomado ciência da decisão, não a cumpriu voluntariamente, deixando de efetuar o pagamento até o dia 7 de outubro de 2022;
d) A sentença arbitral é título executivo judicial, nos termos do art. 515, VII, do CPC ou do art. 31 da Lei n. 9.307/96.

DOS PEDIDOS

Diante do exposto, requer:
a) procedência do pedido para determinar cumprimento da sentença arbitral;
b) citação da devedora Companhia de Carrocerias Capão da Canoa para pagar a quantia de R$ 5.950.000,00 (cinco milhões novecentos e cinquenta mil reais) no prazo de 15 (quinze) dias, nos termos do disposto no art. 523, "caput", do CPC;
c) ou para que a devedora apresente impugnação, nos termos do art. 525 do CPC;
d) pagamento, pela ré, de multa de 10% (dez por cento) e acréscimo de 10% (dez por cento) de honorários advocatícios, caso o pagamento não ocorra em 15 dias, com fundamento no art. 523, § 1º, do CPC;
e) expedição de mandado de penhora e avaliação em face da ré, caso não seja efetuado o pagamento voluntário, com fundamento no art. 523, § 3º, do CPC;
f) condenação da ré aos ônus da sucumbência, com base no art. 85, § 1º, do CPC VI-
g) a realização de audiência de mediação e conciliação.

DAS PROVAS

a) contrato celebrado entre as partes;
b) sentença arbitral condenatória;
c) notificação do Tribunal Arbitral enviada às partes.

Admitida à juntada do demonstrativo discriminado e atualizado do crédito, com base no art. 524 do CPC.

Dá-se à presente causa o valor de R$ 5.950.000,00 (Cinco milhões novecentos e cinquenta mil reais).

Nestes termos,
Pede deferimento.
Local, Data.
Advogado – OAB n. ...

12. AÇÃO DE DISSOLUÇÃO PARCIAL DE SOCIEDADES

12.1. Apresentação

Para além da dissolução total, procedimento que leva à extinção da sociedade, é possível, diante do caso concreto, que a sociedade não venha a ser encerrada. Há situações em que haverá, apenas, a saída de um dos sócios, continuando a sociedade com os demais sócios. Assim, nem sempre a quebra da *affectio societatis* levará ao fim da sociedade; poder-se-á, apenas, resolver o vínculo societário com aquele sócio que quebrou a *affectio societatis*, reduzindo-se o capital social, continuando a sociedade, ainda que com o patrimônio diminuído. Insista-se: a sociedade ficará com sócio a menos, com capital social a menor, mas a sua atividade não será encerrada.

Trata-se de procedimento que foi estabelecido a partir da doutrina e da jurisprudência baseada no princípio da preservação da empresa. Por tal princípio, tem-se que as atividades econômicas que forem relevantes e eficientes, ou seja, que sejam dotadas de função social, devem ser preservadas e cabe ao Estado envidar todos os esforços necessários para a sua conservação.

Assim, fatos que outrora levariam à dissolução de pleno direito da sociedade, atualmente, apenas, serão a motivação para extinguir o vínculo daquele sócio que quebrou a *affectio societatis* ou que a perdeu, passando a ter o interesse de não mais permanecer na sociedade.

12.2. Características e requisitos

Há, em verdade, duas possibilidades de se promover a presente ação. Em um primeiro contexto, pode-se estar diante de algum sócio que, não tendo mais o interesse de continuar na sociedade, venha a exercer o seu direito de retirada (conhecido também pela doutrina como direito de recesso), que é nada menos do que o direito que o sócio tem de deixar de ser sócio.

Para além disso, é ainda possível que se venha a promover a exclusão de determinado sócio sempre que este venha a dar algum motivo jurídico relevante para os demais sócios não o quererem mais na sociedade. Note-se, aliás, de acordo com o art. 599 do CPC, que a ação de dissolução parcial da sociedade pode ter por objeto a resolução da sociedade em relação ao sócio falecido, excluído ou que exerceu o direito de retirada, cumulada com a apuração de haveres deste sócio; ou simplesmente, a resolução da sociedade ou a apuração de haveres.

Seja em caso de resolução da sociedade motivada pelo direito de retirada, seja por exclusão de sócio, o procedimento – e, portanto, a elaboração da peça prático-profissional

– continua o mesmo. Trata-se de uma ação com procedimento especial. O procedimento para a dissolução parcial da sociedade se encontra previsto nos arts. 599 a 609 do CPC.

É importante ressaltar que, como não há dissolução total da sociedade, não se pode falar na sua liquidação. Assim, sempre que a sociedade vier a se resolver em relação a um sócio, haverá de ser feito o procedimento de apuração dos haveres, em conformidade com o que prevê o art. 1.031 do Código Civil:

> Art. 1.031. Nos casos em que a sociedade se resolver em relação a um sócio, o valor da sua quota, considerada pelo montante efetivamente realizado, liquidar-se-á, salvo disposição contratual em contrário, com base na situação patrimonial da sociedade, à data da resolução, verificada em balanço especialmente levantado.
>
> § 1º O capital social sofrerá a correspondente redução, salvo se os demais sócios suprirem o valor da quota.
>
> § 2º A quota liquidada será paga em dinheiro, no prazo de noventa dias, a partir da liquidação, salvo acordo, ou estipulação contratual em contrário.

Algumas características merecem ser destacadas, em vista da especificidade desta medida judicial. A primeira se refere à necessidade de a petição inicial ser instruída com o contrato social consolidado (art. 599, § 1º, do CPC). Admite-se, também, na forma do art. 599, § 2º, a dissolução parcial de sociedade anônima fechada, quando demonstrado por acionistas que somem, no mínimo, 5% do capital social, que não pode preencher o seu fim.

Outra característica importante se refere ao pedido de **nomeação do perito (art. 604, III, do CPC)**. Com efeito, o perito será a pessoa responsável para realizar o procedimento de apuração de haveres a fim de determinar qual o montante que deve receber o sócio que está saindo da sociedade, seja por direito de retirada, seja por exclusão. Além de nomear o perito, deve o juiz, ainda: a) fixar a data de resolução de sociedade; b) definir o critério de apuração dos haveres à vista do contrato social.

Outra peculiaridade importante se refere à **legitimidade** para a propositura da presente ação. Apesar de se submeterem ao mesmo procedimento, no caso de resolução da sociedade (motivada pelo direito de retirada), a **legitimidade ativa** caberá ao sócio que exerce o direito mencionado, sendo colocados na **legitimidade passiva** da presente ação os demais sócios e a própria sociedade, constituindo-se um litisconsórcio passivo.

No âmbito da exclusão de sócio, a **legitimidade ativa** caberá à própria sociedade, bem como aos sócios que pretendem excluir, em litisconsórcio ativo. Já a **legitimidade passiva** caberá àquele sócio que será excluído.

Em resumo:

Dissolução parcial	
Resolução da sociedade	**Exclusão de sócio**
Autor: sócio que quer sair	Autor: sociedade e demais sócios
Réu: sociedade e demais sócios	Réu: sócio que será excluído

Nesta toada, é importante constatar que o art. 600 do CPC apresenta a legitimidade ativa para o presente feito. A ação poderá ser proposta:

- pelo espólio do sócio falecido, quando a totalidade dos herdeiros não ingressar na sociedade;
- pelos sucessores, após concluída a partilha do sócio falecido;
- pela sociedade, se os sócios sobreviventes não admitirem o ingresso do espólio ou dos sucessores, quando esse direito decorrer do contrato social;
- pelo sócio que exerceu o direito de recesso ou de retirada, se não tiver sido providenciada, pelos demais sócios, a alteração contratual consensual formalizando o desligamento, depois de transcorridos 10 (dez) dias do exercício do direito;
- pela sociedade, nos casos em que a lei não autoriza a exclusão extrajudicial; ou
- pelo sócio excluído.

É legitimado também o cônjuge ou o companheiro cujo casamento, união estável ou convivência terminou. Porém, para estes, só será possível requerer a apuração dos haveres, que serão pagos à conta da quota do capital titularizada pelo sócio.

Os sócios e a sociedade devem ser citados para contestar o presente feito ou concordar com ele, no prazo de 15 dias (art. 601 do CPC). Evidentemente, se a sociedade for autora, ela não precisará ser citada. Do mesmo modo, a sociedade não precisará ser citada se todos os sócios o forem. É possível, ainda, a sociedade formular pedido de indenização compensável com os valores a apurar (art. 602 do CPC).

Ocorrendo a dissolução parcial consensual, com manifestação expressa e unânime pela dissolução, o juiz a decretará e, neste caso, não haverá condenação em honorários advocatícios, com o rateio das custas pelas partes. Entretanto, se houver contestação, seguir-se-á o procedimento comum, sendo possível, portanto, condenação em honorários de advogado (art. 603 do CPC).

O juiz deve definir o critério de apuração de haveres (art. 604, II, do CPC) e a data da resolução da sociedade (art. 605 do CPC). De todo modo, tanto o critério de apuração de haveres quanto a data de resolução da sociedade podem ser revistos, a pedido de uma das partes, desde que antes do início da perícia (art. 607 do CPC).

No que se refere à data de resolução, ainda, é importante saber que: (i) até a data da resolução, integram o valor devido ao ex-sócio, ao espólio ou aos sucessores a participação nos lucros ou os juros sobre o capital próprio declarados pela sociedade e, se for o caso, a remuneração como administrador (art. 608, *caput*, do CPC); após a data de resolução, as pessoas acima mencionadas terão apenas direito à correção monetária dos valores apurados e aos juros contratuais ou legais (art. 608, parágrafo único, do CPC).

Com relação ao critério de apuração de haveres, em sendo o contrato social omisso, o juiz deve definir, como o critério para apuração de haveres, o valor patrimonial apurado em balanço de determinação, tomando-se por referência a data de resolução. A avaliação dos bens e direito do ativo, além da apuração do passivo, deve se dar a preço de saída, de acordo com o art. 606 do CPC.

12.3. Como identificar a peça

É preciso, uma vez mais, perceber a diferença de abordagem entre a **resolução da sociedade** e a **exclusão de sócio**. Com efeito, para ambos os casos, a questão tratará de algum fato que venha a motivar a saída de um dos sócios, continuando a sociedade com os demais. A semelhança, porém, para aqui.

Na **resolução da sociedade**, ocorreu algum fato que passa a motivar o desejo de um dos sócios a não mais permanecer na sociedade. De outro lado, para a **exclusão de sócio**, o elemento que servirá de base para a sua identificação é exatamente o fato de um dos sócios vir a dar algum motivo juridicamente relevante que fundamente o interesse dos demais sócios de não o quererem mais na sociedade.

Apesar das divergências apontadas, para fins de 2ª Fase da OAB, o *nomen juris*, em qualquer caso, deverá ser **Ação de Dissolução Parcial**. Pode ser considerado equivocado nomear a ação como *Ação de Resolução da Sociedade* ou *Ação de Exclusão de Sócio*? Não, não pode! Porém, para fins de prova, a banca examinadora costuma apontar como espelho, pontuando, inclusive, a nomenclatura tal qual prevista na legislação processual.

12.4. Competência

O Código de Processo Civil determina, no seu art. 53, III, *a*, que é competente o foro do lugar onde está a sede, para a ação em que for ré a pessoa jurídica. Desse modo, como a sociedade que será dissolvida deverá ser inserida no polo passivo da **resolução da sociedade**, tem-se que a competência para processar e julgar a presente ação será da comarca onde se encontrar a sede da sociedade.

Para a **exclusão de sócio**, como se viu, quem será réu é o sócio a ser excluído. Assim, na forma do que define o art. 46 do CPC, a menos que haja foro de eleição no contrato social, a competência para processar e julgar a referida ação é do domicílio do sócio a ser excluído, ou seja, se a sociedade estiver no polo passivo, a competência será da "Vara Cível" da comarca onde se localizar a sua sede, o seu estabelecimento principal. Porém, quando a dissolução parcial tiver o objetivo de excluir um sócio, o foro competente será o domicílio deste sócio. Ademais, se houver previsão foro de eleição, prevalecerá, então, o *pacta sunt servanda* e, assim, deve-se respeitar a previsão contratual.

12.5. Fundamentos mais comuns

No caso de **morte do sócio** (art. 1.028 do CC), deverá ocorrer a liquidação de sua quota, salvo se: (i) houver previsão diversa no contrato social; (ii) os demais sócios optarem pela dissolução (total) da sociedade; ou (iii) os sócios sobreviventes entrarem em acordo com os herdeiros do sócio falecido para regular a sua substituição.

Para o exercício do **direito de recesso ou de retirada**, um primeiro fundamento se encontra no art. 1.029 do Código Civil. Com efeito, há uma diferença de tratamento, caso a sociedade tenha prazo determinado ou indeterminado de vigência. A diferença resulta de que, na sociedade com prazo determinado, por imperativos da preservação da empresa, o sócio, regra geral, estará obrigado a permanecer na sociedade, pelo menos, até o fim do prazo previsto. Porém, havendo **justa causa** (algum motivo juridicamente relevante) que possa ser provada judicialmente, poderá o sócio promover a ação de dissolução parcial da sociedade.

Caso a sociedade tenha prazo indeterminado de vigência, o mesmo art. 1.029 determina que caberá ao sócio retirante notificar os demais sócios, dizendo que se retirará no prazo de 60 dias. Nos 30 primeiros dias, os demais sócios notificados podem optar pela dissolução da sociedade.

Pode ocorrer, porém, que os demais sócios não se definam no que tange à posição que irão tomar acerca da notificação recebida; podem, também, recusar-se a receber a notificação ou mesmo querer definir o valor de liquidação das quotas aquém do esperado. Ter-se-á, também, ação de dissolução parcial da sociedade.

Há, ainda, a possibilidade de resolução motivada. Trata-se da hipótese prevista no art. 1.077 do Código Civil. Quando houver modificação do contrato, fusão da sociedade, incorporação de outra, ou dela por outra, terá o sócio que dissentiu o direito de retirar-se da sociedade, nos 30 dias subsequentes à reunião, devendo ser realizado o procedimento de apuração de haveres, nos moldes do art. 1.031 do Código Civil.

As *sociedades anônimas* também têm uma hipótese específica em que se pode admitir a **ação de dissolução parcial da sociedade**. Trata-se do art. 137 da Lei n. 6.404/76. Toda vez que um acionista se enquadrar em uma das hipóteses ali previstas, poderá exercer o seu direito de retirada. Pode acontecer, porém, que a sociedade não venha a admitir o exercício de tal direito, de maneira espontânea, extrajudicial. Nesta hipótese, poderá o acionista exercer judicialmente aludido direito.

De outro modo, o Código Civil apresenta algumas hipóteses de exclusão de sócio que merecem ser destacadas:

a) a exclusão por justa causa (art. 1.030);

b) a exclusão do sócio remisso (art. 1.004);

c) a exclusão de pleno direito (art. 1.030, parágrafo único); e

d) a exclusão por incapacidade superveniente.

Sempre que o sócio der **justa causa**, ele estará passível de ser excluído da sociedade. Tal justa causa pode ser entendida ora como uma falta grave no cumprimento de suas obrigações sociais, ora como um ato de inegável gravidade que ponha em risco a continuidade da empresa (arts. 1.030 e 1.085 do CC). É imprescindível notar que, toda vez que restar inviável a exclusão extrajudicial de um sócio, ela se dará judicialmente. Aliás, é o que o CPC prescreve no seu art. 600, V.

O **sócio remisso** é aquele sócio que não cumpre a sua obrigação fundamental, qual seja, a obrigação de contribuir para a formação do capital social. Vale dizer, não basta subscrever o capital social; faz-se necessária a sua realização. Porém, para o direito brasileiro, ainda que o contrato social preveja a data de ingresso dos recursos prometidos pelos sócios, só será considerado sócio remisso quando, recebida notificação para os devidos aportes de capital, deixe de fazê-lo nos 30 dias seguintes à notificação recebida. Dentre as várias sanções que podem ser aplicadas ao sócio remisso, é possível a exclusão, que se dará na via extrajudicial.

São **hipóteses de exclusão de pleno direito**:

I – o sócio falido (a pessoa que é sócia em sociedade empresária e, ao mesmo tempo, empresário individual e, nesta situação, tem sua falência declarada) – nos termos do art. 1.030, parágrafo único, do Código Civil, em interpretação conjunta com o art. 123 da Lei n. 11.101/2005;

II – na sociedade de pessoas, o sócio que tenha todas as suas quotas liquidadas – nos termos do art. 1.026, em interpretação conjunta com o art. 1.030, parágrafo único, ambos do Código Civil; e

III – na sociedade de capital, o sócio que tenha todas as suas quotas penhoradas – nos termos do art. 790, II, do Código de Processo Civil, em interpretação conjunta com o art. 1.030, parágrafo único, do Código Civil.

Por fim, o art. 1.030 do Código Civil também admite a possibilidade de exclusão de sócio por incapacidade superveniente. É importante ressaltar que a incapacidade superveniente não é hipótese de exclusão de pleno direito. Assim, far-se-á necessária a promoção de **ação de dissolução parcial de sociedade para excluir o sócio por incapacidade superveniente**.

Sobre tal hipótese, é cabível constatar que a incapacidade pode ser tanto a civil quanto a técnica. Com efeito, o Estatuto da Pessoa com Deficiência (Lei n. 13.146/2015) não alterou o art. 1.030 do Código Civil, mesmo porque já havia previsão da participação de sócios incapazes na sociedade (art. 974, § 3º). Não se adequando a tais termos, o sócio civilmente incapaz haverá de ser excluído.

O mesmo vale para a incapacidade técnica. Note-se, por exemplo, que para ser sócio de uma sociedade de advogados, é necessário que o sócio esteja inscrito nos quadros da OAB (art. 15 da Lei n. 8.906/94). Imagine, então, o caso de alguém que seja processado pelo Tribunal de Ética da OAB e receba, como sanção, a exclusão do quadro de advogados da OAB. Nesta hipótese, de acordo com o art. 1.030 do Código Civil, ele deverá ser excluído judicialmente da sociedade de advogados.

12.6. Estrutura da peça

1. **Endereçamento:** Excelentíssimo Senhor Doutor Juiz de Direito da... Vara Cível da Comarca de... do Estado de... .

2. **Identificação das partes: no direito de recesso ou de retirada** – autor: o sócio que deseja se retirar da sociedade; réu: a sociedade e os demais sócios (litisconsórcio passivo). **Na exclusão de sócio:** autor: a sociedade e os sócios que pretendem a exclusão (litisconsórcio ativo); réu: o sócio que será excluído. **No caso de morte do sócio:** autor: o espólio ou os sucessores do sócio falecido; réu: a sociedade e os demais sócios (litisconsórcio passivo).

    Qualificação de pessoa física: Fulano de tal, nacionalidade..., estado civil..., profissão..., portador do RG n. ..., e do CPF n. ..., residente e domiciliado na... .

    Qualificação de pessoa jurídica: Nome empresarial, pessoa jurídica de direito privado, inscrita no CNPJ n. ..., estabelecida na..., neste ato se fazendo presente por seu administrador (diretor, caso se trate de sociedade anônima) ... (pode fazer a qualificação de "pessoa física").

3. **Representação judicial:** advogado assinado ao final, com mandato em anexo.

4. **Nome da ação e fundamento legal:** Ação de Dissolução Parcial de Sociedade, com fundamento no... (verificar o fundamento legal do caso concreto, que pode ser: a) art. 1.029 do CC; b) art. 1.077 do CC; ou c) art. 137 da Lei n. 6.404/76); d) art. 1.030 do CC; ou e) art. 1.028 do CC) e no art. 599 e seguintes do CPC.

5. **Narrativa dos fatos ("Dos Fatos"):** exposição dos fatos previstos na situação hipotética da questão. Não inventar outros fatos nem trazer detalhes ausentes no problema. Deve-se, portanto, literalmente, copiar, de maneira integral, a questão, conforme apresentada.

6. **Fundamentação ("Do Direito"):** vale a pena ressaltar que a mera transcrição dos artigos não pontua. É a parte da peça em que deverão ser apresentados os dispositivos legais que asseguram o direito do cliente para o que se estará elaborando a peça processual. Nessa linha, em razão das várias possibilidades de fundamentação, sugere-se a releitura do presente capítulo.

7. **Pedidos:** a) a citação dos réus para, querendo, contestarem o presente feito, no prazo de 15 dias, sob pena de revelia; b) a procedência do pedido em todos os seus termos, no sentido de declarar a resolução da sociedade em relação ao autor (ou declarar a exclusão do sócio réu em relação à sociedade) em razão de... (especificar o motivo em conformidade com o caso apresentado); c) a nomeação de perito para que, declarada a resolução da sociedade (ou a exclusão do sócio réu), proceda-se à apuração dos haveres (ou do reembolso), nos termos da lei; d) a condenação dos réus aos ônus da sucumbência, nos termos do art. 85 e do art. 603, § 1º, ambos do CPC, caso venha a ser contestado o presente feito; e) que as intimações posteriores do presente feito sejam feitas no seguinte endereço... (art. 106, I, do CPC); f) a produção de todas as provas em direito admitidas, especialmente por... (o pedido genérico de provas não pontua); g) a convocação de audiência de conciliação ou de mediação, por opção do autor, devendo o réu ser citado com antecedência mínima de 20 dias.

8. **Valor da causa:** dá-se à causa o valor de R$ ... (art. 291 do CPC. A toda causa será atribuído um valor certo, ainda que não tenha conteúdo econômico imediatamente aferível). Pode-se indicar, como valor da causa, o valor do capital social ou mesmo o proveito econômico do sócio, acaso tais valores sejam indicados na questão.

9. **Fechamento da peça:** local, data. Advogado, OAB n. ... (não inventar dados).

12.7. Questão da peça profissional

(XXXI Exame) Uiramutã Consultores Ambientais é uma sociedade simples, constituída em 2005, por prazo indeterminado, com contrato arquivado no Registro Civil de Pessoas Jurídicas da Comarca de Boa Vista/RR, local de sua sede. A sociedade é composta por seis sócios, a saber: Luís, João, Iracema, Bonfim, Normandia e Elena. A administração da sociedade é exercida, exclusivamente, pela sócia Iracema. Cada sócio é titular de quotas representativas de 20% (vinte por cento) do capital, exceto os sócios Luís e Bonfim, que possuem, cada um, quotas representativas de 10% (dez por cento) do capital. O capital encontra-se integralizado.

Até o ano de 2018, as relações entre os sócios eram cordiais e o ambiente extremamente favorável à realização do objeto social, pois todos os sócios, amigos de longa data, tinham formação e atuação na área ambiental. A partir do início de 2019, começaram a surgir sérias desavenças entre os sócios Luís e Normandia e os demais, sobretudo com a administradora Iracema, a quem imputavam omissão na prestação de contas e embaraço na apresentação do balanço patrimonial.

Em dezembro de 2019, tornando-se insustentável a permanência na sociedade, sem apoio às suas demandas pelos demais sócios, Luís e Normandia decidem se retirar dela, notificando os demais sócios do exercício de seu direito potestativo com a antecedência prevista na lei, realizando-se, nos trinta dias seguintes, a averbação da resolução da sociedade no registro próprio. Todavia, até a presente data, a sociedade não efetivou a apuração de haveres, argumentando que tal providência demanda alteração contratual para fixar o critério de liquidação das quotas dos ex-sócios, ausente esse critério no contrato no momento da retirada.

Você, como advogado(a), é procurado(a) para defender em juízo os interesses dos ex-sócios, em especial pela inércia da sociedade e dos demais sócios em proceder à apuração de haveres e lhes apresentar o resultado da liquidação das quotas, o que inviabiliza qualquer pagamento ou verificação dos elementos do patrimônio que foram considerados no cálculo.

Elabore a peça processual adequada, considerando que a Comarca de Boa Vista/RR tem seis Varas Cíveis.

12.8. Modelo da peça

Ao juízo da... Vara Cível da Comarca de Boa Vista do Estado de RR

Luís, nacionalidade..., estado civil..., profissão..., portador do RG sob o n. ... e do CPF sob o n. ..., e Normandia, nacionalidade..., estado civil..., profissão..., portadora do RG sob o n. ... e do CPF sob o n. ... , por seu advogado, abaixo assinado, com procuração em anexo, vem respeitosamente perante Vossa Excelência, nos termos do art. 1.030 do Código Civil, e nos arts. 559 e seguintes do CPC, promover

AÇÃO DE DISSOLUÇÃO PARCIAL DA SOCIEDADE

em face de Uiramutã Consultores Ambientais S/S, pessoa jurídica de direito privado, inscrita no CNPJ sob o n. ..., com sede em Boa Vista/RR, neste ato representada pela sócia administradora Iracema, nacionalidade..., estado civil..., profissão..., portadora do RG sob o n. ... e do CPF sob o n. ..., residente e domiciliada em..., e os sócios João, nacionalidade..., estado civil..., profissão..., portador do RG sob o n. ... e do CPF sob o n. ..., residente e domiciliado em..., Bonfim, nacionalidade..., estado civil..., profissão...,portador do RG sob o n. ... e do CPF sob o n. ..., residente e domiciliado em..., Iracema, nacionalidade..., estado civil..., profissão..., portadora do RG sob o n. ... e do CPF sob o n. ..., residente e domiciliada em..., e Elena, nacionalidade..., estado civil..., profissão..., portadora do RG sob o n. ... e do CPF sob o n. ..., residente e domiciliada em..., pelos fatos e fundamentos jurídicos a seguir:

PRÁTICA EMPRESARIAL

DOS FATOS

Uiramutã Consultores Ambientais é uma sociedade simples, constituída em 2005, por prazo indeterminado, com contrato arquivado no Registro Civil de Pessoas Jurídicas da Comarca de Boa Vista/RR, local de sua sede. A sociedade é composta por seis sócios, a saber: Luís, João, Iracema, Bonfim, Normandia e Elena. A administração da sociedade é exercida, exclusivamente, pela sócia Iracema. Cada sócio é titular de quotas representativas de 20% (vinte por cento) do capital, exceto os sócios Luís e Bonfim, que possuem, cada um, quotas representativas de 10% (dez por cento) do capital. O capital encontra-se integralizado. Até o ano de 2018, as relações entre os sócios eram cordiais e o ambiente extremamente favorável à realização do objeto social, pois todos os sócios, amigos de longa data, tinham formação e atuação na área ambiental.

A partir do início de 2019, começaram a surgir sérias desavenças entre os sócios Luís e Normandia e os demais, sobretudo com a administradora Iracema, a quem imputavam omissão na prestação de contas e embaraço na apresentação do balanço patrimonial. Em dezembro de 2019, tornando-se insustentável a permanência na sociedade, sem apoio às suas demandas pelos demais sócios, Luís e Normandia decidem se retirar dela, notificando os demais sócios do exercício de seu direito potestativo com a antecedência prevista na lei, realizando-se, nos trinta dias seguintes, a averbação da resolução da sociedade no registro próprio. Todavia, até a presente data, a sociedade não efetivou a apuração de haveres, argumentando que tal providência demanda alteração contratual para fixar o critério de liquidação das quotas dos ex-sócios, ausente esse critério no contrato no momento da retirada.

DO DIREITO

O art. 1.031 do Código Civil estabelece a possibilidade de nos casos em que a sociedade se resolver em relação a um sócio, o valor da sua quota, considerada pelo montante efetivamente realizado, será liquidado, salvo disposição contratual em contrário, com base na situação patrimonial da sociedade, à data da resolução, verificada em balanço especialmente levantado. Com efeito, do caso concreto, vê-se que a sociedade se resolveu em relação aos sócios Luís e Normandia, autores do presente feito, sendo obrigatória a liquidação do valor de suas quotas, com base na situação patrimonial da sociedade à data da resolução, verificada em balanço especialmente levantado, pois o contrato não prevê critério de apuração.

Não se pode deixar de notar a inércia da sociedade na apuração dos haveres e na apresentação de seu resultado. Ou seja, há mais de ano que ocorreu a situação de direito de retirada, em favor dos autores; todavia, até a presente data, não se apurou e nem foram divulgados os haveres a que caberia para cada sócio retirante.

De outra forma, o argumento apresentado de que os haveres não foram apurados e divulgados por falta de norma específica prevista no contrato social é improcedente. Com efeito, diante da omissão do contrato social, a apuração deve considerar o valor patrimonial das quotas apurado em balanço de determinação (ou balanço especial), que reflita a situação da sociedade à data da resolução, com base no art. 606 do CPC. Assim, não resta outra alternativa aos autores, que não seja se socorrer da via judicial, para verem os seus direitos de retirada respeitados.

DOS PEDIDOS

Diante do exposto, é a presente para requerer:

a) a citação dos réus para, querendo, contestarem o presente feito, no prazo de 15 (quinze) dias, sob pena de revelia;

b) a procedência do pedido em todos os seus termos, no sentido de determinar a apuração de haveres dos sócios Luís e Normandia, com base no art. 599, III, do CPC, com o consequente pagamento em dinheiro das quotas liquidadas, em noventa dias, a partir da liquidação, com correção monetária dos valores apurados e juros legais, em conformidade com o art. 608, parágrafo único, e o art. 609, ambos do CPC;

c) a nomeação de perito para que se proceda à apuração dos haveres, considerando a fixação da data de resolução da sociedade (art. 604, I, CPC) e a definição do critério de apuração dos haveres (art. 604, II, CPC);

d) a condenação dos réus aos ônus da sucumbência, nos termos do art. 85, em interpretação conjugada com o art. 603, § 1º, ambos do CPC, caso venha a ser contestado o presente feito;

e) que as intimações posteriores do presente feito sejam feitas no seguinte endereço... (art. 106, I, do CPC);

f) a produção de todas as provas em direito admitidas, especialmente pela juntada dos documentos em anexo, e tudo o mais que se fizer necessário, desde logo, já requerido;

g) a convocação de audiência de conciliação ou de mediação, por opção do autor, devendo o réu ser citado com antecedência mínima de 20 dias.

Dá-se à presente causa o valor de R$ ... .

Nestes termos,
Pede deferimento.
Local, data.
Advogado – OAB n. ...

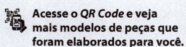

Acesse o *QR Code* e veja mais modelos de peças que foram elaborados para você.

> http://uqr.to/1yv9y

13. INCIDENTE DE DESCONSIDERAÇÃO DA PERSONALIDADE JURÍDICA

13.1. Apresentação

Um dos temas mais recorrentes em matéria de direito empresarial é o da **desconsideração da personalidade jurídica**. Na feição inerente ao direito empresarial, a *disregard doctrine* veio a ser **positivada, em sua teoria pura, com o advento do Código Civil em vigor**. Trata-se da retirada episódica e momentânea dos efeitos da personificação com o objetivo de, esquecendo-se da personalidade e/ou do patrimônio da sociedade, alcançar-se a personalidade e/ou o patrimônio de sócios e/ou de administradores.

Porém, **até o advento da Lei n. 13.105/2015** (novo Código de Processo Civil), **não havia um procedimento previsto em lei** para sua discussão/declaração. Diga-se de passagem, o **STJ**, em jurisprudência consolidada, já entendeu pela sua *discussão/declaração em qualquer processo (de conhecimento, de execução, cautelar, falimentar) e em qualquer fase, como um incidente processual e não como um processo incidente* (vide REsp 476.452/GO e REsp 1.096.604/DF).

Cabe, então, resgatar noções acerca da desconsideração da personalidade jurídica, no âmbito do direito empresarial, a partir do **art. 50 do Código Civil**. De outro lado, mister se faz também o estudo dos **arts. 133 a 137 do CPC/2015** que regulamenta, pela primeira vez, no Brasil, o incidente de desconsideração da personalidade jurídica. Como se trata de medida judicial regulamentada pelo CPC/2015, os aspectos processuais deste incidente serão apresentados sob os auspícios da nova norma.

De um ponto de vista processual, a **desconsideração da personalidade jurídica** pode ser **requerida** tanto na **petição inicial**, quando já houver a prova dos seus pressupostos, quanto a partir de um **incidente**. É o que se extrai do art. 134, § 2º, do CPC/2015. Para os fins do presente capítulo, o foco será o modo de apresentar o incidente.

13.2. Características e requisitos

Primeiramente, **não se pode confundir desconsideração com desconstituição da personalidade jurídica**. Com efeito, não se quer despersonificar, desconstituir ou dissolver a sociedade. Ao contrário, **busca-se a sua proteção em face de um sócio ou de um administrador que se beneficiou do mau uso da personalidade jurídica**.

Tanto que só surtirá **efeitos nos limites do caso concreto** em que for declarada. Para tudo o mais, prevalecerá a personalidade jurídica da sociedade. Entretanto, no caso concreto, levanta-se o véu da personificação com todas as suas consequências, para ir ao encontro de sócios e/ou de administradores que se beneficiaram indevidamente de um ato praticado em nome da sociedade.

O **direito brasileiro não admite a declaração** *ex officio* **da desconsideração da personalidade jurídica**. É preciso que haja provocação a partir de requerimento de alguma das partes ou do MP quando couber intervir no processo. Não dá, portanto, para o juiz declarar diretamente a desconsideração da personalidade jurídica, sem que tenha havido requerimento.

Frise-se, por oportuno: **o ato de declarar a desconsideração da personalidade jurídica é de competência exclusiva do juiz**. Somente a autoridade judicial está legitimada a conhecer e declará-la. Não cabe, pois, à autoridade administrativa declarar diretamente, sem recorrer ao Judiciário, a desconsideração da personalidade jurídica.

À luz do art. 50 do Código Civil, pode-se dizer que existem três **requisitos para a sua aplicação**:

(i) **a personificação societária** – se não há personalidade jurídica, não há o que desconsiderar, sendo certo *não caber desconsideração da personalidade jurídica em face da sociedade em comum ou da sociedade em conta de participação*;

(ii) **a utilização indevida da pessoa jurídica** – pode se dar de duas maneiras: a) *o desvio de finalidade*, caracterizado pela *fraude* ou pelo *abuso de direito* relacionado à *autonomia patrimonial*, ou b) *a confusão patrimonial*; e

(iii) **a imputação do ato à pessoa jurídica** – o ato a partir do qual se declara a desconsideração da personalidade jurídica precisa ser de responsabilidade da pessoa jurídica, ou seja, *se já houver responsabilidade pessoal do sócio ou do administrador pelo ato, não há por que desconsiderar a personalidade jurídica*.

A doutrina classifica a desconsideração da personalidade jurídica em diversas **teorias**, a depender de seus critérios de aplicação. Desse modo, fala-se em: *teoria maior* e *teoria menor*. Para a **teoria maior** ser aplicada, hão de ser provados os requisitos previstos no art. 50 do Código Civil. Para a **teoria menor** ser aplicada, independe de qualquer desvio de finalidade, bastando ocorrer uma inadimplência (é o caso do direito do consumidor, por exemplo).

Há, ainda, a *desconsideração inversa* que estabelece a possibilidade de a pessoa jurídica vir a responder por obrigações do sócio quando este se utiliza da pessoa jurídica visando ocultar ou desviar bens (já acolhida no âmbito do direito de família, em processos em que um cônjuge que é sócio de sociedade desvia bens pessoais para a própria sociedade com a finalidade de afastá-los da partilha ou frustrar a execução de alimentos).

A teoria maior, por sua vez, é classificada em: *subjetiva ou objetiva*, em razão da utilização indevida a ser demonstrado. Na **teoria maior subjetiva**, prova-se a fraude ou o abuso de direito relacionado à autonomia patrimonial; na **teoria maior objetiva**, prova-se a confusão patrimonial. A referida divisão, também, poderá ser utilizada no âmbito da desconsideração inversa da personalidade jurídica.

O **incidente da desconsideração da personalidade jurídica** é *cabível em qualquer momento* do processo de conhecimento, do cumprimento de sentença e da execução fundada em título executivo extrajudicial (art. 134 do CPC/2015). Tão logo sejam observados os seus pressupostos, a desconsideração da personalidade jurídica poderá ser requerida. A **instauração do incidente** será **imediatamente comunicada** ao distribuidor para as **anotações devidas** (art. 134, § 1º, do CPC/2015).

É **efeito da instauração do incidente** de desconsideração da personalidade jurídica **a suspensão do processo** em que se pretende a declaração de desconsideração. É o que demonstra o art. 134, § 3º, do CPC/2015. Vale dizer, trazida a juízo a discussão sobre a desconsideração da personalidade jurídica de maneira incidental, o processo terá o feito sobrestado até a solução do incidente. *Imaginando a exigência desta peça no Exame de Ordem, sugere-se como um dos seus pedidos a declaração de suspensão aqui exposta.*

Determina o art. 135 do CPC/2015 que aquele que sofrerá os efeitos da desconsideração da personalidade jurídica, seja o sócio, seja a pessoa jurídica – em caso de desconsideração inversa, deverá ser **citado** para se manifestar e, querendo, produzir provas no **prazo de 15 dias**. Trata-se aqui de mais um pedido a ser apresentado necessariamente no incidente de desconsideração, em termos de prova da OAB.

O art. 137 do CPC/2015 destaca: "Acolhido o pedido de desconsideração, a alienação ou a oneração de bens, havida em fraude de execução, será ineficaz em relação ao requerente". Ou seja, qualquer **alienação ou oneração de bens** que se caracterize como um caso de **fraude à execução**, não terá valor jurídico perante o requerente. Assim, *em se tratando de Exame de Ordem, é importante fazer o pedido de declaração de ineficácia, nos termos do dispositivo legal acima transcrito.*

A Lei n. 13.874/2019, oriunda da conversão da MP n. 881/2019 – intitulada Lei da Liberdade Econômica –, estabeleceu nova redação ao art. 50 do Código Civil. A redação atual do citado artigo prescreve: *"Em caso de abuso da personalidade jurídica, caracterizado pelo desvio de finalidade ou pela confusão patrimonial, pode o juiz, a requerimento da parte, ou do Ministério Público quando lhe couber intervir no processo, desconsiderá-la para que os efeitos de certas e determinadas relações de obrigações sejam estendidos aos bens particulares de administradores ou de sócios da pessoa jurídica beneficiados direta ou indiretamente pelo abuso".*

O art. 50, § 1º, do CC define o desvio de finalidade como sendo *"a utilização da pessoa jurídica com o propósito de lesar credores e para a prática de atos ilícitos de qualquer natureza"*. É cabível notar que *"não constitui desvio de finalidade a mera expansão ou a alteração da finalidade original da atividade econômica específica da pessoa jurídica"*, conforme prevê o art. 50, § 5º, do CC.

Já o § 2º do art. 50 estabelece a confusão patrimonial como sendo a ausência de separação de fato entre os patrimônios da sociedade e dos sócios ou dos administradores, constituindo-se em desrespeito ao *princípio da autonomia patrimonial*. Este princípio é conhecido, no mundo das Ciências Contábeis, como o princípio da entidade. Vale o destaque, na medida em que alguns dos leitores desse livro já são profissionais da Contabilidade, daí a menção ao nome contábil do princípio.

É importante observar, segundo o estabelecido pela Lei da Liberdade Econômica, que a confusão patrimonial poderá ser caracterizada por: (i) cumprimento repetitivo pela sociedade de obrigações do sócio ou administrador ou vice-versa; (ii) transferência de ativos e passivos sem efetivas contraprestações, exceto o de valor proporcionalmente insignificante; e (iii) outros atos de descumprimento da autonomia patrimonial.

Os requisitos anteriormente mencionados são levados em consideração, tanto diante da desconsideração direta – em que se esquece da pessoa jurídica para se alcançar sócios e/ou administradores – quanto diante da desconsideração inversa – em que se esquece dos sócios e/ou administradores para se alcançar a pessoa jurídica (note que é o caminho inverso da mencionada "desconsideração direta", daí a nomenclatura estabelecida pela doutrina).

Por fim, para os fins que interessam a esta obra, é importante salientar que a mera existência de um grupo econômico sem a presença dos requisitos previstos no art. 50, *caput*, do CC não autoriza a desconsideração da personalidade jurídica. É o que dispõe o § 4º, do mesmo art. 50.

13.3. Como identificar a peça

A narrativa descreverá uma situação hipotética em que já há uma ação judicial em andamento em que uma sociedade empresária (ré no processo narrado) se vê responsável por determinado ato (serão descritas situações de desconsideração um pouco mais à frente), mas que a origem do referido ato residiria justamente no mau uso da pessoa jurídica da sociedade por parte de um sócio ou administrador desta.

Assim, seria necessária a declaração de desconsideração da personalidade jurídica para o fim de conseguir alcançar a personalidade e/ou o patrimônio do sócio e/ou administrador beneficiado pela utilização indevida da sociedade. Na essência, como a desconsideração busca proteger a pessoa jurídica de sua utilização indevida, a sociedade deveria ser eximida da responsabilidade que lhe fora indevidamente imputada. Apesar disso, o Código Civil, no art. 50, destaca que "os efeitos de certas e determinadas relações de obrigações sejam estendidos aos bens particulares dos administradores ou sócios da pessoa jurídica".

Em suma: a sociedade, ré no processo, praticou determinado fato pelo qual se tornou responsável. Porém aludido ato só foi praticado, na medida da utilização indevida da pessoa jurídica, tendo sido usada para a prática de fraude ou de abuso de direito ligados à autonomia patrimonial ou à confusão patrimonial. Daí, a necessidade da desconsideração: alcançar os bens particulares daquele (sócio ou administrador) que, de algum modo, locupletou-se com a utilização indevida da pessoa jurídica.

13.4. Competência

Como se trata de um incidente, **a petição do incidente de desconsideração da personalidade jurídica deverá ser protocolada junto aos autos principais**. Não se fala, pois, em distribuição por dependência, nem é necessária a investigação sobre a competência. Ainda assim, será **autuada em apartado**. O direcionamento da peça será para a própria Vara – se em primeira instância, ou Câmara Cível – se em segunda instância.

Assim como se faz, por exemplo, na contestação ou na réplica à contestação, será importante destacar, entre o endereçamento e o preâmbulo, a menção ao "Processo n. ...".

13.5. Fundamentos mais comuns

Como se viu, o **abuso da personalidade jurídica** ou a utilização indevida de uma pessoa jurídica pode se dar, nos termos do art. 50 do Código Civil, pelo **desvio de finalidade** ou pela **confusão patrimonial**. Por sua vez, o desvio de finalidade pode se caracterizar pela **fraude** ou pelo **abuso de direito** relacionados à **autonomia patrimonial**. É importante, porém, compreender as hipóteses já consagradas pela doutrina e pela jurisprudência. Tais hipóteses servirão de guia para a elaboração dos casos atinentes a esta peça prático-profissional.

Um exemplo de **fraude** relacionada à desconsideração da personalidade jurídica ocorre no âmbito do **trespasse**. O trespasse é o contrato de alienação de estabelecimentos empresariais. Um dos seus efeitos se encontra no art. 1.147 do Código Civil. **Salvo disposição prevista no contrato de trespasse, o alienante não pode concorrer com o adquirente pelo prazo de cinco anos.** Tal prazo pode ser aumentado, diminuído e até zerado, desde que haja expressa previsão no contrato.

Imagine-se, então, a situação de o empresário que aliena o seu estabelecimento, com nada sendo regulamentado no contrato sobre a questão de o alienante estar ou não proibido de se restabelecer. Neste caso, ele estaria, então, impedido de concorrer com o adquirente pelo prazo de cinco anos. O alienante, visando fugir do impedimento legal, constitui sociedade com objeto social concorrente. Caberia, assim, a desconsideração da personalidade jurídica para impor à sociedade o impedimento de concorrer previsto para o alienante.

Do ponto de vista do **abuso de direito**, dois casos são consagrados: a **subcapitalização** e a **dissolução irregular**. Para entender a *subcapitalização*, é importante antes compreender os conceitos de *capitalização* e de *descapitalização*. **Capitalizar** significa trazer recursos financeiros para a sociedade (os sócios capitalizam a sociedade quando, por exemplo, realizam as contribuições prometidas ao capital social). **Descapitalizar** significar retirar recursos financeiros da sociedade (os sócios descapitalizam a sociedade quando, por exemplo, receber as quantias que lhes cabem a título de dividendos).

Note-se que não é problema ocorrer a descapitalização da sociedade. O problema é ocorrer a **subcapitalização** caracterizada quando **os sócios não mantêm capital adequado à realização do objeto social**. Toda vez que ingressam recursos (receitas ou lucros, por exemplo) na sociedade, estes são distribuídos totalmente entre os sócios, não havendo reaplicação na sociedade. Caberia, portanto, desconsideração da personalidade jurídica para chamar a responsabilidade dos sócios, na medida em que não providenciaram ou mantiveram a adequada capitalização da sociedade.

A outra hipótese de abuso de direito é a **dissolução irregular**. O STJ consolidou entendimento no sentido de que "o simples fato da recorrida ter encerrado suas atividades operacionais e ainda estar inscrita na Junta Comercial não é, por si só, indicativo de que tenha havido fraude ou má-fé na condução de seus negócios" (*vide* REsp 876.974/SP). Desse modo, percebe-se que **a mera dissolução de fato não é caracterizadora da dissolução irregular**, para fins de desconsideração da personalidade jurídica.

A dissolução será considerada irregular para fins de desconsideração da personalidade jurídica sempre que os sócios dissolverem uma sociedade sem pagar todas as suas obrigações, procedendo, inclusive, à baixa do registro na Junta Comercial, e constituírem uma nova sociedade com mesmo objeto social. Não é ilícito ou ilegal o sujeito constituir ou ser sócio de várias pessoas jurídicas ao mesmo tempo. **O ilícito resulta da constituição de uma nova sociedade, em detrimento dos credores da sociedade antiga**. Caberia, então, a desconsideração da personalidade jurídica da sociedade antiga para o fim de atender os credores em cima do patrimônio da nova sociedade e/ou dos sócios.

Pode ser fundamento, ainda, para a desconsideração da personalidade jurídica, a **confusão patrimonial**. Como o próprio nome diz, refere-se ao fato de sócios e/ou administradores **desrespeitarem a autonomia patrimonial** da pessoa jurídica. Na essência, *pode se falar em confusão patrimonial toda vez que um sócio se utilizar do patrimônio da sociedade para realizar pagamentos pessoais ou vice-versa*. Imagine o caso de um sócio que, para pagar um débito de natureza pessoal, emite um cheque da sociedade.

Perceba-se que a **linha direta da desconsideração** da personalidade jurídica é esquecer a sociedade para ir em busca do patrimônio de sócios ou administradores, ou seja, a responsabilidade vai **da pessoa jurídica para o sócio/administrador**. Fala-se, entretanto, na **desconsideração inversa da personalidade jurídica**, quando se deve esquecer o sócio ou o administrador para ir em busca do patrimônio da sociedade, ou seja, a responsabilidade vai **do sócio/administrador para a pessoa jurídica da sociedade**.

Em matéria de direito empresarial, imagine-se a situação de que **alguém** que, **sendo sócio de determinada sociedade, contrai dívidas pessoais, particulares**. Valendo-se da condição de sócio e com o objetivo de fugir à sua responsabilidade – o devedor responde com todos os seus bens pela satisfação de suas obrigações, determina o art. 789 do CPC – **transfere seus bens pessoais para a pessoa jurídica da sociedade**.

Trata-se de bens que o sócio utiliza para fins pessoais, mas que juridicamente a sociedade é a sua proprietária. Nesta linha, o credor pode requerer a desconsideração inversa da personalidade jurídica, visando alcançar, no patrimônio da sociedade, os bens que estão sendo usados para fins pessoais por parte do sócio devedor.

13.6. Estrutura da peça

1. **Endereçamento:** ao juízo onde está tramitando a ação em que se pretende a declaração de desconsideração da personalidade jurídica. Apesar de ser um procedimento que tramita em apartado, não se fala em distribuição por dependência ou algo do tipo. Mas vai para a mesma vara mencionada no caso concreto.

    A título ilustrativo: Excelentíssimo Senhor Doutor Juiz de Direito da... Vara Cível... da comarca de... do Estado de... . Adaptar, sempre, o exemplo, à situação da narrativa (caso, por exemplo, da "Vara Única" ou da "Vara da Capital").

2. **Identificação das partes:** o autor – normalmente, um credor ou alguém que tenha um direito que está sendo preterido pela pessoa jurídica, justamente constituída ou utilizada com desvio de finalidade –; o réu – a pessoa jurídica ou o sócio, ou seja, quem vier a sofrer os efeitos da desconsideração da personalidade jurídica.

3. **Representação judicial:** advogado abaixo assinado, com mandato em anexo.

4. **Nome da peça e fundamentação legal:** incidente de desconsideração da personalidade jurídica, com fundamento no art. 50 do Código Civil e no art. 133 e seguintes do CPC/2015.

5. **Narrativa dos fatos ("Dos Fatos"):** a transcrição integral do caso narrado. Frise-se, por oportuno, a necessidade de se limitar à cópia do caso apresentado, não cabendo inventar ou deduzir dados, sob pena de ser atribuída NOTA ZERO à peça prático-profissional elaborada.
6. **Fundamentação ("Do Direito"):** cabe sempre ressaltar que a mera citação ou transcrição de artigos de lei e mesmo de súmulas de jurisprudência não pontua.

    Vai ser importante estabelecer a relação entre a situação hipotética apresentada e os requisitos de aplicação previstos no art. 50 do Código Civil. Deve ser destacado qual o fato motivador para a desconsideração (fraude, abuso de direito, confusão patrimonial) e os elementos que servem de prova para tal convicção.
7. **Pedidos ("Do Pedido"):** a) a autuação em apartado do presente incidente, sendo determinada a suspensão da tramitação dos autos principais, nos termos do art. 134, § 3º, do CPC/2015; b) a imediata comunicação ao distribuidor para as anotações devidas, na forma do art. 134, § 1º, do CPC/2015; c) A citação do réu para, querendo, se manifestar e produzir provas no prazo de 15 dias, na forma do art. 135 do CPC/2015; d) que seja acolhido o pedido de desconsideração para o fim de... [explicar o que se pretende com a desconsideração da personalidade jurídica – destacar em face de quem a ação será redirecionada]; e) a declaração de ineficácia de qualquer alienação ou oneração de bens do réu em relação ao requerente, na forma do art. 137 do CPC/2015; f) que as intimações sejam enviadas ao escritório na Rua... (art. 106, I, do CPC). Pretende-se provar o alegado por todas as provas em direito admitidas, especialmente... [O pedido genérico de provas não pontua. Desse modo, faz-se necessário você especificar as provas que pretende produzir, em conformidade com o caso apresentado no Exame; por exemplo: ...especialmente por prova testemunhal cujo rol será apresentado oportunamente].
8. **Valor da causa:** não há (art. 292 do CPC/2015 – o valor da causa constará da petição inicial ou da reconvenção)
9. **Fechamento da peça:** local, data. Advogado, OAB n. ... (não inventar dados).

13.7. Questão da peça profissional

(XXV Exame) Demerval Lobo, ex-empresário individual enquadrado como microempresário, requereu e teve deferida a transformação de seu registro em Empresa Individual de Responsabilidade Limitada (EIRELI), que foi enquadrada como microempresa. Alguns meses após o início das atividades da EIRELI (Sorvetes União EIRELI ME), o patrimônio de Demerval Lobo foi substancialmente diminuído, com sucessivas transferências de valores de suas contas particulares para as contas da pessoa jurídica, que já era titular do imóvel onde estava situada a sede. Por outro lado, as dívidas particulares de Demerval Lobo cresceram em proporção inversa, acarretando inúmeros inadimplementos com os credores.

Gervásio Oliveira, um dos credores particulares de Demerval Lobo por obrigação contraída após a transformação do registro, ajuizou ação de cobrança para receber quantias provenientes de contrato de depósito. Logo após a citação do réu, o autor descobriu que as contas correntes do devedor tinham sido encerradas e o imóvel em que residia foi alienado para a EIRELI, tendo prova desse fato por meio de certidão do Registro de Imóveis da Comarca de Cocal, Estado do Piauí.

A advogada de Gervásio Oliveira foi autorizada por ele a propor a medida judicial cabível, no curso da ação de conhecimento, para atingir o patrimônio da pessoa jurídica e, dessa forma, garantir o pagamento da dívida do devedor. Considere que a ação de cobrança tramita na 2ª Vara da Comarca de Campo Maior, Estado do Piauí.

Elabore a peça processual adequada.

Nota dos autores: ao tempo da questão, a EIRELI existia. Foi extinta e substituída pela SLU apenas em 2021. Para efeitos didáticos, preferimos manter a questão e a peça, pois não interfere na sua resolução.

13.8. Modelo da peça

Ao juízo da 2ª Vara da Comarca de Campo Maior/PI

Processo n. ...

Gervásio Oliveira, já qualificado nos autos em epígrafe, por seu advogado, abaixo assinado, com mandato em anexo, vem respeitosamente perante Vossa Excelência, com fundamento no art. 50 do Código Civil, e nos arts. 133 e seguintes do CPC/2015 em promover

INCIDENTE DE DESCONSIDERAÇÃO DA PERSONALIDADE JURÍDICA

em face de Sorvetes União EIRELI ME, pessoa jurídica de direito privado, inscrita no CNPJ sob o n. ..., e estabelecida na..., por seu representante legal Demerval Lobo, nacionalidade..., estado civil..., profissão..., portador do RG sob o n. ... e do CPF sob o n. ..., residente e domiciliado na..., Cidade de Cocal, pelos fatos e fundamentos a seguir.

DOS FATOS

Demerval Lobo, ex-empresário individual enquadrado como microempresário, requereu e teve deferida a transformação de seu registro em Empresa Individual de Responsabilidade Limitada (EIRELI), que foi enquadrada como microempresa. Alguns meses após o início das atividades da EIRELI (Sorvetes União EIRELI ME), o patrimônio de Demerval Lobo foi substancialmente diminuído, com sucessivas transferências de valores de suas contas particulares para as contas da pessoa jurídica, que já era titular do imóvel onde estava situada a sede. Por outro lado, as dívidas particulares de Demerval Lobo cresceram em proporção inversa, acarretando inúmeros inadimplementos com os credores.

Gervásio Oliveira, um dos credores particulares de Demerval Lobo por obrigação contraída após a transformação do registro, ajuizou ação de cobrança para receber quantias provenientes de contrato de depósito. Logo após a citação do réu, o autor descobriu que as contas correntes do devedor tinham sido encerradas e o imóvel em que residia foi alienado para a EIRELI, tendo prova desse fato por meio de certidão do Registro de Imóveis da Comarca de Cocal, Estado do Piauí.

Desse modo, há a necessidade da presente medida judicial para atingir o patrimônio da pessoa jurídica e, dessa forma, garantir o pagamento da dívida do devedor ao credor autor.

DO DIREITO

Na forma do que apresenta o art. 50 do Código Civil, a desconsideração da personalidade jurídica pode ser declarada judicialmente toda vez que houver desvio de finalidade ou confusão patrimonial. No caso concreto, vê-se que Demerval Lobo constituiu uma EIRELI como forma de limitar a responsabilidade do titular ao capital investido e integralizado. Entretanto, Demerval Lobo deveria ter bens suficientes em seu patrimônio pessoal para honrar suas obrigações perante seus credores particulares, pois o patrimônio pessoal e a empresa desenvolvida pela EIRELI são autônomos.

O ex-empresário se aproveitou da personalidade jurídica da EIRELI, distinta da pessoa natural, para realizar sucessivas transferências de valores de suas contas particulares para as contas da pessoa jurídica e alienação de imóvel – abuso da autonomia subjetiva –, e, ao mesmo tempo, as dívidas particulares cresceram em proporção inversa, acarretando inúmeros inadimplementos com os credores – abuso da autonomia objetiva.

Desta forma, ocorreu abuso da personalidade jurídica caracterizado pelo desvio de bens do patrimônio pessoal do devedor para o da pessoa jurídica, nos termos do art. 50 do Código Civil, pelo que se depreende que os pressupostos para a desconsideração da personalidade jurídica estão presentes.

Para hipóteses como esta, a doutrina já reconheceu a possibilidade da denominada desconsideração inversa da personalidade jurídica. Por meio deste expediente, deve-se esquecer o sócio para ir em busca daquilo que, no patrimônio da sociedade, é de uso pessoal daquele. A possibilidade de desconsideração inversa está regulamentada pelo art. 133, § 2º, do CPC/2015.

Assim, torna-se necessária a declaração incidental da desconsideração inversa da personalidade jurídica, para o fim de alcançar, no patrimônio da EIRELI, o imóvel situado na Comarca de Cocal, conforme certidão de registro de imóveis, em anexo, de uso pessoal do executado.

DO PEDIDO

Diante do exposto, é a presente para requerer:

a) a autuação em apartado do presente incidente, sendo determinada a suspensão da tramitação dos autos principais, nos termos do art. 134, § 3º, do CPC/2015;

b) a imediata comunicação ao distribuidor para as anotações devidas, na forma do art. 134, § 1º, do CPC/2015;

c) a citação do réu, a Sorvete União EIRELI ME, para, querendo, se manifestar e produzir provas no prazo de 15 dias, na forma do art. 135 do CPC/2015;

d) que seja acolhido o pedido de desconsideração para o fim de alcançar, dentro do patrimônio da Sorvete União EIRELI ME, os bens de uso pessoal de Demerval, com levantamento da autonomia da pessoa jurídica para que seus bens possam responder pela solução do débito assumido pelo titular perante o requerente;

e) a declaração de ineficácia de qualquer alienação ou oneração de bens do réu, em especial, do imóvel situado no município de Cocal, em relação ao requerente, na forma do art. 137 do CPC/2015;

f) que as intimações sejam enviadas ao escritório na Rua... (art. 106, I, do CPC).

Pretende-se provar o alegado por todas as provas em direito admitidas, especialmente pela junta-da de certidão do Registro de Imóveis da Comarca de Cocal (atestando que o imóvel em que Demerval residia foi transferido para a EIRELI), e tudo o mais que se fizer necessário, desde logo requerido.

Nestes termos,
Pede deferimento.
Local, Data.
Advogado – OAB n. ...

13.9. O que não é desconsideração da personalidade jurídica

É importante considerar: existem hipóteses em que os sócios ou administradores passam a responder por obrigações constituídas em nome da sociedade, mas que não se trata de desconsideração da personalidade jurídica. Compreendida, pois, a desconsideração da personalidade jurídica, não se pode fechar este capítulo sem se fazer o exame de tais hipóteses. Vale dizer, nas situações a seguir, ter-se-á sócios ou administradores respondendo por débitos da sociedade, apesar de não ser caso de aplicação do art. 50 do Código Civil.

A primeira hipótese se refere à escolha do tipo societário. Com efeito, a principal motivação para a escolha do tipo utilizado para a constituição da sociedade se refere justamente ao padrão de responsabilidade patrimonial dos sócios. Bem por isso, os tipos societários mais utilizados na prática são os da sociedade limitada e da sociedade anônima, por atribuírem responsabilidade limitada a todos os sócios.

A sociedade em nome coletivo se encontra regulamentada nos arts. 1.039 a 1.044 do Código Civil. Pelo art. 1.039, percebe-se que, nesta sociedade, todos os sócios respondem subsidiária, solidária e ilimitadamente pelas obrigações sociais. Assim, caso a sociedade não tenha bens suficientes para o pagamento de suas obrigações, o credor poderá se socorrer em cima dos bens dos sócios, independentemente de desconsideração da personalidade jurídica.

Neste patamar, rememore-se o disposto no art. 790, II, do CPC/2015: "ficam sujeitos à execução os bens do sócio, nos termos da lei". Ou seja, apesar de o sujeito ser credor da sociedade, ela poderá pedir a penhora de bens dos sócios, de acordo com o padrão de responsabilidade patrimonial previsto legalmente. Desse modo, por exemplo, o credor de uma sociedade limitada, por débitos da pessoa jurídica, pode chegar aos bens pessoais dos sócios, enquanto o capital social não estiver integralizado (art. 1.052 do CC).

Outra possibilidade de terceiros (sócios ou administradores) virem a responder por obrigações da sociedade – também não pode confundir com desconsideração – é a responsabilidade decorrente de dolo ou culpa, no desempenho da função societária. A função de sócio é uma função deliberativa pautada no exercício do direito de voto. Por sua vez, a função de administrador é uma função executiva pautada no exercício do poder gerencial.

No exercício de suas funções, um sócio ou um administrador pode praticar ilícitos que resultem em prejuízo para sociedade ou mesmo para terceiros. Por este fato, serão obrigados a reparar os prejuízos causados. Assim, tais pessoas poderão vir a ser responsáveis ao pagamento de obrigações em nome da sociedade, independente de desconsideração da personalidade jurídica.

São casos de responsabilidade do administrador: (i) ato ilegal – improbidade consistente em violar uma norma prevista em lei; ou (ii) ato *ultra vires* – improbidade caracterizada por: a) violação ao ato constitutivo; ou b) excesso de mandato. Tais situações são as mesmas para a sociedade limitada e a sociedade anônima. Se o órgão foi colegiado, a responsabilidade dos administradores será solidária, a menos que prove a não conivência.

São casos de responsabilidade dos sócios: (i) na sociedade limitada – a) distribuição ilícita ou fictícia de lucros (art. 1.009 c/c art. 1.059 do CC), b) deliberação infringente (art. 1.080 do CC); (ii) na sociedade anônima – a) abuso do direito de voto (art. 115 da Lei n. 6.404/76), b) abuso do poder de controle (art. 117 da Lei n. 6.404/76). É importante frisar que, na sociedade anônima, a mera deliberação pode gerar responsabilidade; já, na sociedade limitada, é necessária aprovação.

Seja lá como for, o fato é que, em face da escolha do tipo societário ou da responsabilidade pelo exercício da função, será possível que sócios ou administradores venham a responder por obrigações constituídas em nome da sociedade. Mas nem por isso se poderá dizer que em tais casos ocorre a desconsideração da personalidade jurídica. Ou, dizendo de outro modo: para tais situações não é necessário o incidente de desconsideração da personalidade jurídica.

14. PEDIDO DE FALÊNCIA E AUTOFALÊNCIA

14.1. Apresentação

A **ação de falência** é a medida judicial que visa reconhecer que determinado devedor praticou ato revelador de sua insolvência jurídica. Trata-se da solução jurídica apresentada atualmente pela Lei n. 11.101/2005 para os empresários que se encontram em crise econômico-financeira que não seja superável.

Frise-se, por oportuno, que, em verdade, **há duas possibilidades de pedido de falência**. De um lado, pode-se falar no procedimento normal da falência. É a situação na qual o credor de determinada obrigação inadimplida, materializada em título executável, vem requerer a falência do devedor. De outro lado, há o procedimento de autofalência. Nesta hipótese, é o próprio devedor que, constatada a sua dificuldade financeira, e percebendo a impossibilidade de se manejar recuperação judicial para a superação da crise, em razão de não atender a algum requisito, necessita de medida judicial para encerrar regularmente sua atividade empresarial em vista da impossibilidade de continuá-la.

Reitere-se a utilização supletiva das normas do Código de Processo Civil aos procedimentos previstos na Lei n. 11.101/2005. Com o advento da Lei n. 13.105/2015, é tal normatização – o CPC, vale dizer, o CPC/2015 que servirá de regência supletiva para a lei de falência e recuperação de empresas. É o que se extrai, inclusive, da nova redação atribuída pela Reforma promovida pela Lei n. 14.112/2020 ao art. 189 da Lei n. 11.101/2005.

14.2. Características e requisitos

A falência tem **três finalidades**, nos termos do que define o art. 75 da Lei n. 11.101/2005. O processo de falência tem o objetivo de afastar o devedor, em qualquer hipótese. Independentemente de ser uma falência baseada em fraude ou mesmo no fortuito de uma intempérie econômica, o devedor, por ocasião da falência, sempre será afastado. Tal afastamento tem a finalidade de: (i) preservar e otimizar a utilização produtiva dos bens, ativos e recursos produtivos, inclusive os intangíveis, da empresa; (ii) permitir a liquidação célere das empresas inviáveis, com vistas à realocação eficiente de recursos na economia; e (iii) fomentar o empreendedorismo, inclusive por meio da viabilização do retorno célere do empreendedor falido à atividade econômica.

A falência tem, regra geral, um **destinatário específico**. Trata-se do empresário, da sociedade empresária e da empresa individual de responsabilidade limitada, tidos como devedores. Ou seja, a inadimplência, configuradora da insolvência jurídica empresarial, é um elemento que deverá estar presente no caso concreto. É o tal "comprou e não pagou" pelo empresário, provado ou presumido nos termos da lei.

O falido é o pródigo do direito empresarial. É alguém que, em razão de uma ação judicial, é reconhecido mediante sentença como a pessoa que não tem condição de administrar o seu próprio patrimônio, tornando-se, portanto, incapaz para os atos da vida empresarial, sendo entregue a administração de seus bens a terceira pessoa. A ação é a de falência; a sentença é a declaratória de falência; a terceira pessoa é o administrador judicial.

Característica ou requisito importante para se atentar no âmbito da presente peça é o da legitimidade ativa, ou seja, de quem pode pedir, de quem pode ser autor, no pedido de falência. Com efeito, na forma do art. 97 da Lei n. 11.101/2005, **podem requerer a falência do devedor**:

I – o próprio devedor;

II – o cônjuge sobrevivente, qualquer herdeiro do devedor ou o inventariante;

III – o cotista ou o acionista do devedor na forma da lei ou do ato constitutivo da sociedade; e

IV – qualquer credor.

Como já se viu, fala-se em autofalência quando o próprio devedor vai ao Judiciário reconhecer sua insolvência jurídica. Trata-se, aqui, de um procedimento de jurisdição voluntária, na medida em que não haverá réu, nesta hipótese. Os incisos II e III do art. 97 tratam de situações de legitimidade ativa extraordinária, vale dizer, estarão em juízo, em nome próprio, pleiteando direito alheio; no primeiro caso – o inciso II – estarão em juízo em face do devedor, empresário individual, falecido até um ano antes da decretação da falência; no segundo caso – o inciso III – em face da sociedade empresária devedora.

Quanto ao inciso IV, apesar da expressão "qualquer credor", há credores que não podem requerer falência de seus devedores. São eles: (i) o credor empresário, enquanto não registrado, atuando, portanto, na irregularidade; (ii) o credor que reside no exterior, caso não preste caução para garantia de juízo contra requerimento doloso de falência; (iii) a Fazenda Pública (o Fisco não é "qualquer credor").

Por fim, como se trata de rol taxativo, é curioso notar que não existe, no Direito Brasileiro, declaração de falência *ex officio* e nem há legitimidade para o Ministério Público em requerer a falência do devedor. Estes apontamentos sobre a legitimidade ativa revertem-se de especial importância, na medida em que podem ser apontados como preliminares em caso de contestação.

14.3. Como identificar a peça

Sempre que o problema fizer menção à existência de um empresário, sociedade empresária ou empresa individual de responsabilidade limitada em crise econômico-financeira, tendo praticado, inclusive, um dos atos de insolvência jurídica previstos no art. 94 da Lei n. 11.101/2005, e houver a necessidade de se defender o interesse de terceira pessoa, credora do aludido empresário, dever-se-á promover o pedido de falência. Em face da insolvência, pode-se fazer menção a que o interesse do credor seja o de promover a execução coletiva do devedor.

No âmbito da autofalência, o caso determinará a necessidade de se promover uma medida judicial em face do devedor que se encontra em dificuldade financeira, não atendendo aos requisitos para pleitear sua recuperação judicial, tornando-se, também, impossível o prosseguimento da atividade empresarial. É o que mostra, inclusive, a previsão do art. 105 da Lei n. 11.101/2005.

14.4. Competência

A competência para a presente ação é determinada pelo art. 3º da Lei n. 11.101/2005. Tal dispositivo prevê: É competente para homologar o plano de recuperação extrajudicial, deferir a recuperação judicial ou decretar a falência o juízo do local do principal estabelecimento do devedor ou da filial de empresa que tenha sede fora do Brasil.

Nota-se, pelo dispositivo legal, que se trata de competência em razão do lugar, um dos exemplos de competência relativa, regra geral. Apesar disso, toda a doutrina e jurisprudência não sumulada se manifestam no sentido de que a competência para o processo de falência é absoluta (em razão da matéria).

Assim, *não cabe* prorrogação de competência e, em termos de defesa do réu, aludida incompetência deverá ser alegada em sede de preliminar da contestação, e, em sendo acolhida, dentro do que é previsto no art. 64, § 3º, do CPC, deverá ocorrer a remessa dos autos ao juízo competente.

14.5. Fundamentos mais comuns

Genericamente, os fundamentos para o pedido de falência se encontram previstos no rol do art. 94 da Lei n. 11.101/2005, que define a possibilidade de falência do devedor quando:

I – sem relevante razão de direito, não paga, no vencimento, obrigação líquida materializada em título ou títulos executivos protestados cuja soma ultrapasse o equivalente a 40 salários-mínimos na data do pedido de falência; **nesta hipótese, credores podem se reunir em litisconsórcio para atender ao limite mínimo previsto, devendo ser comprovada a inadimplência pelo protesto especial para fins falimentares;**

II – executado por qualquer quantia líquida, não paga, não deposita e não nomeia à penhora bens suficientes dentro do prazo legal; **nesta hipótese, o pedido de falência deverá ser instruído com certidão expedida pelo juízo onde se processa a execução, não havendo limite mínimo para o requerimento de falência, nem necessidade de protesto especial para fins falimentares;**

III – pratica qualquer dos seguintes atos, exceto se fizer parte de plano de recuperação judicial (**nesta hipótese, o pedido de falência descreverá os fatos que a caracterizam, juntando-se as provas que houver e especificando-se as que serão produzidas – basta a prática de um dos atos a seguir, não se tratando de um rol cumulativo, portanto):**

a) procede à liquidação precipitada de seus ativos ou lança mão de meio ruinoso ou fraudulento para realizar pagamentos;
b) realiza ou, por atos inequívocos, tenta realizar, com o objetivo de retardar pagamentos ou fraudar credores, negócio simulado ou alienação de parte ou da totalidade de seu ativo a terceiro, credor ou não;

c) transfere estabelecimento a terceiro, credor ou não, sem o consentimento de todos os credores e sem ficar com bens suficientes para solver seu passivo;
d) simula a transferência de seu principal estabelecimento com o objetivo de burlar a legislação ou a fiscalização ou para prejudicar credor;
e) dá ou reforça garantia a credor por dívida contraída anteriormente sem ficar com bens livres e desembaraçados suficientes para saldar seu passivo;
f) ausenta-se sem deixar representante habilitado e com recursos suficientes para pagar os credores, abandona estabelecimento ou tenta ocultar-se de seu domicílio, do local de sua sede ou de seu principal estabelecimento;
g) deixa de cumprir, no prazo estabelecido, obrigação assumida no plano de recuperação judicial.

Para a **autofalência**, o fundamento está previsto no art. 105 da Lei n. 11.101/2005, que prevê: o devedor em crise econômico-financeira que julgue não atender aos requisitos para pleitear sua recuperação judicial deverá requerer ao juízo sua falência, expondo as razões da impossibilidade de prosseguimento da atividade empresarial.

É importante salientar que o próprio art. 105 da Lei n. 11.101/2005 indica uma série de documentos que precisarão acompanhar o pedido de falência. Cabe perceber que, sempre que existir dispositivo legal nessa linha, torna-se imprescindível o pedido de juntada dos documentos, bem como a menção ao rol de documentos, após o fechamento da peça, transcrevendo-se inciso por inciso.

14.6. Estrutura da peça

1. **Endereçamento:** Excelentíssimo Senhor Doutor Juiz de Direito da... Vara de Falência e Recuperação de Empresas da Comarca de... do Estado de... .
2. **Identificação das partes:** autor: o credor; réu: o empresário individual, a sociedade empresária ou a empresa individual de responsabilidade limitada devedores. Na autofalência, o devedor é o autor, havendo legitimidade ativa extraordinária para o cônjuge sobrevivente, qualquer herdeiro ou o inventariante – ocorrendo a falência do empresário individual, e para o cotista ou acionista da sociedade empresária devedora, na forma da lei ou do ato constitutivo da sociedade; neste caso, inexiste réu, em face de se tratar de um procedimento de jurisdição voluntária.

    Qualificação de pessoa física: Fulano de tal, nacionalidade..., estado civil..., profissão..., portador do RG n. ..., e do CPF n. ..., residente e domiciliado na... .

    Qualificação de pessoa jurídica: Nome empresarial, pessoa jurídica de direito privado, inscrita no CNPJ n. ..., estabelecida na..., neste ato se fazendo presente por seu administrador (diretor, caso se trate de sociedade anônima) ... (pode fazer a qualificação de "pessoa física").
3. **Representação judicial:** advogado assinado ao final, com mandato em anexo.
4. **Nome da ação e fundamento legal:** Ação de Falência, com fundamento no art. 94, ... (indicar o inciso do caso concreto que se refere ao motivo da falência), da

Lei n. 11.101/2005 (no caso do pedido de autofalência: Ação de Autofalência, com fundamento no art. 105 da Lei n. 11.101/2005).

5. **Narrativa dos fatos ("Dos Fatos"):** exposição dos fatos previstos na situação hipotética da questão. Não inventar outros fatos nem trazer detalhes ausentes no problema. Deve-se, portanto, literalmente, copiar, de maneira integral, a questão, conforme apresentada, sendo certo que a utilização de qualquer mecanismo de identificação anulará a peça, atribuindo-se nota ZERO.

6. **Fundamentação ("Do Direito"):** vale a pena ressaltar que a mera transcrição dos artigos não pontua. É a parte da peça em que deverão ser apresentados os dispositivos legais que asseguram o direito do cliente para o que se estará elaborando a peça processual. Nessa linha, em razão das várias possibilidades de fundamentação, sugere-se a releitura do presente capítulo.

7. **Pedidos ("Dos Pedidos"):** a) a citação do réu para, querendo, contestar o presente feito, no prazo de dez dias, sob pena de revelia; b) a procedência do pedido em todos os seus termos, no sentido de declarar a falência do devedor ou de determinar o levantamento da quantia, a título de depósito elisivo, realizada pelo réu; c) a condenação do réu (ou dos réus, se for o caso) aos ônus da sucumbência, nos termos do art. 85 do CPC; d) que as intimações posteriores do presente feito sejam feitas no seguinte endereço... (art. 106, I, do CPC); e) a intimação do ilustre representante do Ministério Público para fim de oferecer parecer sobre o presente feito; f) a produção de todas as provas em Direito admitidas, especialmente por... (o pedido genérico de provas não pontua).

7.1. **Pedidos da autofalência:** a) a procedência do pedido em todos os seus termos, no sentido de declarar a falência do devedor em razão de não atender aos requisitos para pleitear a recuperação judicial e da impossibilidade de prosseguimento da atividade empresarial; b) a juntada dos documentos exigidos pelo art. 105 da Lei n. 11.101/2005; c) que as intimações posteriores do presente feito sejam feitas no seguinte endereço... (art. 106, I, do CPC); d) a intimação do ilustre representante do Ministério Público para fim de oferecer parecer sobre o presente feito.

8. **Valor da causa:** Dá-se à causa o valor de R$ ... (o valor do crédito apresentado pelo autor) (art. 291 do CPC. A toda causa será atribuído um valor certo, ainda que não tenha conteúdo econômico imediatamente aferível).

9. **Fechamento da peça:** local, data. Advogado, OAB n. ... (não inventar dados).

14.7. Questão da peça profissional

(XVI Exame – adaptada) João Santana, administrador de Supermercados Porto Grande Ltda., lhe procura para que tome providências para a cobrança imediata de vários débitos assumidos pela sociedade Ferreira Gomes & Cia Ltda. Tal sociedade está em grave crise econômico-financeira desde 2012, com vários títulos protestados, negativação em cadastros de proteção ao crédito e execuções individuais ajuizadas por credores.

O cliente apresenta a você os seguintes documentos:

a) uma nota promissória subscrita por Ferreira Gomes & Cia Ltda. no valor de R$ 4.500,00, vencida em 30-9-2013, apresentada a protesto em 17-3-2014, com medida judicial de sustação de protesto deferida e em vigor;

b) boleto de cobrança bancária no valor de R$ 12.900,00 referente ao fornecimento de alimentos no período de janeiro a março de 2014, vencido, com repactuação de dívida com parcelamento em seis meses, a contar de outubro de 2014.

c) 23 (vinte e três) duplicatas de compra e venda, acompanhadas das respectivas faturas, vencidas entre os meses de janeiro de 2013 a fevereiro de 2014, no valor total de R$ 31.000,00, todas aceitas pelo sacado Ferreira Gomes & Cia Ltda. e submetidas ao protesto falimentar em 26-3-2014.

Por fim, solicita o cliente a propositura da medida judicial apta a instauração de execução coletiva dos bens do devedor em caso de procedência do pedido.

Elabore a peça adequada, sabendo-se que:

i) a devedora tem um único estabelecimento, denominado "Restaurante e Lanchonete Tartarugal", situado em Macapá/AP;

ii) o Decreto sobre a Organização e Divisão Judiciárias do Estado do Amapá determina ser a Comarca de Macapá composta de 6 (seis) Varas Cíveis, competindo aos respectivos Juízes processar e julgar os feitos de natureza comercial; e

iii) o valor do salário mínimo nacional é de R$ 724,00.

14.8. Modelo da peça

Ao juízo da... Vara Cível da Comarca de Macapá, do Estado do Amapá [em conformidade com a indicação do caso concreto]

Supermercados Porto Grande Ltda., pessoa jurídica de direito privado, inscrita no CNPJ sob o n. ... estabelecida em..., representada por seu administrador, João Santana, pelo seu advogado ao final assinado, com mandato em anexo, vem, respeitosamente, à presença de Vossa Excelência, com fundamento no art. 94, I, da Lei n. 11.101/2005, propor

AÇÃO DE FALÊNCIA

em face de Ferreira Gomes & Cia. Ltda., atuando sob o nome fantasia "Restaurante e Lanchonete Tartarugal", pessoa jurídica de direito privado, inscrita no CNPJ sob o n. ..., estabelecida em..., na cidade de Macapá, representada por seu administrador..., pelos fundamentos de fato e de direito a seguir:

DOS FATOS

João Santana, administrador de Supermercados Porto Grande Ltda., lhe procura para que tome providências para a cobrança imediata de vários débitos assumidos pela sociedade Ferreira Gomes & Cia. Ltda. Tal sociedade está em grave crise econômico-financeira desde 2012, com vários títulos protestados, negativação em cadastros de proteção ao crédito e execuções individuais ajuizadas por credores.

O cliente apresentou os seguintes documentos, ora anexados:

a) uma nota promissória subscrita por Ferreira Gomes & Cia. Ltda. no valor de R$ 4.500,00, vencida em 30-9-2013, apresentada a protesto em 17-3-2014, com medida judicial de sustação de protesto deferida e em vigor;

b) boleto de cobrança bancária no valor de R$ 12.900,00, referente ao fornecimento de alimentos no período de janeiro a março de 2014, vencido, com repactuação de dívida com parcelamento em seis meses, a contar de outubro de 2014;

c) 23 duplicatas de compra e venda, acompanhadas das respectivas faturas, vencidas entre os meses de janeiro de 2013 a fevereiro de 2014, no valor total de R$ 31.000,00, todas aceitas pelo sacado Ferreira Gomes & Cia. Ltda. e submetidas ao protesto falimentar em 26-3-2014.

DO DIREITO

A presente medida judicial tem por fundamento o art. 94, I, da Lei n. 11.101/2005, que prevê a possibilidade de decretação de falência do devedor, toda vez que não for paga, sem razão relevante de direito, no vencimento obrigação líquida, materializada em títulos executivos, em valor superior a 40 salários mínimos e protestados no protesto especial para fins falimentares.

Dos títulos apresentados pelo credor, tem-se que somente as duplicatas é que servem para embasar o pedido de falência, sendo certo notar que a nota promissória está sob os efeitos de medida de sustação de protesto e que boleto de cobrança bancária não é título executivo. É importante considerar que as duplicatas somam R$ 31.000,00, valor superior aos quarenta salários mínimos exigidos (no caso, seria de R$ 28.960,00). Não se pode deixar de notar que as referidas duplicatas foram submetidas ao protesto especial para fins falimentares, conforme exigência do art. 94, § 3º, da Lei n. 11.101/2005. Não custa nada lembrar que as duplicatas são títulos executivos extrajudiciais, nos termos do art. 784, I, do CPC c/c art. 15 da Lei n. 5.474/68.

É importante ressaltar que o pedido de falência deve ser proposto no local do principal estabelecimento do devedor, na forma do que prescreve o art. 3º da Lei n. 11.101/2005. Em vista de Ferreira Gomes & Cia. ter um único estabelecimento situado na cidade de Macapá, será, portanto, nesta comarca que deverá ser promovido o presente feito.

Frise-se, por oportuno, que a autora é credora e está em situação regular, por se encontrar registrada perante o Registro Público de Empresas Mercantis, comprovando sua regularidade, nos termos do art. 97, IV e § 1º, da Lei n. 11.101/2005, a partir de certidão que vai em anexo.

DO PEDIDO

Diante do exposto, é a presente medida judicial para requerer:

a) a citação do réu para, querendo, contestar o presente feito, no prazo de dez dias, de acordo com o art. 98 da Lei n. 11.101/2005, sob pena de revelia;

b) a procedência do pedido em todos os seus termos, no sentido de declarar a falência do devedor ou de determinar o levantamento da quantia, a título de depósito elisivo, que tenha eventualmente sido realizada pelo réu;

c) a condenação do réu aos ônus da sucumbência, nos termos do art. 85 do CPC, e ao pagamento das custas;

d) que as intimações posteriores do presente feito sejam feitas no seguinte endereço... (art. 106, I, do CPC);

e) a intimação do ilustre representante do Ministério Público para o fim de oferecer parecer sobre o presente feito;

f) a produção de todas as provas em Direito admitidas, especialmente pela juntada: (i) das 23 duplicatas, acompanhadas das respectivas faturas, exibidas no original, de acordo com o art. 9º, parágrafo único, da Lei n. 11.101/2005; (ii) das certidões de protesto especial das respectivas duplicatas; e (iii) da certidão do Registro Público de Empresas Mercantis, comprovando a regularidade do autor, nos termos do art. 97, § 1º, da Lei n. 11.101/2005 (o pedido genérico de provas não pontua).

Dá-se à causa o valor de R$ 31.000,00 (Trinta e um mil reais).

Nestes termos.
Pede deferimento.
Local, Data.
Advogado – OAB n. ...

14.9. Questão da peça profissional

(37º Exame) Algodoeira Talismã Ltda., em 22 de agosto de 2018, requereu sua recuperação judicial, sendo o pedido distribuído à Terceira Vara Cível da Comarca de Palmas/TO. Em 11 de setembro do mesmo ano, foi determinado o processamento da recuperação para, ao final, em 6 de março de 2019, a recuperanda obter a concessão do benefício.

No curso do processo, em 12 de janeiro de 2019, Algodoeira Talismã Ltda. em recuperação judicial, contratou a prestação de serviços de manutenção e segurança de rede de computadores com Serviços de TI Tocantinópolis S/A pelo valor de R$ 60.000,00 (sessenta mil reais), pelo prazo de seis meses. Em 1º de fevereiro de 2019, durante o prazo de execução do contrato, foram emitidas três duplicatas de prestação de serviços, cada uma no valor de R$ 20.000,00 (vinte mil reais), vencíveis em 1º de março, 1º de maio e 1º de agosto de 2019. As duplicatas não estão aceitas.

Em 30 de setembro de 2019 os serviços já haviam sido concluídos, conforme atestado pelo administrador da recuperanda, mas nenhuma das duplicatas foi honrada, malgrado as tentativas de pagamento amigáveis e promessas de purgação da mora por parte do sócio Pedro Afonso. A sacadora levou os títulos a protesto para fins falimentares e, ainda assim, mesmo após a lavratura do registro de protesto dos títulos não houve o adimplemento.

Na condição de advogado(a) da sacadora, você deve propor a medida judicial apta a instaurar a execução coletiva e a liquidação dos bens da sacada. Considere que o processo de recuperação não foi encerrado.

14.10. Modelo da peça

Ao Juízo da 3ª Vara Cível da Comarca de Palmas do Estado de TO

Serviços de TI Tocantinópolis S/A, representada por seu diretor, (colocar qualificação completa), legalmente constituído pelo seu advogado, ao final assinado, com mandato em anexo, vem, respeitosamente, à presença de Vossa Excelência, com fundamento no art. 97, inciso IV, da Lei n. 11.101/05, propor

REQUERIMENTO DE FALÊNCIA

em face de Algodoeira Talismã Ltda., pessoa jurídica de direito privado, portadora do CNPJ n. ..., IE n. ..., e-mail..., com sede na..., em recuperação judicial, representada por seu administrador, (colocar a qualificação completa), pelos fundamentos de fato e de direito a seguir

DOS FATOS

Copiar o enunciado da prova [não inventar dados].

DO DIREITO

a) o crédito referente às duplicatas não se submete aos efeitos da recuperação judicial por ter sido constituído após a data do pedido (1º-2-2019), com fundamento na interpretação "a contrario sensu" do art. 49, "caput", da Lei n. 11.101/05;
b) o inadimplemento de obrigação não sujeita à recuperação judicial autoriza o pedido e a eventual decretação da falência, nos termos do art. 73, § 1º, da Lei n. 11.101/05;
c) as duplicatas de prestação de serviços são títulos executivos extrajudiciais cujo valor, no total, é superior a 40 salários mínimos, com fundamento, respectivamente, no art. 784, inciso I, do CPC e no art. 94, inciso I, da Lei n. 11.101/05;
d) a prestação de serviços está comprovada pelos atestes do administrador da recuperanda, nos termos do art. 15, inciso II, alínea "b", da Lei n. 5.474/68 ou art. 20, § 3º, da Lei n. 5.474/68;
e) as duplicatas estão protestadas para fins falimentares, em cumprimento ao art. 94, § 3º, da Lei n. 11.101/2005;
f) ainda que sem aceite, a duplicata é título hábil para instruir pedido de falência, nos termos da Súmula 248 do STJ.

DOS PEDIDOS

Diante do exposto, é a presente medida judicial para requerer:

a) a procedência do pedido para decretação da falência da devedora;
b) citar a devedora para apresentar contestação e/ou efetuar depósito elisivo, com fundamento no art. 98 da Lei n. 11.101/05;
c) pedir a condenação da ré em custas e honorários sucumbenciais.

Dá-se à causa o valor de R$ 60.000,00 (Sessenta mil reais).

Nestes termos,
Pede deferimento.
Local, Data.
Advogado – OAB n. ...

15. AÇÕES DE RECUPERAÇÃO DE EMPRESAS

15.1. Apresentação

No âmbito do cenário de crise empresarial, duas são as medidas jurídicas atualmente previstas pela legislação (Lei n. 11.101/2005): a falência e a recuperação de empresas. Dedica-se o presente capítulo às ações de recuperação de empresas, que são medidas judiciais para tentar resolver o problema de crise econômico-financeira de empresários recuperáveis, cuja crise é superável.

É o que apresenta o art. 47 da Lei n. 11.101/2005, em termos de objetivos e finalidades da recuperação de empresas: "A recuperação judicial tem por objetivo viabilizar a superação da situação de crise econômico-financeira do devedor, a fim de permitir a manutenção da fonte produtora, do emprego dos trabalhadores e dos interesses dos credores, promovendo, assim, a preservação da empresa, sua função social e o estímulo à atividade econômica". Apesar da literalidade do dispositivo, pode-se entender que tanto descreve finalidades e objetivos para a recuperação judicial quanto para a recuperação extrajudicial.

15.2. Características e requisitos

Como se sabe, há modalidades judiciais e extrajudiciais de recuperação de empresas. É preciso, portanto, perceber as características de cada modalidade, para poder identificar a melhor medida para o caso concreto.

15.2.1. Recuperação judicial

Há duas modalidades de **recuperação judicial**. De um lado, pode-se falar na recuperação judicial ordinária (ou geral), aplicável a todos os empresários, independentemente do tipo jurídico (empresário individual, sociedade empresária) e do seu enquadramento (ME, EPP, Sociedade de grande porte...). De outro lado, há, também, a recuperação judicial específica (ou especial), aplicável facultativamente ao empresário individual ou à sociedade empresária, juridicamente enquadrados como microempresa ou como empresa de pequeno porte.

Desse modo, enquanto os empresários em geral só poderão promover a ação de recuperação judicial geral, aqueles que estiverem enquadrados como ME ou como EPP poderão manejar, também, a ação de recuperação judicial especial, desde que afirmem expressamente esta intenção na petição inicial (art. 70, § 1º). Ou seja, o empresário

ME ou EPP pode manejar ação de recuperação judicial, tanto a ordinária quanto a específica.

Regra geral, promove-se a recuperação judicial geral. Porém, para se submeter a recuperação judicial, com base no plano especial, seria necessário que o empresário se qualificasse como microempresa ou como empresa de pequeno porte e que dissesse expressamente que a recuperação deve ocorrer com base no plano especial de recuperação judicial.

Atualmente, há outra hipótese de aplicação da recuperação judicial, com base em plano especial. Com efeito, na reforma da Lei de Falências, por meio da Lei n. 14.112/2020, passou a se admitir que o produtor rural, mesmo que não esteja enquadrado como microempresa ou empresa de pequeno porte, e desde que tenha legitimidade ao pedido de recuperação judicial, poderá se submeter à recuperação judicial especial. Para tanto, bastará que o valor da causa não exceda ao limite do valor global para enquadramento no regime da LC n. 123/2006 – atualmente, de R$ 4.800.000,00 (art. 70-A da Lei n. 14.112/2020).

15.2.2. Recuperação extrajudicial

Há três modalidades de **recuperação extrajudicial**. Fala-se, à primeira vista, em recuperação extrajudicial de homologação facultativa (art. 162). Nessa hipótese, em vista de todos os credores virem a concordar com o plano apresentado pelo devedor, em razão da natureza jurídica contratual da recuperação de empresas em geral (apenas a recuperação judicial especial poderia ser enquadrada como um "favor legal"), tem-se que a homologação não seria necessária para que houvesse a necessidade de cumprimento do plano de recuperação extrajudicial.

Há, ainda, a recuperação extrajudicial de homologação obrigatória (art. 163). Neste caso, não se conseguiu a concordância unânime dos credores, atendendo-se, contudo, ao limite legal mínimo de aprovação. Na redação original, o percentual mínimo era de 3/5 dos créditos de cada classe prevista no plano. Com o advento da Lei n. 14.122/2020, o percentual mínimo passou a ser de 50% + 1, ou seja, é preciso que existam credores que representem mais da metade dos créditos de cada espécie abrangidos pelo plano de recuperação extrajudicial. Exatamente em razão da falta de unanimidade é que se percebe, aqui, a necessidade de homologação do plano para tornar obrigatório o seu cumprimento, inclusive por aqueles que não aderiram ao plano.

Por fim, cabe mencionar ainda os acordos privados (art. 167). Qualquer acordo privado havido entre o devedor e seus credores que atenda aos objetivos da recuperação de empresas pode ser considerado um meio alternativo de recuperação extrajudicial. Vale perceber a diferença entre esta hipótese e a da homologação facultativa. Enquanto na homologação facultativa o plano pode ser levado à homologação, os acordos privados independem de homologação para serem implementados.

É importante, ainda, perceber a extrajudicialidade da recuperação. Com efeito, a diferença entre a recuperação judicial e a recuperação extrajudicial não se faz pela ausência ou presença do Judiciário no processo, mesmo porque a homologação da recuperação extrajudicial é ato de competência do juiz (art. 3º). A extrajudicialidade da recuperação de empresas é definida de acordo com o âmbito em que foi deliberado, cecidido e aprovado o plano.

Assim, a recuperação deverá ser considerada extrajudicial quando o devedor procurar diretamente os seus credores, e, conseguindo a concordância direta destes, promoverá ação judicial para fins meramente homologatórios daquilo que fora previamente acordado. Por sua vez, considerar-se-á judicial a recuperação toda vez que o devedor, primeiramente, promover a ação judicial para, a partir do seu trâmite, obter a aprovação de plano para a superação de sua crise econômico-financeira.

15.2.3. Credores sujeitos à recuperação

É importante, ainda, perceber quais são os **credores alcançados** por cada procedimento de recuperação. À primeira vista, é válido esclarecer que todos os créditos anteriores ao pedido, ainda que não vencidos (art. 49), poderão estar, regra geral, sujeitos à *recuperação judicial geral*. A anterioridade, como se vê, é avaliada quanto à origem do crédito, e não quanto ao seu vencimento.

Há, porém, algumas exceções que merecem ser destacadas: a) credor titular da posição de proprietário fiduciário de bens móveis ou imóveis, de arrendador mercantil, de proprietário ou promitente vendedor de imóvel cujos respectivos contratos contenham cláusula de irrevogabilidade ou irretratabilidade, inclusive em incorporações imobiliárias, ou de proprietário em contrato de venda com reserva de domínio – art. 49, § 3º; b) importância entregue ao devedor, em moeda corrente nacional, decorrente de adiantamento a contrato de câmbio para exportação – art. 49, § 4º; e c) crédito tributário (art. 187 do CTN).

No âmbito da *recuperação judicial especial*, vale destacar que o plano de recuperação abrangerá todos os créditos existentes na data do pedido, ainda que não vencidos, excetuados os decorrentes de repasse de recursos oficiais e os previstos nos §§ 3º e 4º do art. 49 da Lei n. 11.101/2005, anteriormente mencionados (art. 70, I, com a redação dada pela Lei Complementar n. 147/2014). Ou seja, atualmente, não há mais diferença entre as modalidades de recuperação judicial no que tange aos créditos por elas abrangidos.

Para a *recuperação extrajudicial* sujeita à homologação – facultativa ou obrigatória –, além dos créditos excluídos da recuperação judicial ordinária, também eram excluídos os créditos derivados da legislação do trabalho ou decorrentes de acidente de trabalho (art. 161, § 1º). Porém, com a Lei n. 14.122/2020, tal dispositivo foi alterado, para admitir que o crédito trabalhista também possa ser objeto de plano de recuperação extrajudicial. Para tanto, exige-se negociação coletiva com o sindicato da respectiva categoria profissional.

15.2.4. Legitimidade ativa

Ponto importante é o de se saber quem pode ser autor do pedido de recuperação judicial. Há uma premissa inicial para o entendimento deste tópico: o sujeito que pode pleitear a recuperação de sua empresa é justamente aquele que poderá ter sua falência decretada. Dessa forma, o devedor, desde que sendo empresário e não esteja excluído (art. 2º), poderá requerer a recuperação judicial ou extrajudicial de sua empresa. Em termos processuais, será ele o legitimado ordinário.

Nesse ínterim, seriam legitimados extraordinários: (i) o cônjuge sobrevivente, os herdeiros do devedor ou o inventariante; (ii) o sócio remanescente. No primeiro caso, imagine a situação do devedor, empresário individual, que falecera, há menos de um ano, e cujos credores pretendem pedir a falência do espólio, na hipótese do art. 96, § 1º. Nesta hipótese, o cônjuge, o herdeiro do devedor ou o inventariante, acaso inventário já esteja aberto, poderão pleitear a recuperação judicial, em referência ao espólio.

É importante, para efeito de legitimidade ao pedido de recuperação judicial, compreender juridicamente o sócio remanescente. Inicialmente, é crucial constatar que sócio remanescente não é o sócio que vota em desacordo com a maioria. Tal sócio é denominado sócio dissidente, conforme se vê, por exemplo, nos arts. 1.072, § 5º; 1.109, parágrafo único; e 1.114 do Código Civil. Não se confundem, portanto, sócio remanescente e sócio dissidente.

O sócio remanescente, por sua vez, aparece no parágrafo único do art. 1.033 do Código Civil. Com efeito, na hipótese de uma sociedade empresária, em que venha a ocorrer a falta de pluralidade de sócios, não se tornando ou se transformando em sociedade limitada unipessoal, facultado pelos §§ 1º e 2º do art. 1.052 do Código Civil, o sócio que permanece terá o prazo de 180 dias para recompor a falta de pluralidade de sócios, sob pena de a sociedade vir a ser considerada dissolvida.

Mire, então, no seguinte exemplo: ocorrendo a falta de pluralidade, se, dentro dos 180 dias seguintes, a sociedade vir a entrar em crise econômico-financeira, neste caso, o sócio que permaneceu – denominado, como já se sabe, sócio remanescente – poderá pleitear recuperação judicial em favor da sociedade. Vale dizer, o próprio sócio será o autor do pedido, na condição de legitimado extraordinário, porém a recuperação será direcionada à pessoa jurídica da sociedade.

15.3. Como identificar a peça

O caso narrará uma situação em que determinado empresário se encontrará em um momento de crise econômico-financeira. Tal crise é, por assim dizer, um *mix* das crises econômica e financeira, comumente apontadas pela doutrina.

A crise econômica é a crise do volume de negócios; vale dizer, estará em crise econômica o empresário cujo volume de negócios de sua empresa tenha sido reduzido drasticamente, em curto espaço de tempo, por circunstâncias alheias à sua vontade. A crise financeira é a crise da impontualidade; neste sentido, estará em crise financeira o empresário que não tem dinheiro em caixa disponível e suficiente para cumprir suas obrigações de maneira pontual.

A peça será a de **recuperação judicial**, caso a questão não descreva a existência de um plano já aprovado pelos seus credores. Porém, se na questão já houver a menção de que existe um plano já previamente aprovado entre o devedor e seus credores, a medida judicial será a **homologação da recuperação extrajudicial**.

É importante salientar que o art. 51 da Lei n. 11.101/2005 indica uma série de documentos que precisarão acompanhar o pedido de recuperação judicial. Cabe perceber que, sempre que existir dispositivo legal nessa linha, torna-se imprescindível o pedido de juntada dos documentos, bem como a menção ao rol de documentos, após o fechamento da peça, transcrevendo-se inciso por inciso. Por fim, para a homologação da recuperação extrajudicial, deverá ser feito menção à juntada dos documentos previstos nos arts. 162 e 163, § 6º.

15.4. Competência

O art. 3º da Lei n. 11.101/2005 determina que "é competente para homologar o plano de recuperação extrajudicial, deferir a recuperação judicial ou decretar a falência o juízo do local do principal estabelecimento do devedor ou da filial de empresa que tenha sede fora do Brasil".

Deve-se indicar, como vara, a Vara de Falências e Recuperação de Empresas, na regra geral. Não há a necessidade de se saber se existe na comarca onde se localizar o principal estabelecimento do devedor vara especializada. Porém, se houver, é em tal vara que deve ser deferido um pedido de recuperação judicial, em vista de que, apesar de a redação do dispositivo deixar entrever que a competência para as questões falenciais seria em razão do lugar, toda a doutrina especializada indica que, na verdade, trata-se de caso de competência em razão da matéria (competência absoluta, portanto).

15.5. Fundamentos mais comuns

O fundamento legal para a recuperação judicial se encontra no art. 48 da Lei n. 11.101/2005. Por tal dispositivo, tem-se que será viável a **recuperação judicial** quando, *cumulativamente*:

a) o devedor for empresário registrado há mais de dois anos (**art. 48,** *caput*);

b) não ser falido e, se o foi, estejam declaradas extintas, por sentença transitada em julgado, as responsabilidades daí decorrentes (**art. 48, I**);

c) não ter, há menos de cinco anos, obtido concessão de recuperação judicial ou, há menos de cinco anos, obtido concessão de recuperação judicial com base no plano especial para microempresa e empresa de pequeno porte (a Lei Complementar n. 147/2014 alterou o prazo de desincompatibilidade para a recuperação judicial especial, mantendo agora o mesmo prazo para ambas as modalidades de recuperação judicial) (**art. 48, II e III**); e

d) não ter sido condenado ou não ter, como administrador ou sócio controlador, pessoa condenada por qualquer dos crimes falimentares (**art. 48, IV**).

Para o produtor rural, há que se fazer um destaque. Com efeito, sabe-se que o pessoal do agronegócio tem o direito de escolher o órgão registral para a formalização do seu sítio, da sua fazenda, enfim, do seu *agrobusiness*. Na forma do art. 971 do Código Civil, caso se formalize perante a Junta Comercial ficará equiparado a empresário.

Porém, pode acontecer de o sujeito formalizar a sua fazenda por meio de um contrato social com um familiar ou amigo, por exemplo, levando-o a registro perante o Cartório de Pessoa Jurídica da cidade onde se localiza a fazenda e só depois de um certo prazo – que, no caso concreto, pode ser de anos – vai ser buscado registro perante a Junta Comercial. Neste caso, a partir de quando deve ser contado o prazo de dois anos previstos no art. 48, *caput*, da Lei n. 11.101/2005?

Para responder à presente pergunta, a Lei n. 12.873/2013 inseriu o § 2º no art. 48, cujo texto foi atualizado pela Reforma da Lei de Falências proporcionada pela Lei n. 14.122/2020. No caso de atividade rural exercida por pessoa jurídica, o prazo de dois anos será contado a partir da primeira entrega tempestiva da Escrituração Contábil Fiscal (ECF), ou por obrigação legal de registro que venha a substituí-lo; no caso de atividade rural exercida por pessoa física, de acordo com o § 3º do art. 48, incluído pela Lei n. 14.122/2020, o prazo será contado da primeira entrega tempestiva do Livro Caixa Digital do Produtor Rural (LCDPR), ou pelo que vier a substituí-lo, da Declaração do Imposto sobre a Renda da Pessoa Física (DIRPF) e do balanço patrimonial.

> **EM RESUMO**
>
> I. Se o Rural já se formalizou inicialmente perante a Junta Comercial, segue o art. 48, *caput*: o prazo de dois anos é contado do registro dos atos constitutivos na Junta Comercial;
>
> II. Se o Rural primeiro se formaliza perante outro órgão registral e posteriormente busca o seu registro na Junta, seguem-se os §§ 2º e 3º do art. 48: o prazo de dois anos é contado da primeira entrega tempestiva da documentação tributária pertinente.

Caso se trate de manejar o pedido de **recuperação judicial com base no plano especial para ME e EPP**, haverá a necessidade, ainda, de se atender ao previsto no art. 70, § 1º, da Lei n. 11.101/2005:

   a) estar enquadrado, nos termos da Lei Complementar n. 123/2006, como microempresa ou empresa de pequeno porte;

   b) afirmar expressamente na inicial a intenção de se submeter a tal procedimento.

Para o produtor rural, não há a necessidade de estar enquadrado como ME/EPP, basta que o valor da causa seja de, no máximo, R$ 4.800.000,00. Não se pode deixar de notar que o valor da causa corresponderá ao montante total dos créditos sujeitos à recuperação judicial, de acordo com o art. 51, § 5º, inserido pela Reforma da Lei de Falências, promovida pela Lei n. 14.122/2020.

Para a homologação da **recuperação extrajudicial**, o devedor deverá atender aos requisitos do art. 48 da Lei n. 11.101/2005, mencionados anteriormente. Além disso, nos termos do art. 161, § 3º, da mesma lei, é preciso que *não haja*:

   a) pedido de recuperação judicial pendente;

   b) obtido recuperação judicial há menos de dois anos; e

   c) obtido homologação de outro plano de recuperação extrajudicial há menos de dois anos.

15.6. Estrutura da peça

   1. **Endereçamento:** Excelentíssimo Senhor Doutor Juiz de Direito da... Vara de Falências ou Recuperação de Empresas da Comarca de... do Estado de... .

   2. **Identificação das partes:** autor: o devedor ou, como legitimado ativo extraordinário, o cônjuge sobrevivente, os herdeiros do devedor, o inventariante – na

hipótese de falecimento do empresário individual, em até um ano da morte do devedor – ou o sócio remanescente – na hipótese de unipessoalidade superveniente de sociedade empresária, nos termos da lei (art. 1.033, IV, do CC ou art. 206, I, *d*, da Lei n. 6.404/76); réu: não há.

Qualificação de pessoa física: Fulano de tal, nacionalidade..., estado civil..., profissão..., portador do RG n. ..., e do CPF n. ..., residente e domiciliado na... .

Qualificação de pessoa jurídica: Nome empresarial, pessoa jurídica de direito privado, inscrita no CNPJ n. ..., estabelecida na..., neste ato se fazendo presente por seu administrador (diretor, caso se trate de sociedade anônima) ... (pode fazer a qualificação de "pessoa física").

3. **Representação judicial:** advogado assinado ao final, com mandato em anexo.
4. **Nome da ação e fundamento legal:** ação de recuperação judicial, com fundamento nos arts. 48 e 51 da Lei n. 11.101/2005; ação de recuperação judicial especial, com fundamento no art. 70 da Lei n. 11.101/2005; homologação do plano de recuperação extrajudicial, com fundamento no art. 161 da Lei n. 11.101/2005.
5. **Narrativa dos fatos ("Dos Fatos"):** exposição dos fatos previstos na situação hipotética da questão. Não inventar outros fatos nem trazer detalhes ausentes no problema. Deve-se, portanto, literalmente, copiar, de maneira integral, a questão, conforme apresentada, sendo certo que qualquer mecanismo de identificação anulará a peça, atribuindo-se nota ZERO.
6. **Fundamentação ("Do Direito"):** vale a pena ressaltar que a mera transcrição dos artigos não pontua. É a parte da peça em que deverão ser apresentados os dispositivos legais que asseguram o direito do cliente para o que se estará elaborando a peça processual. Nessa linha, em razão das várias possibilidades de fundamentação, sugere-se a releitura do presente capítulo.
7. **Pedidos ("Dos Pedidos"):** a) o deferimento do processamento do presente pedido de recuperação judicial; b) a nomeação do administrador judicial, observado o disposto no art. 21 da Lei n. 11.101/2005; c) a determinação de dispensa da apresentação de certidões negativas para que o autor exerça suas atividades, nos termos do art. 52, II, e da suspensão de todas as ações e execuções contra o devedor, nos termos do art. 52, III, ambos da Lei n. 11.101/2005; d) a intimação do ilustre membro do Ministério Público; e) a publicação na imprensa oficial de edital contendo o resumo da decisão que deferiu o processamento do pedido, dando ciência aos credores e advertindo-os do prazo para habilitação de créditos e para apresentarem objeção de credores, nos termos do art. 52, § 1º, da Lei n. 11.101/2005; f) a convocação da Assembleia de Credores para a aprovação do plano a ser apresentado, no prazo de 60 dias contados do deferimento; g) a concessão do plano aprovado pela Assembleia de Credores, convocada no prazo de 150 dias, contados do deferimento da recuperação judicial; h) que as intimações posteriores do presente feito sejam feitas no seguinte endereço... (art. 106, I, do CPC); i) a juntada dos documentos previstos no art. 51 da Lei n. 11.101/2005, em anexo.

7.1. **Pedidos da homologação da recuperação extrajudicial:** a) a homologação do plano de recuperação apresentado, em anexo; b) a juntada dos documentos previstos no art. 162 (ou art. 163, § 6º), em anexo; c) que as intimações posteriores do presente feito sejam feitas no seguinte endereço... (art. 106, I, do CPC).
8. **Valor da causa:** Dá-se à causa o valor de R$ ... (o montante dos créditos que serão objetos do plano de recuperação judicial) (art. 291 do CPC. A toda causa será atribuído um valor certo, ainda que não tenha conteúdo econômico imediatamente aferível).
9. **Fechamento da peça:** local, data. Advogado, OAB n. ... (não inventar dados).

15.7. Questão da peça profissional

(XIX Exame) Cimbres Produtora e Exportadora de Frutas Ltda. aprovou em assembleia de sócios específica, por unanimidade, a propositura de medida judicial para evitar a decretação de sua falência, diante do gravíssimo quadro de crise de sua empresa. O sócio controlador João Alfredo, titular de 80% do capital social, instruiu o administrador Afrânio Abreu e Lima a contratar os serviços profissionais de um advogado.

A sociedade, constituída regularmente em 1976, tem sede em Petrolina/PE e uma única filial em Pilão Arcado/BA, local de atividade inexpressiva em comparação com a empresa desenvolvida no lugar da sede.

O objeto social é o cultivo de frutas tropicais em áreas irrigadas, o comércio atacadista de frutas para distribuição no mercado interno e a exportação para a Europa de dois terços da produção. Embora a sociedade passe atualmente por crise de liquidez, com vários títulos protestados no cartório de Petrolina, nunca teve necessidade de impetrar medida preventiva à falência. O sócio João Alfredo e os administradores nunca sofreram condenação criminal.

Na reunião profissional com o advogado para coleta de informações necessárias à propositura da ação, Afrânio informou que a crise econômica mundial atingiu duramente os países europeus da Zona do Euro, seu principal e quase exclusivo mercado consumidor. As quedas sucessivas no volume de exportação, expressiva volatilidade do câmbio nos últimos meses, dificuldades de importação de matérias-primas, limitação de crédito e, principalmente, a necessidade de dispensa de empregados e encargos trabalhistas levaram a uma forte retração nas vendas, refletindo gravemente sobre liquidez e receita.

Assim, a sociedade se viu, com o passar dos meses da crise mundial, em delicada posição, não lhe restando outra opção, senão a de requerer, judicialmente, uma medida para viabilizar a superação desse estado de crise, vez que vislumbra maneiras de preservar a empresa e sua função social com a conquista de novos mercados no país e na América do Norte.

A sociedade empresária, nos últimos três anos, como demonstra o relatório de fluxo de caixa e os balancetes trimestrais, foi obrigada a uma completa reestruturação na sua produção, adquirindo equipamentos mais modernos e insumos para o combate de pragas que também atingiram as lavouras. Referidos investimentos não tiveram o retorno esperado, em razão da alta dos juros dos novos empréstimos, o que assolou a economia pátria, refletindo no custo de captação.

Para satisfazer suas obrigações com salários, tributos e fornecedores, não restaram outras alternativas senão novos empréstimos em instituições financeiras, que lhe cobraram taxas de juros altíssimas, devido ao maior risco de inadimplemento, gerando uma falta de capital de giro em alguns meses. Dentro desse quadro, a sociedade não dispõe, no momento, de recursos financeiros suficientes para pagar seus fornecedores em dia. O soerguimento é lento e, por isso, é indispensável a adoção de soluções alternativas e prazos diferenciados e mais longos, como única forma de evitar-se uma indesejável falência.

E abore a peça adequada e considere que a Comarca de Petrolina/PE tem cinco varas cíveis, todas com competência para processar e julgar ações de natureza empresarial.

15.8. Modelo da peça

Ao juízo da... Vara Cível da Comarca de Petrolina, do Estado de Pernambuco

Cimbres Produtora e Exportadora de Frutas Ltda., sociedade empresária, com CNPJ sob o n. ..., neste ato se fazendo presente por seu administrador, Afrânio Abreu e Lima, pelo seu advogado, ao final assinado, com mandato em anexo, vem, respeitosamente, à presença de Vossa Excelência, com fundamento nos arts. 48 e 51 da Lei n. 11.101/2005 propor

AÇÃO DE RECUPERAÇÃO JUDICIAL

pelos fundamentos de fato e de direito a seguir.

DOS FATOS

Cimbres Produtora e Exportadora de Frutas Ltda. aprovou em assembleia de sócios específica, por unanimidade, a propositura de medida judicial para evitar a decretação de sua falência, diante do gravíssimo quadro de crise de sua empresa. O sócio controlador João Alfredo, titular de 80% do capital social, instruiu o administrador Afrânio Abreu e Lima a contratar os serviços profissionais de um advogado.

A sociedade, constituída regularmente em 1976, tem sede em Petrolina/PE e uma única filial em Pião Arcado/BA, local de atividade inexpressiva em comparação com a empresa desenvolvida no lugar da sede.

O objeto social é o cultivo de frutas tropicais em áreas irrigadas, o comércio atacadista de frutas para distribuição no mercado interno e a exportação para a Europa de dois terços da produção. Embora a sociedade passe atualmente por crise de liquidez, com vários títulos protestados no cartório de Petrolina, nunca teve necessidade de impetrar medida preventiva à falência. O sócio João Alfredo e os administradores nunca sofreram condenação criminal.

Na reunião profissional com o advogado para coleta de informações necessárias à propositura da ação, Afrânio informou que a crise econômica mundial atingiu duramente os países europeus da Zona do Euro, seu principal e quase exclusivo mercado consumidor. As quedas sucessivas no volume de exportação, expressiva volatilidade do câmbio nos últimos meses, dificuldades de importação de matérias-primas, limitação de crédito e, principalmente, a necessidade de dispensa de empregados e encargos trabalhistas levaram a uma forte retração nas vendas, refletindo gravemente sobre liquidez e receita.

Assim, a sociedade se viu, com o passar dos meses da crise mundial, em delicada posição, não lhe restando outra opção senão a de requerer, judicialmente, uma medida para viabilizar a superação desse estado de crise, vez que vislumbra maneiras de preservar a empresa e sua função social com a conquista de novos mercados no país e na América do Norte.

A sociedade empresária, nos últimos três anos, como demonstra o relatório de fluxo de caixa e os balancetes trimestrais, foi obrigada a uma completa reestruturação na sua produção, adquirindo equipamentos mais modernos e insumos para o combate de pragas que também atingiram as lavouras. Referidos investimentos não tiveram o retorno esperado, em razão da alta dos juros dos novos empréstimos, o que assolou a economia pátria, refletindo no custo de captação.

Para satisfazer suas obrigações com salários, tributos e fornecedores, não restaram alternativas senão novos empréstimos em instituições financeiras, que lhe cobraram taxas de juros altíssimas, devido ao maior risco de inadimplemento, gerando uma falta de capital de giro em alguns meses. Dentro desse quadro, a sociedade não dispõe, no momento, de recursos financeiros suficientes para pagar seus fornecedores em dia. O soerguimento é lento e, por isso, é indispensável a adoção de soluções alternativas e prazos diferenciados e mais longos, como única forma de evitar-se uma indesejável falência.

DO DIREITO

A presente medida judicial tem, por fundamento, o art. 48 da Lei n. 11.101/2005, que prevê a possibilidade de ser viável a recuperação judicial quando cumulativamente: a) o devedor for empresário registrado há mais de dois anos; b) não ser falido e, se o foi, estejam declaradas extintas, por sentença transitada em julgado, as responsabilidades daí decorrentes; c) não ter, há menos de cinco anos, obtido concessão de recuperação judicial, ou mesmo concessão de recuperação judicial com base no plano especial para microempresa e empresa de pequeno porte; e d) não ter sido condenado ou não ter, como administrador ou sócio controlador, pessoa condenada por qualquer dos crimes falimentares.

É imprescindível notar que o devedor é uma sociedade empresária regularmente constituída desde 1976, nunca tendo sido decretada falida, nem tendo feito uso anterior de outro procedimento de recuperação de empresas. Frise-se por oportuno que nem João Alfredo e nem Antônio Abreu e Lima tem condenação por crime falimentar. Ademais, deve-se perceber, à luz do art. 1.071, VIII c/c o art. 1.076 do Código Civil, a ocorrência de assembleia de sócios aprovando o presente pedido.

Trata o caso concreto de um devedor que se encontra em crise econômico-financeira superável. Desse modo, por imperativos relacionados ao princípio da preservação da empresa, torna-se necessário o deferimento do presente feito.

DO PEDIDO

Diante do exposto, é a presente medida judicial para requerer:
a) o deferimento do processamento do presente pedido de recuperação judicial;
b) a nomeação do administrador judicial, observado o disposto no art. 21 da Lei n. 11.101/2005;
c) a determinação de dispensa da apresentação de certidões negativas para que o autor exerça suas atividades, nos termos do art. 52, II, e da suspensão de todas as ações e execuções contra o devedor, nos termos do art. 52, III, ambos da Lei n. 11.101/2005;
d) a intimação do ilustre membro do Ministério Público;
e) a publicação na imprensa oficial de edital contendo o resumo da decisão que deferiu o processamento do pedido, dando ciência aos credores e advertindo-os do prazo para habilitação de créditos e para apresentarem objeção de credores, nos termos do art. 52, § 1º, da Lei n. 11.101/2005;
f) a convocação da Assembleia de Credores para a aprovação do plano a ser apresentado, no prazo de 60 dias contados do deferimento;
g) a concessão do plano aprovado pela Assembleia de Credores, convocada no prazo de 150 dias, contados do deferimento da recuperação judicial;

h) que as intimações posteriores do presente feito sejam feitas no seguinte endereço... (art. 106, I, do CPC);

i) a juntada dos documentos previstos no art. 51 da Lei n. 11.101/2005, em anexo, e da ata de assembleia de sócios que aprovou o presente pedido.

Dá-se à causa o valor de R$ ... .

Nestes termos.
Pede deferimento.
Local, Data.
Advogado – OAB n. ...

Rol de documentos de acordo com o art. 51 da Lei n. 11.101/2005: (copiar inciso por inciso)

16. AÇÕES RELATIVAS AO PROCEDIMENTO DE VERIFICAÇÃO E HABILITAÇÃO DE CRÉDITOS

16.1. Apresentação

O procedimento de verificação e de habilitação de créditos se encontra regulamentado na Lei n. 11.101/2005, entre os arts. 7º e 20. Trata-se de *procedimento idêntico* tanto em sede de recuperação judicial quanto em sede de falências. A única diferença que há, em verdade, diz respeito às finalidades: enquanto na **recuperação judicial** o procedimento de habilitação e de verificação de créditos serve, apenas, para garantir o direito de voto em assembleia, **na falência**, além deste objetivo, tal procedimento é necessário para assegurar ao credor o direito de ver o seu crédito pago pelo processo de falência, inserindo-o nele.

Em resumo, o administrador judicial será nomeado pela sentença que decretar a falência ou pela decisão que deferir o processamento da recuperação judicial. A sentença declaratória de falência (art. 99), dentre outros assuntos, determinará que o devedor apresente a sua lista de credores, providência exigida para que a petição inicial (art. 51) da ação de recuperação judicial seja deferida (art. 52).

De posse de tal lista, o administrador judicial, tendo acesso à contabilidade empresarial do falido (ou do recuperando), será o responsável por conduzir o procedimento de verificação e de habilitação de crédito. Vale dizer, o procedimento de verificação e de habilitação de créditos é realizado pelo administrador judicial.

Tudo começa com a publicação, sob a forma de edital, da relação de credores. Dessa primeira publicação, os credores terão o prazo de 15 dias para apresentar ao administrador judicial suas habilitações (nos termos do art. 9º) ou suas divergências quanto aos créditos relacionados. É válido mencionar que tanto a habilitação quanto a manifestação de divergência, realizadas no prazo legal mencionado, serão realizadas nos próprios autos da falência (ou da recuperação judicial), mediante simples petição, não havendo, sequer, necessidade de advogado para elaborá-la.

Habilitação fará o credor que constar na citada relação e que concordar tanto com o valor quanto com a classificação de seu crédito. Por sua vez, manifestação de divergência fará o credor que verificar alguma inconsistência no primeiro edital de credores, tendo o objetivo de: (i) incluir crédito próprio; (ii) alterar crédito próprio ou de terceiro; ou (iii) excluir crédito de terceiro.

Apesar do prazo aludido, não há impedimento a que as habilitações sejam realizadas de maneira extemporânea. É nesse contexto que se poderá falar em duas ações judiciais relacionadas ao procedimento de verificação e de habilitação de créditos, em processos de falência ou recuperação judicial: a ação de habilitação retardatária de crédito (art. 10, § 5º) – promovida após passados os 15 dias contados da publicação do 1º

Edital de Credores, e a ação de retificação do Quadro Geral de Credores (art. 10, § 6º) – promovida após a homologação do Quadro Geral de Credores.

Passados os 15 dias contados da publicação do 1º Edital de Credores, conta-se um novo prazo, agora de 45 dias, após o qual o administrador fará publicar o 2º Edital de Credores, devendo indicar o local, o horário e o prazo comum em que o Comitê, qualquer credor, o devedor ou seus sócios ou o Ministério Público terão acesso aos documentos que fundamentaram a elaboração dessa relação. Tais pessoas serão os legitimados para a ação de impugnação de créditos (art. 8º), que deve ser promovida, sob pena de preclusão, no prazo de dez dias, contados da publicação do 2º Edital de Credores.

Com o julgamento de todas as ações de impugnação, o administrador judicial consolidará o quadro geral de credores, que será homologado pelo juiz. O quadro geral de credores, por sua vez, poderá sofrer alterações por intermédio da Ação Rescisória de Crédito (art. 19), além da ação de retificação do Quadro Geral de Credores anteriormente mencionada.

16.2. Características e requisitos

Trata-se de ações que serão **distribuídas por dependência** ao processo de falência ou de recuperação judicial. A habilitação retardatária traz algumas consequências aos credores (art. 10). São elas:

a) Na **recuperação judicial**, os titulares de créditos retardatários, excetuados os titulares de créditos derivados da relação de trabalho, não terão direito a voto nas deliberações da assembleia geral de credores. Tal perda do direito de voto também ocorrerá na falência, salvo se, na data da realização da assembleia geral, já houver sido homologado o quadro geral de credores contendo o crédito retardatário (§§ 1º e 2º, art. 10).

b) Na **falência**, os créditos retardatários perderão o direito a rateios eventualmente realizados e ficarão sujeitos ao pagamento de custas, não se computando os acessórios compreendidos entre o término do prazo e a data do pedido de habilitação. Neste caso, o credor poderá requerer a reserva de valor para satisfação de seu crédito (§§ 3º e 4º, art. 10).

Apesar de terem o mesmo objetivo, qual seja, o de realizar a habilitação de determinado crédito, após o prazo legal de habilitação, definido no art. 7º, § 1º, da Lei n. 11.101/2005, são medidas judiciais diferentes e que, portanto, devem ser tratadas em apartado.

16.2.1. Ação de habilitação retardatária e ação de impugnação de crédito

A **ação de habilitação retardatária de crédito** será promovida pelo credor que perder o prazo de 15 dias contados da publicação do 1º edital de credores, nos termos do art. 52, § 1º, ou do art. 99, parágrafo único, a depender de o processo principal ser, respectivamente, o da recuperação judicial ou o da falência.

As habilitações de crédito retardatárias, se apresentadas antes da homologação do quadro geral de credores, serão recebidas como impugnação e processadas na forma dos arts. 13 a 15 da Lei n. 11.101/2005, é o que diz o § 5º do art. 10. Os arts. 13 a 15 determinam o procedimento relativo à **ação de impugnação de crédito**.

Em resumo, deve ser feita **petição cujo pedido é o de intimar o credor para contestar a impugnação em cinco dias, juntando os documentos e indicando outras provas que repute necessárias**. Transcorrido tal prazo, o devedor e o Comitê, se houver, serão intimados para se manifestar sobre a impugnação no prazo comum de cinco dias. Após, o administrador será intimado, também no prazo de cinco dias, para emitir parecer sobre a possibilidade de o crédito ser inserido no Quadro Geral de Credores.

É importante, sempre, ressaltar que a **ação de impugnação** pode ser manejada tanto para incluir um crédito que não conste da publicação do 2º Edital de Credores, que deve ser publicado em até 45 dias contados do fim do prazo legal de habilitação, quanto para alterar um crédito mencionado equivocadamente quanto ao valor ou classificação ou para excluir um crédito indevido.

Note-se, ainda, que quando a impugnação for para incluir crédito, ou mesmo em face de habilitação retardatária, não se há de falar em intimação do credor. É oportuno esclarecer as diferenças entre a **ação de habilitação retardatária de crédito** e a **ação de impugnação de crédito**, visando incluir crédito:

Ação de habilitação retardatária	Ação de impugnação
a) pode ser promovida, a partir da perda do prazo legal de habilitação, que é de 15 dias, contados da publicação do 1º Edital de Credores;	a) pode ser promovida, no prazo de dez dias, contado da publicação do 2º Edital de Credores, que deve ser realizada 45 dias depois do prazo de 15 dias, contados do 1º Edital de Credores;
b) irá promover o credor que consta no edital de credores, concordando com o valor e classificação previstos, mas que perdeu o prazo de habilitação.	b) irá promover o credor que não consta no edital de credores, mas que tem prova da existência, legitimidade, importância e classificação do crédito.

16.2.2. Ação de retificação do Quadro Geral de Credores

A **ação de retificação do quadro geral de credores** será promovida, como se percebe, após a homologação do Quadro Geral de Credores. O administrador judicial será responsável pela consolidação do quadro geral de credores, a ser homologado pelo juiz, com base na relação dos credores publicada sob a forma de edital (o 2º Edital de Credores), e nas decisões proferidas nas impugnações oferecidas (art. 18, *caput*).

O quadro geral, assinado pelo juiz e pelo administrador judicial, mencionará a importância e a classificação de cada crédito na data do requerimento da recuperação judicial ou da decretação da falência, será juntado aos autos e publicado no órgão oficial, no prazo de cinco dias, contado da data da sentença que houver julgado as impugnações (art. 18, parágrafo único).

Após a homologação do quadro geral de credores, aqueles que não habilitaram seu crédito poderão, observado, no que couber, o procedimento comum previsto no Código de Processo Civil, requerer ao juízo da falência ou da recuperação judicial a retificação do quadro geral para inclusão do respectivo crédito (art. 10, § 6º).

16.2.3. Ação rescisória de crédito

A **ação rescisória de crédito** também será promovida após a homologação do Quadro Geral de Credores, com o objetivo de alterar ou excluir créditos. É importante perceber a diferença desta ação para a ação de impugnação de crédito, que visa alterar ou excluir créditos. Esta ação será promovida após o 2º Edital de Credores e inexiste na lei condição para o seu ajuizamento. A ação rescisória de crédito, por sua vez, só poderá ser ajuizada nos termos do art. 19.

O administrador judicial, o Comitê, qualquer credor ou o representante do Ministério Público poderá, até o encerramento da recuperação judicial ou da falência, observado, no que couber, o procedimento comum previsto no Código de Processo Civil, pedir a exclusão, outra classificação ou a retificação de qualquer crédito, nos casos de descoberta de falsidade, dolo, simulação, fraude, erro essencial ou, ainda, documentos ignorados na época do julgamento do crédito ou da inclusão no quadro geral de credores (art. 19, *caput*).

No que tange ao administrador judicial, é oportuno considerar que ele não é parte em nenhuma das ações judiciais previstas na Lei n. 11.101/2005. Na verdade, trata-se a massa falida da parte legitimada para tais ações, cabendo ao administrador judicial representá-la, nos termos do art. 22, III, *n*, da Lei n. 11.101/2005 e do art. 75, V, do CPC. O legislador menciona o administrador judicial, haja vista a massa falida ser um ente despersonalizado. Assim, não só nesta hipótese, mas em qualquer medida judicial cuja lei indicar o administrador judicial como "legitimado", deve-se entender pela legitimidade da massa falida. A única exceção que deve ser feita e que, portanto, haverá legitimidade do administrador judicial é a sua ação de prestação de contas, prevista no art. 154 da Lei n. 11.101/2005.

A ação rescisória de crédito será proposta exclusivamente perante o juízo da recuperação judicial ou da falência ou, nas hipóteses de ação que demandar quantia ilíquida ou ação para discutir créditos derivados de relação de trabalho, perante o juízo que tenha originariamente reconhecido o crédito (art. 19, § 1º). Proposta tal ação, o pagamento ao titular do crédito por ela atingido somente poderá ser realizado mediante a prestação de caução no mesmo valor do crédito questionado (art. 19, § 2º).

16.3. Como identificar a peça

Em todos os casos, retratar-se-á a falência de determinado devedor empresário. Nos casos relativos à **ação de habilitação retardatária** e à **ação de retificação do quadro geral de credores**, o credor que será a pessoa a favor da qual se promoverá a ação terá o objetivo de realizar a habilitação de seu crédito, diferenciando-se pelo fato de que, enquanto na **habilitação retardatária** ainda não houve a homologação do quadro geral de credores, na **ação de retificação** o quadro geral de credores foi definido e se pretende alterá-lo para inclusão de crédito que não foi habilitado anteriormente.

Na **ação de impugnação**, há de se fazer a diferença:
a) para incluir crédito próprio – o crédito não consta do 2º Edital de Credores, mas há provas de sua existência, quantidade e classificação;
b) para alterar crédito próprio ou de terceiro – o crédito consta do 2º Edital de Credores, mas há algum equívoco quanto ao seu valor ou à sua classificação; e
c) para excluir crédito de terceiro – o crédito consta do 2º Edital de Credores, mas se trata de crédito indevido, ilegítimo.

É importante considerar que a Banca entende pela **fungibilidade** entre a **ação de habilitação retardatária de crédito** e a **ação de impugnação de crédito**, quando esta tem o objetivo de incluir crédito próprio. Tal fungibilidade ocorreria no prazo previsto no **art. 8º da Lei n. 11.101/2005**. Nesse prazo, tais ações terão os mesmos objetivos, as mesmas finalidades, além de se submeterem ao mesmo procedimento.

Por fim, no caso da **ação rescisória de crédito**, já houve a homologação do Quadro Geral de Credores e um credor ou mesmo o administrador judicial perceberá a existência de falsidade, dolo, simulação, fraude, erro essencial ou, ainda, documentos ignorados na época do julgamento do crédito ou da inclusão no Quadro Geral de Credores.

16.4. Competência

Regra geral, a competência para o processamento e julgamento das presentes ações será do juízo da falência ou da recuperação, sendo certo que são ações que serão distribuídas por dependência.

Há, porém, *duas situações* cuja competência escapa ao juízo da falência ou da recuperação judicial. Tratando-se de crédito decorrente da legislação do trabalho, a competência será da Vara do Trabalho; caso o crédito decorra de ação que demande quantia ilíquida, a competência será da Vara Cível.

16.5. Fundamentos mais comuns

O fundamento para as ações de habilitação retardatária e de retificação do Quadro Geral de Credores estão no art. 10 da Lei n. 11.101/2005. De maneira específica, **a ação de habilitação de crédito retardatária** se encontra no § 5º e **a ação de retificação do Quadro Geral de Credores**, no § 6º do art. 10. Trata-se, repise-se, de medidas judiciais que visam inserir no Quadro Geral de Credores determinado crédito que consta nos Editais de Credores publicados para a verificação de créditos.

A **ação de impugnação de crédito** tem seu fundamento jurídico no art. 8º, constituindo-se, como visto, em medida judicial que visa, a depender do caso concreto, a incluir, excluir ou alterar crédito. Já a **ação rescisória de crédito** vai ser promovida para excluir ou alterar crédito, nas hipóteses de falsidade, dolo, simulação, fraude, erro essencial ou, ainda, documentos ignorados na época do julgamento do crédito ou da inclusão no Quadro Geral de Credores.

16.6. Estrutura da peça

1. **Endereçamento:** Excelentíssimo Senhor Doutor Juiz de Direito da... Vara de Falências e Recuperação de Empresas da Comarca de... do Estado de... (regra geral, o mesmo juízo que decretou a falência do empresário).

   Indicação de que deve ser distribuída por dependência antes da identificação e qualificação das partes:

   Distribuição por dependência ao processo n. ... .

2. **Identificação das partes:**
2.1. **Ação de habilitação retardatária de crédito**– autor: o credor; réu: não há.
2.2. **Ação de retificação do QGC** – autor: o credor; réu: a massa falida.
2.3. **Ação de impugnação de crédito** – autor: o credor, o devedor ou os sócios deste; réu: o credor do crédito impugnado (regra geral, quando o crédito objeto da ação for do autor, não haverá réu).
2.4. **Ação rescisória de crédito** – autor: o credor ou a massa falida, representada pelo administrador judicial; réu: credor do crédito a rescindir.

Qualificação de pessoa física: Fulano de tal, nacionalidade..., estado civil..., profissão..., portador do RG n. ..., e do CPF n. ..., residente e domiciliado na... .

Qualificação de pessoa jurídica: nome empresarial, pessoa jurídica de direito privado, inscrita no CNPJ n. ..., estabelecida na..., neste ato se fazendo presente por seu administrador (diretor, caso se trate de sociedade anônima) ... (pode fazer a qualificação de "pessoa física").

3. **Representação judicial:** advogado assinado ao final, com mandato em anexo.
4. **Nome da ação e fundamento legal:** ação de habilitação retardatária de crédito, com fundamento no art. 10, § 5º; ação de retificação do Quadro Geral de Credores, com fundamento no art. 10, § 6º; ação de impugnação de crédito, com fundamento no art. 8º; ação rescisória de crédito, com fundamento no art. 19. Todos os dispositivos são da Lei n. 11.101/2005.
5. **Narrativa dos fatos ("Dos Fatos"):** exposição dos fatos previstos na situação hipotética da questão. Não inventar outros fatos nem trazer detalhes ausentes no problema. Deve-se, portanto, literalmente, copiar, de maneira integral, a questão, conforme apresentada, sendo certo que a utilização de qualquer mecanismo de identificação anulará a peça, atribuindo-se nota ZERO.
6. **Fundamentação ("Do Direito"):** vale a pena ressaltar que a mera transcrição dos artigos não pontua. É a parte da peça em que deverão ser apresentados os dispositivos legais que asseguram o direito do cliente para o que se estará elaborando a peça processual. Nessa linha, em razão das várias possibilidades de fundamentação, sugere-se a releitura do presente capítulo.
7. **Pedidos ("Dos Pedidos"):**

7.1. **Ação de habilitação retardatária de créditos (ou ação de retificação do Quadro Geral de Credores)**
a) A reserva de valor para a satisfação do crédito do autor (art. 10, § 4º);
b) o deferimento da habilitação de crédito pretendida, no valor atualizado na data da decretação da falência, em conformidade com a memória de cálculo em anexo;
c) a comunicação de qualquer ato do processo deve ser feita no seguinte endereço... (art. 9º, I, da Lei n. 11.101/2005); d) a produção de todas as provas em Direito admitidas, especialmente pela juntada dos documentos comprobatórios do crédito.

7.2. Ação de impugnação de crédito

a) A intimação do credor para, querendo, contestar a ação, no prazo de cinco dias, sob pena de revelia (quando for para incluir crédito, não se faz tal pedido);
b) a intimação do devedor e do Comitê, se houver, para se manifestarem no prazo comum de cinco dias, contados do prazo de contestação;
c) a intimação do administrador judicial para emitir parecer, no prazo de cinco dias, contados do prazo de manifestação do devedor e do Comitê, se houver;
d) a procedência do pedido em todos os seus termos no sentido de determinar a inclusão, a alteração ou a exclusão (a depender do caso concreto) do crédito impugnado;
e) a condenação aos ônus da sucumbência, nos termos do art. 85 do CPC (quando for para incluir crédito, não se faz tal pedido);
f) a comunicação de qualquer ato do processo deve ser feita no seguinte endereço... (art. 9º, I, da Lei n. 11.101/2005);
g) a produção de todas as provas em Direito admitidas, especialmente pela juntada dos documentos comprobatórios do crédito.

7.3. Ação rescisória de crédito

a) A citação do credor rescindendo para, querendo, contestar a ação, no prazo de 15 dias, sob pena de revelia;
b) a procedência do pedido em todos os seus termos no sentido de determinar a exclusão, outra classificação ou retificação do crédito desafiado (a depender do caso concreto), em vista da... (apresentação do motivo para a rescisão, nos termos do art. 19 da Lei n. 11.101/2005);
c) a condenação aos ônus da sucumbência, nos termos do art. 20 do CPC;
d) que as intimações posteriores do presente feito sejam feitas no seguinte endereço... (art. 39, I, do CPC);
e) a produção de todas as provas em Direito admitidas, especialmente por... (o pedido genérico de provas não pontua).

8. **Valor da causa:** Dá-se à causa o valor de R$ ... (o valor do crédito, objeto do procedimento) (art. 291 do CPC. A toda causa será atribuído um valor certo, ainda que não tenha conteúdo econômico imediatamente aferível).
9. **Fechamento da peça:** local, data. Advogado, OAB n. ... (não inventar dados).

16.7. Questão da peça profissional

(VIII Exame) Em 29-1-2010, ABC Barraca de Areia Ltda. ajuizou sua recuperação judicial, distribuída à 1ª Vara Empresarial da Comarca da Capital do Estado do Rio de Janeiro.

Em 3-2-2010, quarta-feira, foi publicada no Diário de Justiça Eletrônico do Rio de Janeiro ("DJE-RJ") a decisão do juiz que deferiu o processamento da recuperação judicial e, dentre outras providências, nomeou o economista João como administrador judicial da sociedade.

Decorridos 15 dias, alguns credores apresentaram a João as informações que entenderam corretas acerca da classificação e do valor de seus créditos.

Foi publicado, 45 dias depois, no DJE-RJ e num jornal de grande circulação, novo edital, contendo a relação dos credores elaborada por João.

No dia 20-4-2010, você é procurado pelos representantes de XYZ Cadeiras Ltda., os quais lhe apresentam um contrato de compra e venda firmado com ABC Barraca de Areia Ltda., datado de 4-12-2009, pelo qual aquela forneceu a esta 1.000 cadeiras, pelo preço de R$ 100.000,00, que deveria ter sido pago em 28-1-2010, mas não o foi.

Diligente, você verifica no edital mais recente que, da relação de credores, não consta o credor XYZ Cadeiras Ltda.

E, examinando os autos em cartório, constata que o quadro geral de credores ainda não foi homologado pelo juiz.

Na qualidade de advogado de XYZ Cadeiras Ltda., elabore a peça adequada para regularizar a cobrança do crédito desta sociedade.

16.8. Modelo da peça

Ao juízo da 1ª Vara Empresarial da Comarca da Capital do Estado do Rio de Janeiro

Distribuição por dependência ao Processo n. ...

XYZ Cadeiras Ltda., pessoa jurídica de direito privado, inscrita no CNPJ sob o n. ..., com sede estabelecida na..., neste ato se fazendo presente por seu administrador..., pelo seu advogado, ao final assinado, com mandato em anexo, vem, respeitosamente, à presença de Vossa Excelência, com fundamento no art. 10 § 5º, da Lei n. 11.101/2005 propor

Ação de Habilitação Retardatária de Crédito

pelos fundamentos de fato e de direito a seguir.

DOS FATOS

Em 29-1-2010, ABC Barraca de Areia Ltda. ajuizou sua recuperação judicial, distribuída à 1ª Vara Empresarial da Comarca da Capital do Estado do Rio de Janeiro.

Em 3-2-2010, quarta-feira, foi publicada no Diário de Justiça Eletrônico do Rio de Janeiro ("DJE-RJ") a decisão do juiz que deferiu o processamento da recuperação judicial e, dentre outras providências, nomeou o economista João como administrador judicial da sociedade.

Decorridos 15 dias, alguns credores apresentaram a João as informações que entenderam corretas acerca da classificação e do valor de seus créditos.

Quarenta e cinco dias depois, foi publicado, no DJE-RJ e num jornal de grande circulação novo edital, contendo a relação dos credores elaborada por João.

No dia 20-4-2010, os representantes de XYZ Cadeiras Ltda. procuram este escritório de advocacia e apresentam um contrato de compra e venda firmado com ABC Barraca de Areia Ltda., datado de

4-12-2009, pelo qual aquela forneceu a esta 1.000 cadeiras, pelo preço de R$ 100.000,00, que deveria ter sido pago em 28-1-2010, mas não o foi.

Verificando-se no edital mais recente que, da relação de credores, não consta o autor. E, examinando os autos em cartório, constata-se que o quadro geral de credores ainda não foi homologado pelo juiz.

DO DIREITO

Trata-se o presente caso de uma habilitação retardatária de crédito, na forma do art. 10, § 5º, da Lei n. 11.101/2005, uma vez que já foi exaurido o prazo previsto no art. 7º, § 1º, da mesma lei, ou seja, já se passaram mais de 15 dias da publicação do edital, não tendo sido ainda o quadro geral de credores homologado pelo juízo.

Não se pode deixar de notar que XYZ Cadeiras Ltda. é, nos termos do art. 9º, II, da Lei n. 11.101/2005, credor, em razão de um contrato de compra e venda, cujo crédito é considerado quirografário.

DOS PEDIDOS

Diante do exposto, é a presente medida judicial para requerer:
a) O deferimento da habilitação de crédito pretendida, com a inclusão do crédito no valor atualizado, em conformidade com a memória de cálculo em anexo.
b) A comunicação de qualquer ato do processo deve ser feita no seguinte endereço... (art. 9º, I, da Lei n. 11.101/2005).
c) A produção de todas as provas em Direito admitidas, especialmente pela juntada dos documentos comprobatórios do crédito, da planilha de cálculos com o valor atualizado, e tudo o mais que se fizer necessário.

Dá-se à causa o valor de R$ 100.000,00.

Nestes termos.
Pede deferimento.
Local, Data.
Advogado – OAB n. ...

Acesse o *QR Code* e veja mais um modelo de peça e um caso para treino sobre o tema que foram elaborados para você.

> http://uqr.to/1yv9z

16.9. O incidente de classificação do crédito público

Sabe-se que os créditos tributários não são pagos através do plano de recuperação judicial, ou mesmo extrajudicial. Porém, são inseridos no Quadro Geral de Credores para serem pagos no processo de falência. Ponto de bastante divagação, na doutrina e na prática falimentar, é justamente a forma de inserção do crédito tributário no Quadro Geral de Credores.

Com o advento da Reforma da Lei de Falências proporcionada pela Lei n. 14.122/2020, foi inserido o art. 7º-A, que determina a possibilidade de instauração do incidente de classificação do crédito público em favor da Fazenda Pública credora. Para ser considerada credora, precisa alegar, no prazo de 15 dias após a intimação da sentença declaratória de falência, possuir crédito contra o falido. Tais créditos devem estar devidamente constituídos. Os créditos não definitivamente constituídos, não inscritos em dívida ativa ou com exigibilidade suspensa poderão ser informados em momento posterior.

Finalizado o prazo de 15 dias mencionado anteriormente, o falido, os demais credores e o administrador judicial disporão de prazo de 15 dias para apresentarem objeções sobre os cálculos e a classificação. Após, a Fazenda Pública será intimada para, em 10 dias, prestar eventuais esclarecimentos.

Os créditos serão objeto de reserva integral até o julgamento definitivo quando rejeitados os argumentos apresentados pela Fazenda Pública. Os créditos incontroversos, desde que exigíveis, serão imediatamente incluídos no Quadro Geral de Credores, observada a sua aplicação. Antes de homologar o Quadro Geral de Credores, o juiz concederá prazo comum de 10 dias para que o Fisco e o administrador judicial se manifestem sobre a situação atual do crédito.

Cabe ao juízo falimentar a decisão sobre os cálculos e a classificação dos créditos para os fins da Lei n. 11.101/2005, bem como sobre a arrecadação dos bens, a realização dos ativos e o pagamento aos credores. Por sua vez, cabe ao juízo da execução fiscal a decisão sobre a existência, a exigibilidade e o valor do crédito, bem como sobre o eventual prosseguimento da cobrança contra os corresponsáveis.

O administrador judicial e o juízo falimentar deverão respeitar a presunção de certeza e liquidez do crédito tributário. As execuções fiscais permanecerão suspensas até o encerramento da falência, sem prejuízo da possibilidade de prosseguimento contra os corresponsáveis. A restituição e a compensação serão preservadas.

Caso a Fazenda Pública não apresente a lista completa de créditos inscritos em dívida ativa, o incidente será arquivado e a Fazenda Pública credora poderá requerer o seu desarquivamento. Este incidente será utilizado também em razão de FGTS e de Contribuições Previdenciárias. Por fim, cabe notar que, neste incidente, não haverá condenação em honorários de sucumbência.

17. AÇÃO DE RESTITUIÇÃO

17.1. Apresentação

Declarada a falência de certo empresário, dentre outras determinações, a sentença declaratória deve nomear o administrador judicial. Cabe a ele se dirigir ao juízo competente para, assinando, no prazo de 48 horas, o termo de compromisso, assumir, de fato e de direito, sua função.

Ato contínuo à assinatura do termo de compromisso, o administrador judicial efetuará a arrecadação dos bens e documentos e a avaliação dos bens, separadamente ou em bloco, no local em que se encontrem, requerendo ao juiz, para esses fins, as medidas necessárias.

É o que define o art. 108 da Lei n. 11.101/2005. É importante esclarecer que o administrador judicial arrecadará todos os bens que estiverem em poder do falido, seja de sua propriedade ou não, e todos os bens do falido que estejam em poder de terceiros, nos termos do art. 110, III e IV, da Lei n. 11.101/2005.

Para defender os interesses daquele que, não sendo o falido, teve bem ou direito seu arrecadado em processo de falência, a Lei n. 11.101/2005, entre os arts. 85 e 93, regulamenta o **pedido de restituição**.

17.2. Características e requisitos

Trata-se de uma **ação distribuída por dependência ao processo de falência**, autuando-se em separado. Assim, o pedido de restituição seguirá a estrutura-base da petição inicial. Há, porém, algumas diferenças. A primeira é o fato de que, nesta ação, **não há citação**, inobstante seja uma ação promovida perante a massa falida.

É imprescindível a **descrição da coisa reclamada**, objeto da restituição, e deverá ser fundamentado, nos termos do art. 87 da Lei n. 11.101/2005. É necessária tal descrição tendo em vista que, nos termos do art. 91 da mesma lei, o pedido de restituição suspende a disponibilidade da coisa até o trânsito em julgado. Na hipótese de procedência do pedido, o art. 92 determina que cabe ao autor ressarcir as despesas de conservação da coisa reclamada.

O juiz, ao receber o pedido inicial, mandará **intimar o falido, o Comitê, os credores e o administrador judicial**. Tais pessoas terão o prazo comum e sucessivo de cinco dias para se manifestarem sobre o pedido de restituição. Qualquer manifestação contrária à ação de restituição terá o efeito de contestação.

O art. 88, parágrafo único, da Lei n. 11.101/2005, por sua vez, prevê que, caso não haja contestação, a massa não será condenada ao pagamento de honorários advocatícios. A interpretação, *a contrario sensu*, deste dispositivo permite esclarecer que, somente se houver manifestação contrária, vale dizer, apenas na hipótese de existir contestação ao presente pedido, é que haverá condenação aos ônus da sucumbência. Ou seja, o pedido de condenação aos **ônus de sucumbência estará condicionado à apresentação de manifestação contrária ao presente pedido**.

O objeto da ação de restituição é a *coisa reclamada*. Porém, se a coisa não mais existir ao tempo do pedido de restituição, o requerente receberá o valor da avaliação do bem, ou, no caso de ter ocorrido sua venda, o respectivo preço, em ambos os casos no valor atualizado. É o que define o art. 86, I, da Lei n. 11.101/2005.

É importante destacar, ainda, nos termos do parágrafo único do art. 90 da Lei n. 11.101/2005, que caso o autor pretenda receber o bem ou a quantia reclamada antes do trânsito em julgado da sentença, ele deverá prestar caução. Caso seja procedente o pedido, o art. 88 determina que a coisa seja entregue no prazo de 48 horas. Porém, na hipótese de improcedência, cabe ao juiz determinar, se for o caso, a inclusão do requerente no quadro geral de credores, em conformidade com o art. 89.

Na redação original da Lei n. 11.101/2005, em sendo a restituição em dinheiro, o pagamento ocorreria após as antecipações de pagamento previstas nos arts. 150 e 151. Era o que dispunha o art. 86, parágrafo único, da Lei n. 11.101/2005. Porém, a Lei n. 14.122/2020 revogou o art. 86, parágrafo único, passando a ser considerado uma hipótese de crédito extraconcursal, na forma do art. 84, I-C, da Lei n. 11.101/2005. Aliás, as referidas antecipações também foram tornadas créditos extraconcursais, de acordo com o art. 84, I-A, da Lei n. 11.101/2005.

17.3. Como identificar a peça

O caso para a elaboração da peça prático-profissional descreverá uma situação em que houve a decretação da falência de determinado empresário ou sociedade empresária. Nesta situação, terceira pessoa terá algo de seu patrimônio arrecadado no processo de falência de outrem, havendo, portanto, a necessidade de se promover o pedido para ter tal coisa restituída.

Vale a pena, desde já, perceber a possibilidade de se promover embargos de terceiro, em face da situação mencionada. Frise-se, por oportuno, que a Lei n. 11.101/2005, nos arts. 85 e 86, apresenta as hipóteses em que se pleiteará a **ação de restituição**. Fora de tais casos, poderá o credor propor embargos de terceiro, nos termos do art. 93 da Lei de Falências.

17.4. Competência

A competência para o processamento e o julgamento da presente ação será do juízo que tiver decretado a falência. É o que prescreve o art. 87, § 1º, da Lei n. 11.101/2005. Trata-se de ação que deverá ser distribuída por dependência ao processo de falência. Assim, será imprescindível entre o endereçamento e o preâmbulo menção à distribuição por dependência ao processo de falência. Caso a questão não apresente o número do processo, deve-se fazer a menção nos seguintes termos:

Distribuição por dependência ao Processo n. ...

17.5. Fundamentos mais comuns

São hipóteses em que se pode manejar a ação de restituição:

a) o caso do proprietário de bem arrecadado no processo de falência ou que se encontre em poder do devedor na data da decretação da falência – art. 85, *caput*;

b) o caso da coisa vendida a crédito e entregue ao devedor nos 15 dias anteriores ao requerimento de sua falência, se ainda não alienada – art. 85, parágrafo único;

c) o caso da importância entregue ao devedor, em moeda corrente nacional, decorrente de adiantamento a contrato de câmbio para exportação – art. 86, II;

d) o caso dos valores entregues ao devedor pelo contratante de boa-fé na hipótese de revogação ou ineficácia do contrato, ou seja, diante de procedência da ação revocatória – art. 86, III;

e) o caso do dinheiro em poder do falido recebido de outrem ou por força de lei ou de contrato e do qual o falido não tenha disponibilidade – Súmula 417 do STF (tal entendimento não vale para o recebimento do saldo de conta bancária na falência de instituição financeira; nesta situação, a jurisprudência pacificada do STJ entende que o correntista deverá promover habilitação de crédito, haja vista a disponibilidade do banco);

f) o caso do credor ou proprietário fiduciário em que, na falência do devedor alienante terá o direito de pedir a restituição do bem alienado fiduciariamente – art. 7º do Decreto-lei n. 911/69; e

g) o caso da Fazenda Pública, relativamente a tributos passíveis de retenção na fonte, de descontos de terceiros ou de sub-rogação e a valores recebidos pelos agentes arrecadadores e não recolhidos aos cofres públicos – art. 86, IV (inserido pela Lei n. 14.122/2020).

Fora de tais hipóteses, se houver bem arrecadado em processo de falência, a medida judicial cabível são os embargos de terceiro (exemplo clássico: medida judicial para proteger a meação do cônjuge, arrecadada no processo de falência).

17.6. Estrutura da peça

1. **Endereçamento:** Excelentíssimo Senhor Doutor Juiz de Direito da... Vara de Falências e Recuperação de Empresas da Comarca de... do Estado de... (a mesma Vara que decretou a falência).

2. **Identificação das partes:** autor: o proprietário da coisa arrecadada em processo de falência de outrem; réu: a massa falida.

   Qualificação de pessoa física: Fulano de tal, nacionalidade..., estado civil..., profissão..., portador do RG n. ..., e do CPF n. ..., residente e domiciliado na... .

   Qualificação de pessoa jurídica: Nome empresarial, pessoa jurídica de direito privado, inscrita no CNPJ n. ..., estabelecida na..., neste ato se fazendo presente por seu administrador (diretor, caso se trate de sociedade anônima) ... (pode fazer a qualificação de "pessoa física").

3. **Representação judicial:** advogado assinado ao final, com mandato em anexo.
4. **Nome da ação e fundamento legal:** ação de restituição, com fundamento no... (verificar o fundamento legal do caso concreto).
5. **Narrativa dos fatos ("Dos Fatos"):** exposição dos fatos previstos na situação hipotética da questão. Não inventar outros fatos nem trazer detalhes ausentes no problema. Deve-se, portanto, literalmente, copiar, de maneira integral, a questão, conforme apresentada, sendo certo que a utilização de qualquer mecanismo de identificação anulará a peça, atribuindo-se nota ZERO.
6. **Fundamentação ("Do Direito"):** vale a pena ressaltar que a mera transcrição dos artigos não pontua. É a parte da peça em que deverão ser apresentados os dispositivos legais que asseguram o direito do cliente para o que se estará elaborando a peça processual. Nessa linha, em razão das várias possibilidades de fundamentação, sugere-se a releitura do presente capítulo.
7. **Tutela Provisória ("Da Tutela de Urgência"):** verificar, no caso apresentado, a possibilidade de se determinar a liberação do bem objeto de restituição, antes do trânsito em julgado.

   Se for o caso, será imprescindível abrir um tópico entre "Do Direito" e "Do Pedido" com o título "Da Tutela de Urgência". Cabe trazer explicação acerca do art. 300 do Código de Processo Civil, visando demonstrar a necessidade de antecipação dos efeitos da tutela pretendida. Especificamente, para o pedido de restituição, deve-se fazer menção e explicar, quando for o caso, o art. 90, parágrafo único, da Lei n. 11.101/2005.
8. **Pedidos ("Dos Pedidos"):** a) a antecipação dos efeitos da tutela com a sua posterior confirmação, por ocasião da sentença, no sentido de autorizar o autor a receber o bem objeto da presente ação, antes do trânsito em julgado (se for o caso); b) a intimação do falido, do Comitê, dos credores e do administrador judicial para, querendo, manifestarem-se sobre o presente feito, no prazo sucessivo de cinco dias, sob pena de revelia; c) a procedência do pedido em todos os seus termos, no sentido de determinar a entrega da coisa, no prazo de 48 horas, fixando multa diária ao réu em caso de atraso, nos termos do art. 537 do CPC; d) a condenação do réu aos ônus da sucumbência, nos termos do art. 85 do CPC, caso haja manifestação contrária ao presente pedido; e) que as intimações posteriores do presente feito sejam feitas no seguinte endereço... (art. 106, I, do CPC); f) a produção de todas as provas em Direito admitidas, especialmente por... (o pedido genérico de provas não pontua).
9. **Valor da causa:** Dá-se à causa o valor de R$ ... (valor da coisa reclamada) (art. 291 do CPC. A toda causa será atribuído um valor certo, ainda que não tenha conteúdo econômico imediato).
10. **Fechamento da peça:** local, data. Advogado, OAB n. ... (não inventar dados).

17.7. Questão da peça profissional

(**X Exame**) Em 9-10-2011, Quilombo Comércio de Equipamentos Eletrônicos Ltda., com sede e principal estabelecimento em Abelardo Luz, Estado de Santa Catarina, teve sua falência requerida por Indústria e Comércio de Eletrônicos Otacílio Costa Ltda., com fundamento no art. 94, I, da Lei n. 11.101/2005. O devedor, em profunda crise econômico-financeira, sem condição de atender aos requisitos para pleitear sua recuperação judicial, não conseguiu elidir o pedido de falência. O pedido foi julgado procedente em 11-11-2011, sendo nomeado pelo Juiz de Direito da Vara Única da Comarca de Abelardo Luz, o Dr. José Cerqueira como administrador judicial.

Ato contínuo à assinatura do termo de compromisso, o administrador judicial efetuou a arrecadação separada dos bens e documentos do falido, além da avaliação dos bens. Durante a arrecadação foram encontrados no estabelecimento do devedor 200 computadores e igual número de monitores. Esses bens foram referidos no inventário como bens do falido, adquiridos em 15-9-2011 de Informática e TI d'Agronômica Ltda. pelo valor de R$ 400.000,00.

Paulo Lopes, único administrador de Informática de TI d'Agronômica Ltda., procura você para orientá-lo na defesa de seus interesses diante da falência de Quilombo Comércio de Equipamentos Eletrônicos Ltda. Pelas informações e documentos apresentados, fica evidenciado que o devedor não efetuou nenhum pagamento pela aquisição dos 200 computadores e monitores, que a venda foi a prazo e em 12 parcelas, e a mercadoria foi recebida no dia 30-9-2011 por Leoberto Leal, gerente da sociedade.

Diligente, você procura imediatamente o Dr. José Cerqueira e verifica que consta do auto de arrecadação referência aos computadores e monitores, devidamente identificados pelas informações contidas na nota fiscal e número de série de cada equipamento. A mercadoria foi avaliada pelo mesmo valor da venda – R$ 400.000,00 – e ainda está no acervo da massa falida.

Na qualidade de advogado(a) de Informática e TI d'Agronômica Ltda., elabore a peça adequada, ciente de que não é do interesse do cliente o cumprimento do contrato pelo administrador judicial.

17.8. Modelo da peça

Ao juízo da Vara Única da Comarca de Abelardo Cruz, do Estado de Santa Catarina

Distribuição por dependência ao Processo n. ...

Informática e TI d'Agronômica Ltda., pessoa jurídica de direito privado, inscrita no CNPJ sob o n. ..., com sede na..., neste ato se fazendo presente por seu administrador, Paulo Lopes, pelo seu advogado, ao final assinado, com mandato em anexo, vem, respeitosamente, à presença de Vossa Excelência, com fundamento no art. 85, parágrafo único, da Lei n. 11.101/2005, propor

AÇÃO DE RESTITUIÇÃO

em face de Massa Falida da Quilombo Comércio de Equipamentos Eletrônicos Ltda., pelos fundamentos de fato e de direito a seguir:

DOS FATOS

Em 9-10-2011, Quilombo Comércio de Equipamentos Eletrônicos Ltda., com sede e principal estabelecimento em Abelardo Luz, Estado de Santa Catarina, teve sua falência requerida por Indústria e Comércio de Eletrônicos Otacílio Costa Ltda., com fundamento no art. 94, I, da Lei n. 11.101/2005. O devedor, em profunda crise econômico-financeira, sem condição de atender aos requisitos para pleitear sua recuperação judicial, não conseguiu elidir o pedido de falência. O pedido foi julgado procedente em 11-11-2011, sendo nomeado pelo Juiz de Direito da Vara Única da Comarca de Abelardo Luz, o Dr. José Cerqueira como administrador judicial.

Ato contínuo à assinatura do termo de compromisso, o administrador judicial efetuou a arrecadação separada dos bens e documentos do falido, além da avaliação dos bens. Durante a arrecadação foram encontrados no estabelecimento do devedor 200 computadores e igual número de monitores. Esses bens foram referidos no inventário como bens do falido, adquiridos em 15-9-2011 de Informática e TI d'Agronômica Ltda. pelo valor de R$ 400.000,00.

Pelas informações e documentos apresentados, fica evidenciado que o devedor não efetuou nenhum pagamento pela aquisição dos 200 computadores e monitores, que a venda foi a prazo e em 12 parcelas, e a mercadoria foi recebida no dia 30-9-2011 por Leoberto Leal, gerente da sociedade.

Verificou-se junto ao administrador judicial que consta do auto de arrecadação referência aos computadores e monitores, devidamente identificados pelas informações contidas na nota fiscal e número de série de cada equipamento. A mercadoria foi avaliada pelo mesmo valor da venda – R$ 400.000,00 – e ainda está no acervo da massa falida.

DO DIREITO

A presente medida judicial tem por fundamento o art. 85, parágrafo único, da Lei n. 11.101/2005, que prevê que pode ser pedida a restituição de coisa vendida a crédito e entregue ao devedor nos 15 dias anteriores ao requerimento da falência, se ainda não alienada. Como se viu, decretada a falência da Quilombo Comércio de Equipamentos Eletrônicos Ltda., houve a arrecadação dos computadores e monitores vendidos a crédito, tendo sido entregues em 30-9-2011, sendo certo que a falência foi requerida em 9-10-2011, portanto, dentre dos 15 dias anteriores mencionados.

Demonstrada a arrecadação dos bens pelo administrador judicial e que estes ainda fazem parte do acervo da massa falida, não tendo sido alienados, com base na documentação em anexo, faz-se necessária a procedência da presente ação, para o fim de julgá-la procedente e determinar a entrega dos computadores e monitores, devidamente identificados pelas notas fiscais e pelo número de série de cada equipamento ao autor.

DOS PEDIDOS

Diante do exposto, é a presente medida judicial para requerer:
a) A citação da Massa Falida de Quilombo Comércio de Equipamentos Eletrônicos Ltda. [importante destacar que a FGV exigiu tal pedido, que, ressalte-se, não tem amparo legal, sendo certo que o procedimento da ação de restituição se encontra previsto no art. 87 da Lei n. 11.101/2005; com o CPC, teríamos algo do tipo: a convocação de audiência de concilia-

ção ou de mediação, por opção do autor, devendo a Massa Falida de Quilombo Comércio de Equipamentos Eletrônicos Ltda. ser citada com antecedência mínima de 20 dias].

b) A intimação do falido, do Comitê, dos credores e do administrador judicial para, querendo, manifestarem-se sobre o presente feito, no prazo sucessivo de cinco dias, sob pena de revelia.

c) A procedência do pedido em todos os seus termos, no sentido de determinar a entrega da coisa, no prazo de 48 horas, fixando multa diária ao réu em caso de atraso, nos termos do art. 537 do CPC.

d) A condenação do réu aos ônus da sucumbência, nos termos do art. 85 do CPC, caso haja manifestação contrária ao presente pedido, e ao pagamento de custas.

e) Que as intimações posteriores do presente feito sejam feitas no seguinte endereço... (art. 106, I, do CPC).

f) A produção de todas as provas em Direito admitidas, especialmente pela juntada do contrato de compra e venda, da nota fiscal e do comprovante de entrega e recebimento de mercadoria, tudo desde já requerido (o pedido genérico de provas não pontua).

Dá-se à causa o valor de R$ 400.000,00 (Quatrocentos mil reais).

Nestes termos.
Pede deferimento.
Local, Data.
Advogado – OAB n. ...

18. AÇÃO REVOCATÓRIA

18.1. Apresentação

A falência de determinado empresário não é algo que aconteça do dia para a noite. Pode até acontecer; mas o que é mais normal é a atividade empresarial ir definhando aos poucos. O empresário, o mais das vezes, vive a oscilar entre o estágio normal e o estágio de crise econômico-financeira; para, só então, chegar-se aos estágios de insolvência e de falência. Este sabe que, até determinado momento, ele ainda consegue resolver o seu problema econômico-financeiro. Deste momento em diante, é possível e provável que o empresário venha a praticar determinados atos fraudulentos, visando desviar patrimônio, seja simplesmente para evitar que seja levado para falência, seja para pagar determinados credores em detrimento dos demais.

Tais atos, considerados fraudulentos nos termos da Lei n. 11.101/2005, serão considerados ineficazes. A *ineficácia* em relação ao processo de falência pode ser:

a) **subjetiva:** quando houver a necessidade de se provar o conluio fraudulento e o efetivo prejuízo sofrido pela massa falida (art. 130); ou

b) **objetiva:** quando for considerado ineficaz, independentemente de prova do conluio e do prejuízo, porque presumidos – por presunção absoluta – pelo legislador (art. 129).

A depender do tipo de ineficácia, buscar-se-á um provimento judicial diferente. Para a *ineficácia subjetiva*, o objetivo é a revogação do ato praticado, em razão da prova da fraude e do prejuízo ocasionado à massa falida. Para a *ineficácia objetiva*, o objetivo é a declaração de ineficácia em relação à massa falida.

Independentemente, porém, do tipo de fraude praticada em razão de um processo de falência, a medida judicial para corrigir tais atos, revertendo os seus efeitos, é a **ação revocatória**, que se encontra atualmente regulamentada entre os arts. 129 e 138 da Lei n. 11.101/2005.

18.2. Características e requisitos

Trata-se de uma ação que deve ser proposta pelo administrador judicial, pelo credor ou pelo Ministério Público, no prazo de três anos contados da declaração da falência, nos termos do art. 132 da Lei n. 11.101/2005. Pensando no Exame de Ordem, regra geral, será o credor quem irá promover a presente ação.

No que tange ao administrador judicial, é oportuno considerar que ele não é parte em nenhuma das ações judiciais previstas na Lei n. 11.101/2005. Na verdade, trata-se a massa falida da parte legitimada para tais ações, cabendo ao administrador judicial representá-la, nos termos do art. 22, III, *n*, da Lei n. 11.101/2005 e do art. 75, V, do CPC.

O legislador menciona o administrador judicial, haja vista a massa falida ser um ente despersonalizado. Assim, não só nesta hipótese, mas em qualquer medida judicial cuja lei indicar o administrador judicial como "legitimado", deve-se entender pela legitimidade da massa falida.

A única exceção que deve ser feita – e que, portanto, haverá legitimidade do administrador judicial – é a sua ação de prestação de contas, prevista no art. 154 da Lei n. 11.101/2005. Em um Exame de Ordem, não se considera viável a propositura da presente peça prático-profissional pelo MP.

Tal ação obedecerá ao procedimento comum do CPC. Ou seja, a petição inicial seguirá os moldes do art. 319 do CPC. Além disso, a ação revocatória correrá perante o juízo que decretar a falência. Desse modo, haverá a necessidade de se indicar que o pedido deve ser distribuído por dependência à vara onde tramitar a ação falimentar.

Reitere-se a utilização supletiva das normas do Código de Processo Civil aos procedimentos previstos na Lei n. 11.101/2005. Com o advento da Lei n. 13.105/2015, é tal normatização e não mais o CPC/73 que servirá de regência supletiva para a lei de falência e recuperação de empresas. É o que se extrai do art. 189 da Lei n. 11.101/2005.

Curioso é notar que o empresário falido não é parte na ação revocatória. Vale dizer, **o falido não tem legitimidade ativa ou passiva para a ação revocatória**. Como já se mostrou quem pode promover, não se pode deixar de ressaltar que a ação revocatória pode ser promovida:

a) contra todos os que figuraram no ato ou que por efeito dele foram pagos, garantidos ou beneficiados;

b) contra os terceiros adquirentes, se tiveram conhecimento, ao se criar o direito, da intenção do devedor de prejudicar os credores; e

c) contra os herdeiros ou legatários das pessoas anteriormente indicadas.

18.3. Como identificar a peça

A identificação da ação revocatória é feita de maneira tranquila. O caso narrará a decretação da falência de determinado empresário que, porém, antes da falência teria praticado determinado negócio jurídico, por meio do qual direitos, bens ou dinheiro saíram do seu patrimônio. O credor demonstrará o interesse na presente ação em vista de que ele deseja o retorno de tais bens para a massa falida. Afinal de contas, quanto mais bens a massa falida tiver, maiores serão as chances de os credores serem pagos.

18.4. Competência

O art. 3º da Lei n. 11.101/2005 determina que é competente para decretar a falência o juízo do local do principal estabelecimento do devedor ou da filial de empresa que tenha sede fora do Brasil. Nos termos do que prevê o art. 134 da Lei n. 11.101/2005, a **ação revocatória** deve correr perante o juízo da falência. Desse modo, trata-se de um caso de distribuição por dependência. Assim, logo após o endereçamento da petição inicial, deve-se fazer expressa menção a que a presente ação seja distribuída por dependência ao processo de falência.

18.5. Fundamentos mais comuns

O termo legal da falência, nos termos do art. 99, II, deve ser fixado pelo juiz e significa, em síntese, aquela data a partir da qual o empresário pressente que a crise econômico-financeira pode não ser mais superável. O *termo legal* da falência é a data a que se chega após a contagem do prazo retroativo de até 90 dias contados do pedido de falência, do pedido de recuperação judicial ou do primeiro protesto por falta de pagamento, excluindo-se, para esta finalidade, os protestos que tenham sido cancelados.

Há fundamentos para a ação revocatória relacionados ao termo legal da falência:

I – o pagamento de dívidas não vencidas, por qualquer meio extintivo do direito de crédito, ainda que pelo desconto do próprio título;

II – o pagamento de dívidas vencidas e exigíveis, por qualquer forma que não seja a prevista pelo contrato; e

III – a constituição de direito real de garantia, inclusive a retenção, tratando-se de dívida contraída anteriormente; se os bens dados em hipoteca forem objeto de outras posteriores, a massa falida receberá a parte que devia caber ao credor da hipoteca revogada.

Pode-se falar, ainda, na existência de outro termo legal, relativo aos atos gratuitos. Desta feita, o termo legal é estabelecido pela própria lei, independentemente de qualquer condição. Tal prazo é de dois anos, contados retroativamente da decretação da falência. Desse modo, qualquer ato gratuito, como doação ou renúncia à herança ou a legado até dois anos antes da decretação da falência, poderá ser revertido.

Não se pode deixar de notar que existem hipóteses em que caberá a propositura da presente ação independentemente de prazo. São elas:

a) a venda ou transferência de estabelecimento feita sem o consentimento expresso ou o pagamento de todos os credores, a esse tempo existentes, não tendo restado ao devedor bens suficientes para solver o seu passivo, salvo se, no prazo de 30 dias, não houver oposição dos credores, após serem devidamente notificados, judicialmente ou pelo oficial do registro de títulos e documentos; e

b) os registros de direitos reais e de transferência de propriedade entre vivos, por título oneroso ou gratuito, ou a averbação relativa a imóveis realizados após a decretação da falência, salvo se tiver havido prenotação anterior.

Os fundamentos descritos até aqui se relacionam às hipóteses de *ineficácia objetiva*, prevista no art. 129 da Lei n. 11.101/2005. Repise-se que, em tais hipóteses, não há necessidade de prova do conluio e do efetivo prejuízo sofrido pela massa falida. Tais hipóteses são ineficazes em relação à massa falida, tenha ou não o contratante conhecimento do estado de crise econômico-financeira do devedor, seja ou não intenção deste fraudar credores.

É importante considerar que a antecipação de pagamento, a dação em pagamento e a constituição irregular de garantia real, dentro do termo legal, e a realização do trespasse, a qualquer tempo, que tenham sido previstos no plano de recuperação, judicial ou extrajudicial, e dessa forma realizados, não poderão dar ensejo à Ação Revocatória, de acordo com o art. 131 da Lei n. 11.101/2005, com a nova redação que lhe foi dada pela Lei n. 14.122/2020.

Além da ineficácia objetiva, há ainda a *ineficácia subjetiva*. Para se conseguir a **ação revocatória**, na ineficácia subjetiva, far-se-á necessária a existência de um negócio jurídico havido entre o empresário falido e terceira pessoa, antes da falência daquele. É preciso que se comprove o concílio fraudulento entre tais pessoas, ou seja, a demonstração de que o negócio jurídico foi firmado com o objetivo de frustrar o processo de falência. Além disso, é necessário, ainda, que se prove o efetivo prejuízo que a massa falida sofreu com a prática do referido ato.

Por fim, é oportuno perceber que hipóteses de ajuizamento da ação revocatória previstas na legislação extravagante: (i) quando ocorrer a falência, se já se houver efetuado o reembolso dos ex-acionistas à conta do capital social – sofrendo redução – não tendo ocorrido, ainda, a substituição destes, nos termos do art. 45, § 8º, da Lei n. 6.404/76; (ii) as mesmas "ineficácias" previstas na Lei n. 11.101/2005, em face do processo de falência, poderão ser deduzidas judicialmente quando ocorrer a decretação de liquidação extrajudicial de uma instituição financeira, determinada pelo Banco Central, nos termos dos arts. 34 e 35 da Lei n. 6.024/74.

18.6. Estrutura da peça

1. **Endereçamento:** Excelentíssimo Senhor Doutor Juiz de Direito da... Vara de Falências e Recuperação de Empresas da Comarca de... do Estado de... (mesmo juízo que decretou a falência).

    Indicação de que a ação revocatória deve ser distribuída por dependência [esta indicação não cabe quando esta ação for proposta em face da decretação de liquidação extrajudicial de instituição financeira] antes da identificação e qualificação das partes:

    Distribuição por dependência ao Processo n. ... .

2. **Identificação das partes:** autor: o credor de um processo de falência, ou a massa falida, representada pelo administrador judicial; réu: a pessoa que contratou com o empresário, antes de sua falência, os terceiros adquirentes e/ou os herdeiros ou legatários (pode ser feito litisconsórcio passivo, a depender do que apresentar a questão).

    Qualificação de pessoa física: Fulano de tal, nacionalidade..., estado civil..., profissão..., portador do RG n. ..., e do CPF n. ..., residente e domiciliado na... .

    Qualificação de pessoa jurídica: Nome empresarial, pessoa jurídica de direito privado, inscrita no CNPJ n. ..., estabelecida na..., neste ato se fazendo presente por seu administrador (diretor, caso se trate de sociedade anônima) ... (pode fazer a qualificação de "pessoa física").

3. **Representação judicial:** advogado assinado ao final, com mandato em anexo.

4. **Nome da ação e fundamento legal:** ação revocatória, com fundamento no art. 129, [indicar o inciso pertinente], da Lei n. 11.101/2005; ação revocatória, com fundamento no art. 130 da Lei n. 11.101/2005. A depender do caso concreto, observar a necessidade de fazer menção à legislação extravagante.

5. **Narrativa dos fatos ("Dos Fatos"):** exposição dos fatos previstos na situação hipotética da questão. Não inventar outros fatos nem trazer detalhes ausentes

no problema. Deve-se, portanto, literalmente, copiar, de maneira integral, a questão, conforme apresentada, sendo certo que a utilização de qualquer mecanismo de identificação anulará a peça, atribuindo-se nota ZERO.

6. **Fundamentação ("Do Direito")**: vale a pena ressaltar que a mera transcrição dos artigos não pontua. É a parte da peça em que deverão ser apresentados os dispositivos legais que asseguram o direito do cliente para o que se estará elaborando a peça processual. Nessa linha, em razão das várias possibilidades de fundamentação, sugere-se a releitura do presente capítulo.

7. **Tutela provisória ("Da Tutela de Urgência")**: não se pode deixar de fazer menção ao art. 137 da Lei n. 11.101/2005. Aludido dispositivo prevê: "O juiz poderá, a requerimento do autor da ação revocatória, ordenar, como medida preventiva, na forma da lei processual civil, o sequestro dos bens retirados do patrimônio do devedor que estejam em poder de terceiros".

   Se for o caso, será imprescindível abrir um tópico entre "Do Direito" e "Do Pedido" com o título "Da Tutela de Urgência". Cabe trazer explicação acerca do art. 300 do Código de Processo Civil, visando demonstrar a necessidade de antecipação dos efeitos da tutela pretendida, devendo ser concedida liminarmente, nos termos do art. 300, § 2º.

8. **Pedidos ("Dos Pedidos")**: a) a antecipação dos efeitos da tutela com a sua posterior confirmação, por ocasião da sentença, no sentido de realizar o sequestro dos bens retirados do patrimônio do falido que estejam em poder dos réus; b) a convocação de audiência de conciliação ou de mediação, por opção do autor, devendo o réu ser citado com antecedência mínima de 20 dias; c) a procedência do pedido em todos os seus termos, no sentido de declarar a ineficácia perante a massa falida dos atos praticados pelo falido – para a ineficácia objetiva (ou revogar os atos praticados pelo falido, em razão da prova cabal do conluio fraudulento e dos prejuízos sofridos pela massa falida – ineficácia subjetiva); d) a condenação do réu (ou dos réus, se for o caso) aos ônus da sucumbência, nos termos do art. 85 do CPC; e) que as intimações posteriores do presente feito sejam feitas no seguinte endereço... (art. 106, I, do CPC); f) a produção de todas as provas em Direito admitidas, especialmente por... (o pedido genérico de provas não pontua).

9. **Valor da causa:** Dá-se à causa o valor de R$ ... [valor do objeto que será restituído à massa falida] (art. 291 do CPC. A toda causa será atribuído um valor certo, ainda que não tenha conteúdo econômico imediatamente aferível).

10. **Fechamento da peça:** local, data. Advogado, OAB n. ... (não inventar dados).

18.7. Questão da peça profissional

(XXIII Exame) Em maio de 2014, os quatro sócios de Santa Mariana Farmacêutica Ltda. aprovaram, por unanimidade, a alteração do objeto social com restituição de quatro imóveis do patrimônio da sociedade aos sócios Andrea, Bruno, Carlos e Denise.

Os sócios Andrea e Bruno, casados em regime de separação parcial, receberam dois imóveis da sociedade e, em 11 de setembro de 2014, realizaram doação com reserva de usufruto vitalício para Walter e Sandra, seus dois filhos com 7 (sete) e 3 (três) anos de idade. Em 27 de junho de

2017, foi decretada a falência da sociedade empresária pelo juiz da Comarca de Vara Única de Laranja da Terra/ES.

O administrador judicial Barbosa Ferraz descobriu que as doações são fortes indícios do intuito fraudulento de todos os sócios na dilapidação patrimonial em prejuízo dos credores. No caso de Andrea e Bruno e seus filhos Walter e Sandra, verifica-se que as doações em benefício dos próprios filhos dos sócios de tenra idade, ocorreram sem qualquer justificativa, a evidenciar a clara intenção de ocultação de bens passíveis de constrição para pagamento das obrigações decorrentes do exercício da empresa.

A crise da empresa já se anunciava desde 2013, quando os balanços patrimoniais começam a revelar a elevação dos prejuízos, a diminuição da receita e o aumento de ações de cobrança. Assim, foi engendrada a trama que pôs a salvo o patrimônio pessoal dos sócios, esvaziando a possibilidade dos credores de alcançá-los para a solvência de dívida, ao mesmo tempo em que Andrea e Bruno resguardaram o direito de uso, administração e percepção dos frutos dos bens que só seriam de posse dos donatários após o falecimento destes.

No caso os sócios Carlos e Denise, verifica-se que eles alienaram os outros dois imóveis recebidos a Xavier, três dias depois do requerimento de falência, sendo no mesmo dia realizada a prenotação no Registro de Imóveis. O administrador descobriu que Xavier é um ex-empregado da sociedade falida, que foi testemunha nas escrituras de doação dos imóveis por Andrea e Bruno e trabalha atualmente como contador para Denise.

De posse da ata da assembleia de maio de 2014, do traslado das escrituras de doação e alienação dos imóveis e das certidões do Registro de Imóveis que lhe foram entregues pelo administrador judicial, o advogado irá tomar as providências cabíveis em defesa dos interesses da massa falida.

Elabore a peça processual adequada.

18.8. Modelo da peça

Ao juízo da Vara Única da Comarca de Laranjal da Terra do Estado de ES

Distribuição por dependência ao Processo n. ...

Massa Falida de Santa Mariana Farmacêutica Ltda., representada pelo administrador judicial Barbosa Ferraz, por seu advogado, ao final assinado, com mandato em anexo, vem, respeitosamente, à presença de Vossa Excelência, com fundamento no art. 130 da Lei n. 11.101/2005, propor

AÇÃO REVOCATÓRIA

em face de Andrea, [qualificação], Bruno, [qualificação], Walter, [qualificação], Sandra, [qualificação], Carlos, [qualificação], Denise, [qualificação] e Xavier, [qualificação], pelos fundamentos de fato e de direito a seguir:

DOS FATOS

Em maio de 2014, os quatro sócios de Santa Mariana Farmacêutica Ltda. aprovaram, por unanimidade, a alteração do objeto social com restituição de quatro imóveis do patrimônio da sociedade aos sócios Andrea, Bruno, Carlos e Denise.

Os sócios Andrea e Bruno, casados em regime de separação parcial, receberam dois imóveis da sociedade e, em 11 de setembro de 2014, realizaram doação com reserva de usufruto vitalício para Walter e Sandra, seus dois filhos, com 7 (sete) e 3 (três) anos de idade. Em 27 de junho de 2017, foi decretada a falência da sociedade empresária pelo juiz da Comarca de Vara Única de Laranjal da Terra/ES.

O administrador judicial Barbosa Ferraz descobriu que as doações são fortes indícios do intuito fraudulento de todos os sócios na dilapidação patrimonial em prejuízo dos credores. No caso de Andrea e Bruno e seus filhos Walter e Sandra, verifica-se que as doações em benefício dos próprios filhos dos sócios de tenra idade ocorreram sem qualquer justificativa, a evidenciar a clara intenção de ocultação de bens passíveis de constrição para pagamento das obrigações decorrentes do exercício da empresa.

A crise da empresa já se anunciava desde 2013, quando os balanços patrimoniais começam a revelar a elevação dos prejuízos, a diminuição da receita e o aumento de ações de cobrança. Assim, foi engendrada a trama que pôs a salvo o patrimônio pessoal dos sócios, esvaziando a possibilidade dos credores de alcançá-los para a solvência de dívida, ao mesmo tempo que Andrea e Bruno resguardaram o direito de uso, administração e percepção dos frutos dos bens que só seriam de posse dos donatários após o falecimento destes.

No caso dos sócios Carlos e Denise, verifica-se que eles alienaram os outros dois imóveis recebidos a Xavier, três dias depois do requerimento de falência, sendo no mesmo dia realizada a prenotação no Registro de Imóveis. O administrador descobriu que Xavier é um ex-empregado da sociedade falida, que foi testemunha nas escrituras de doação dos imóveis por Andrea e Bruno e trabalha atualmente como contador para Denise.

DO DIREITO

A presente medida judicial tem por fundamento o art. 130 da Lei n. 11.101/2005, que determina a possibilidade de revogação (ou de ineficácia subjetiva, conforme a doutrina), em relação à massa falida, de atos praticados antes da decretação da falência, com a intenção de prejudicar credores. Para tanto, há a necessidade de presença de conluio fraudulento entre o devedor e o terceiro que com ele contratar e do efetivo prejuízo sofrido pela massa falida.

Por sua vez, em conformidade com o que se encontra no art. 133 da Lei n. 11.101/2005, a presente ação poderá ser promovida contra todos aqueles que tiveram ou puderam ter contato com o bem objeto da fraude. Daí a necessidade do presente feito, qual seja, a de, nos termos do art. 136, determinar o retorno dos bens à massa falida, retornando as partes ao estado anterior.

O caso concreto demonstra que, no caso de Andrea e Bruno e seus filhos Walter e Sandra, verifica-se que as doações em benefício dos próprios filhos dos sócios ocorreram sem qualquer justificativa, a evidenciar a clara intenção de ocultação de bens passíveis de constrição para pagamento das obrigações decorrentes do exercício da empresa, ao mesmo tempo que eles resguardaram o direito de uso, administração e percepção dos frutos dos bens que só seriam de posse de seus filhos após o falecimento dos pais.

Por sua vez, no caso de Carlos e Denise, foi verificado que eles alienaram os outros dois imóveis recebidos a Xavier, três dias depois do requerimento de falência, sendo no mesmo dia realizada a prenotação no Registro de Imóveis.

Já no caso de Xavier, esse tinha conhecimento das doações, adquiriu os dois imóveis de Carlos e Denise logo após o requerimento de falência, sendo também ex-empregado da sociedade falida, e trabalha atualmente para Denise, como contador.

Por fim, em relação ao prejuízo ao falido, as doações foram realizadas em 2014 e a crise da empresa já se anunciava desde 2013, quando os balanços patrimoniais começaram a revelar a elevação dos prejuízos, a diminuição da receita e o aumento de ações de cobrança, e as alienações foram realizadas três dias após o pedido de falência.

Por todo o exposto, há necessidade de ser determinada a devolução dos imóveis à massa falida, reintegrando seu acervo, o que deverá ser feito por meio da presente ação revocatória. Frise-se, por oportuno, a tempestividade do presente feito, na medida em que está sendo promovido dentro do prazo de 3 anos, contados da decretação da falência, de acordo com o art. 132 da Lei n. 11.101/2005.

DA TUTELA DE URGÊNCIA

O Código de Processo Civil, em seu art. 300, determina que a tutela provisória de urgência será concedida quando houver elementos que evidenciem a probabilidade do direito e o perigo de dano ou o risco ao resultado útil do processo. Por sua vez, pelo art. 300, § 2º, do CPC, a tutela de urgência poderá ser concedida liminarmente. Por fim, o art. 301 do CPC estabelece que a tutela de urgência de natureza cautelar pode ser efetivada, dentre outros meios, mediante o sequestro de bens.

Na mesma linha, prescreve o art. 137 da Lei n. 11.101/2005 que o juiz poderá, a requerimento do autor da ação revocatória, ordenar, como medida preventiva, na forma da lei processual civil, o sequestro dos bens retirados do patrimônio do devedor que estejam em poder de terceiros.

Assim, visando resguardar os interesses da massa falida, faz-se necessário o deferimento de tutela provisória, em caráter liminar, no sentido de determinar o sequestro dos imóveis fraudulentamente desviados, aqui descritos, diante do flagrante prejuízo causado à massa falida.

DO PEDIDO

Diante do exposto, é a presente medida judicial para requerer:
a) a antecipação dos efeitos da tutela com a sua posterior confirmação, por ocasião da sentença, no sentido de determinar o sequestro dos bens retirados do patrimônio do devedor e que estão em poder dos réus;
b) a convocação de audiência de conciliação ou de mediação, por opção do autor, devendo o réu ser citado com antecedência mínima de 20 dias;
c) a procedência do pedido em todos os seus termos, no sentido de revogar todas as transferências imobiliárias aqui descritas, determinando o seu retorno ao acervo da massa falida, com todos os seus acessórios, acrescidos das perdas e danos, a serem apuradas, na forma do art. 135 da Lei n. 11.101/2005;
d) a condenação do réu aos ônus da sucumbência, nos termos do art. 85 do CPC, e ao pagamento de custas;
e) que as intimações posteriores do presente feito sejam feitas no seguinte endereço... (art. 106, I, do CPC);
f) a produção de todas as provas em Direito admitidas, especialmente pela juntada da ata de assembleia de maio de 2014, das escrituras de alienação e doação dos imóveis e das certidões do Registro de Imóveis e tudo o mais que se fizer necessário, desde logo já requerido (o pedido genérico de provas não pontua).

Dá-se à causa o valor de R$ ... (valor dos imóveis).

Nestes termos.
Pede deferimento.
Local, Data.
Advogado – OAB n. ...

19. AÇÃO DECLARATÓRIA DE EXTINÇÃO DAS OBRIGAÇÕES DO FALIDO (AÇÃO DE REABILITAÇÃO)

19.1. Apresentação

A **ação declaratória de extinção das obrigações do falido** é, também, conhecida como **ação de reabilitação do falido**. Com previsão normativa no **art. 159 da Lei n. 11.101/2005**, a referida medida judicial implementa, na prática, aquilo que a doutrina denomina como a *fase pós-falimentar*. Com efeito, na *fase pré-falimentar* será verificada a ocorrência dos pressupostos para declaração da falência. Com a decretação da falência, inicia-se a *fase falimentar*, que é a fase do concurso de credores, ou seja, a fase do processo de falência propriamente dito.

Por sua vez, a fase pós-falimentar está relacionada ao final da fase falimentar propriamente dita, com a prolatação da sentença de encerramento. Encerrado o processo de falência, deverá ser *reconhecida a extinção das obrigações do falido*. Tal reconhecimento, como aqui se estudará, deverá ser feito *mediante a ação* que dá nome ao presente capítulo. Outrossim, a depender do caso concreto, poderá ocorrer, *mediante simples petição* dentro dos autos principais do processo de falência.

Neste capítulo, o foco principal será o da **ação** propriamente dita, a ser **distribuída por dependência** ao processo de falência. Porém, naquilo que for pertinente, serão demonstradas as peculiaridades sobre o pedido realizado nos autos principais. Não se pode deixar de notar, nos termos do art. 102 da Lei n. 11.101/2005, que o falido fica inabilitado para exercer qualquer atividade empresarial a partir da decretação da falência até a sentença que extingue suas obrigações.

19.2. Características e requisitos

O art. 159 da Lei n. 11.101/2005 determina que tão logo o falido se encontre em alguma das situações legalmente estabelecidas (art. 158), possa requerer ao juízo da falência que suas obrigações sejam declaradas extintas por sentença. Por sua vez, esclarece o § 1º do art. 159: "a secretaria do juízo fará publicar imediatamente informação sobre a apresentação do requerimento a que se refere este artigo, e, no prazo comum de 5 dias, qualquer credor, o administrador judicial e o Ministério Público poderão se manifestar exclusivamente para apontar inconsistências formais e objetivas".

Em face de tais disposições é que se percebe que se trata de uma ação a ser distribuída por dependência ao juízo que decretou a falência. A publicação imediata da informação sobre a apresentação do requerimento de extinção das obrigações do falido, por sua vez, deve ser entendida, para fins de 2ª Fase do Exame de Ordem, como um pedido a ser apresentado.

Com efeito, a **legitimidade ativa** do presente feito é do **empresário falido**. Apesar de os credores poderem apresentar objeção, eles o fazem na condição de interessados, *não havendo efetivamente um réu nesta ação*. Se ela estivesse dentro do CPC, certamente, estaria prevista no âmbito dos procedimentos especiais de jurisdição voluntária.

Findo o prazo de objeção, o juiz deverá proferir sentença, em quinze dias (art. 159, § 3º), inclusive as de natureza trabalhista. Porém, **se o requerimento de extinção das obrigações for apresentado antes do encerramento da falência**, o juiz declarará a extinção das obrigações do falido na própria sentença de encerramento. Veja que o marco temporal para examinar se a extinção das obrigações do falido será decretada mediante ação própria ou mediante simples pedido é o da ocorrência do encerramento do processo de falência.

Assim, **se já houver sentença de encerramento, haverá a necessidade do ajuizamento de uma ação própria** para ser apresentado o requerimento de extinção das obrigações do falido. Entretanto, **acaso não tenha havido ainda a sentença de encerramento, a declaração de extinção das obrigações do falido será requerida mediante simples pedido**.

A sentença que declarar extintas as obrigações deverá ser comunicada a todas as pessoas e entidades informadas da decretação de falência (art. 159, § 4º). Da sentença caberá apelação (art. 159, § 5º). Após o trânsito em julgado, os autos serão apensos aos da falência (art. 159, § 6º). A presente ação também poderá ser promovida pelo sócio com responsabilidade limitada (art. 160).

A sentença, que declarar extintas as obrigações do falido, somente poderá ser rescindida por ação rescisória, na forma do CPC, a pedido de qualquer credor, caso se verifique que o falido tenha sonegado bens, direitos ou rendimentos de qualquer espécie anteriores à data da petição inicial ou do requerimento de extinção das obrigações. O direito à rescisão mencionada extingue-se no prazo de dois anos, contados do trânsito em julgado da sentença que declara extintas as obrigações do falido. Tudo na forma do art. 159-A, inserido pela Lei n. 14.122/2020.

19.3. Como identificar a peça

A presente peça é de fácil identificação, na medida em que se trata de um caso específico. A questão narrará situação hipotética em que foi decretada a falência de determinado empresário, cujo processo chegou ao final da etapa de liquidação – seja porque não há mais o que vender ou não há mais a quem pagar. Caso já tenha ocorrido a sentença de encerramento do processo de falência, deverá ser manejada ação própria; do contrário, bastará simples pedido nos autos principais da falência.

19.4. Competência

Nos termos do art. 159 da Lei n. 11.101/2005, a **competência será do juízo da falência**, seja porque a ação de declaração de extinção das obrigações do falido será distribuída por dependência, seja porque o pedido, de mesmo teor, é protocolado nos próprios autos falimentares.

9.5. Fundamentos mais comuns

Os fundamentos para o requerimento de extinção das obrigações do falido, seja mediante ação própria, seja mediante simples pedido nos próprios autos da falência, estão previstos no art. 158 da Lei n. 11.101/2005:

I – **o pagamento de todos os créditos** – deve-se perceber, conforme já estudado, que o que está na gênesis da decretação da falência é uma inadimplência, de modo que, pago todos os credores, não faz sentido manter o empresário sofrendo os efeitos do decreto de quebra (**art. 158, I**);

II – **o pagamento**, depois de realizado todo o ativo, **de mais de 25% dos créditos quirografários**, sendo facultado ao falido o depósito da quantia necessária para atingir essa porcentagem se para tanto não bastou a integral liquidação do ativo – é cabível perceber que, apesar de as bancas examinadoras em geral utilizarem tal dispositivo em sua literalidade, não é o falido quem fará o depósito de quantia para atingir essa porcentagem, mas sim alguém em seu favor, mesmo porque tudo o que estiver em seu nome, no período em que a decretação de falência surtir efeitos, será arrecadado pelo administrador judicial (**art. 158, II** – com a redação dada pela Lei n. 14.122/2020);

III – o decurso do **prazo de três anos**, contados da decretação da falência, **ressalvada a utilização dos bens arrecadados anteriormente**, que serão destinados à liquidação para a satisfação dos credores habilitados ou com pedido de reserva realizado (**art. 158, V**);

IV – o **encerramento, por sentença da falência**, seja em razão de se chegar ao final da fase de liquidação judicial (art. 156), seja em razão de não serem encontrados bens para fins de arrecadação, ou se os bens arrecadados não forem suficientes para cobrir as despesas do processo (**art. 158, VI**).

19.6. Estrutura da peça

1. **Endereçamento:** Excelentíssimo Senhor Doutor Juiz de Direito da... Vara de Falência e Recuperação de Empresas da Comarca de... do Estado de... . (o juízo que decretou a falência – atenção às informações constante do caso concreto)

    Para a ação judicial, fazer a seguinte menção: "Distribuição por dependência ao processo n. ...". Para o pedido dentro dos próprios autos: "Processo n. ..."

2. **Identificação das partes:** autor: o empresário individual, a sociedade empresária ou a empresa individual de responsabilidade limitada declarados falido. No caso da falência de sociedade com sócio de responsabilidade ilimitada, este sócio também será legitimado. Réu: não há. As mesmas pessoas mencionadas na condição de autor são as que podem promover o requerimento de extinção das obrigações, mediante simples pedido nos próprios autos.

Qualificação de pessoa física: Fulano de tal, nacionalidade..., estado civil..., profissão..., portador do RG n. ..., e do CPF n. ..., residente e domiciliado na... .

Qualificação de pessoa jurídica: Nome empresarial, pessoa jurídica de direito privado, inscrita no CNPJ n. ..., estabelecida na..., neste ato se fazendo presente por seu administrador (diretor, caso se trate de sociedade anônima) ... (pode fazer a qualificação de "pessoa física").

3. **Representação judicial:** advogado assinado ao final, com mandato em anexo.
4. **Nome da ação e fundamento legal:** ação de declaração de extinção das obrigações do falido, com fundamento no art. 159 da Lei n. 11.101/2005 (no caso do pedido de nos próprios autos: pedido de declaração de extinção das obrigações do falido, com fundamento no art. 159, § 3º, da Lei n. 11.101/2005).
5. **Narrativa dos fatos ("Dos Fatos"):** exposição dos fatos previstos na situação hipotética da questão. Não inventar outros fatos nem trazer detalhes ausentes no problema. Deve-se, portanto, literalmente, copiar, de maneira integral, a questão, conforme apresentada, sendo certo que a utilização de qualquer mecanismo de identificação anulará a peça, atribuindo-se nota ZERO.
6. **Fundamentação ("Do Direito"):** vale a pena ressaltar que a mera transcrição dos artigos não pontua. É a parte da peça em que deverão ser apresentados os dispositivos legais que asseguram o direito do cliente para o que se estará elaborando a peça processual. Nessa linha, é importante enquadrar a situação do caso concreto a uma das possibilidades previstas no art. 158 da Lei n. 11.101/2005.
7. **Pedidos ("Dos Pedidos"):** a) a publicação na imprensa oficial e em jornal de grande circulação, mediante edital, a fim de que os credores possam, se for o caso, apresentar objeção (art. 159, §§ 1º e 2º); b) a procedência do pedido em todos os seus termos, no sentido de declarar a extinção das obrigações do falido, reabilitando-o para todos os atos da vida empresarial; c) a determinação à Junta Comercial para que se proceda à anotação de extinção das obrigações no registro do empresário, excluindo, assim, a sua condição de falido; d) que as intimações posteriores do presente feito sejam feitas no seguinte endereço... (art. 106, I, do CPC) - este pedido não será necessário para o requerimento nos próprios autos, antes da sentença de encerramento; e) a produção de todas as provas em Direito admitidas, especialmente por... (o pedido genérico de provas não pontua).
8. **Valor da causa:** Dá-se à causa o valor de R$ ... (art. 291 do CPC. A toda causa será atribuído um valor certo, ainda que não tenha conteúdo econômico imediatamente aferível). Não há, para o requerimento nos próprios autos, antes da sentença de encerramento.
9. **Fechamento da peça:** local, data. Advogado, OAB n. ... (não inventar dados).

19.7. Questão da peça profissional

(XVII Exame) Pereira Barreto, empresário individual, falido desde 2011, teve encerrada a liquidação de todo o seu ativo abrangido pela falência. No relatório final apresentado ao juiz da falência pelo administrador judicial, indicando o valor do ativo e o do produto de sua realização, o valor do passivo e o dos pagamentos

PRÁTICA EMPRESARIAL

feitos aos credores, consta que a massa falida realizou o pagamento integral aos credores não sujeitos a rateio, excluídos os juros vencidos após a decretação da falência. Em relação a esse grupo (créditos quirografários), o percentual de pagamento atingido foi de 47% do total, com depósito judicial efetuado pelo falido do valor de R$ 19.000,00 para atingir mais da metade do total dos créditos. Não foi ainda prolatada sentença de encerramento da falência. Pereira Barreto pretende retornar ao exercício de sua empresa individual, porém depende de uma providência de seu advogado para que tal intento seja possível. Durante o processo de falência o falido não foi denunciado por nenhum dos crimes previstos na lei especial.

Elabore a peça adequada, considerando que o Juízo da falência e o local do principal estabelecimento do falido estão situados em Duartina, Estado de São Paulo, Comarca de Vara Única.

9.8. Modelo da peça

Ao juízo da Vara Única da Comarca de Duartina, do Estado de São Paulo

Processo n. ...

Pereira Barreto, já qualificado nos autos do processo de falência em epígrafe, vem respeitosamente perante Vossa Excelência, com fundamento no art. 159, § 3º, da Lei n. 11.101/2005, promover:

PEDIDO DE DECLARAÇÃO DE EXTINÇÃO DAS OBRIGAÇÕES DO FALIDO

pelos fundamentos de fato e de direito a seguir.

DOS FATOS

Pereira Barreto, empresário individual, falido desde 2011, teve encerrada a liquidação de todo o seu ativo abrangido pela falência. No relatório final apresentado ao juiz da falência pelo administrador judicial, indicando o valor do ativo e o do produto de sua realização, o valor do passivo e o dos pagamentos feitos aos credores, consta que a massa falida realizou o pagamento integral aos credores não sujeitos a rateio, excluídos os juros vencidos após a decretação da falência.

Em relação a esse grupo (créditos quirografários), o percentual de pagamento atingido foi de 47% do total, com depósito judicial efetuado pelo falido do valor de R$ 19.000,00 para atingir mais da metade do total dos créditos.

Ainda não foi prolatada a sentença de encerramento da falência. Pereira Barreto pretende retornar ao exercício de sua empresa individual, porém depende de uma providência de seu advogado para que tal intento seja possível.

Durante o processo de falência o falido não foi denunciado por nenhum dos crimes previstos na lei especial.

DO DIREITO

Como se extrai da narrativa fática, é importante perceber que: (i) não houve o pagamento de todos os credores, tendo havido o pagamento de até 47% dos créditos quirografários, atendendo-se evidentemente a todos os demais credores que se encontram em posição superior no Quadro Geral; (ii) o falido realizou o depósito em juízo da quantia necessária para atingir o percentual mínimo de mais de 50% dos créditos quirografários.

Seja como for, o falido satisfaz todas as exigências legais para requerer a extinção de suas obrigações, a ser declarada judicialmente, nos termos do art. 158, II, da Lei n. 11.101/2005. Na medida em que não houve denúncia por nenhum crime falimentar, não há a necessidade de esperar a eventual reabilitação penal do falido.

Com efeito, como não houve, ainda, o encerramento do processo de falência, a declaração de extinção das obrigações do falido poderá se dar a partir de simples pedido, cujo requerimento será protocolado nos autos principais do processo.

DOS PEDIDOS

Diante do exposto, é o presente para requerer:
a) a publicação na imprensa oficial e em jornal de grande circulação, mediante edital, a fim de que os credores possam, se for o caso, apresentar objeção (art. 159, §§ 1º e 2º);
b) a procedência do pedido em todos os seus termos, no sentido de declarar a extinção das obrigações do falido, reabilitando-o para todos os atos da vida empresarial;
c) a determinação à Junta Comercial para que se proceda à anotação de extinção das obrigações no registro do empresário, excluindo, assim, a sua condição de falido;
d) a autuação em apartado do requerimento de extinção das obrigações do falido [nota-se que, apesar de tal exigência ter sido pontuada efetivamente quando cobrada pela FGV, ela faz muito mais sentido em sendo ajuizada ação própria, sendo, mesmo, contraditório o requerimento ser feito nos próprios autos, mas autuado em apartado];
e) a produção de todas as provas em Direito admitidas, especialmente pela juntada do comprovante de realização do depósito judicial no valor de R$ 17.000,00; dos comprovantes de quitação tributária, exigidos pelo art. 191 do CTN; do relatório final da falência.

Nestes termos,
Pede deferimento.
Local, Data.
Advogado – OAB n.

20. PEDIDO DE TUTELA PROVISÓRIA DE URGÊNCIA (CAUTELAR OU ANTECIPADA) EM CARÁTER ANTECEDENTE

20.1. Apresentação

A Lei n. 13.105, de 16 de março de 2015, instituiu o novo Código de Processo Civil. Uma das modificações mais marcantes se refere ao desaparecimento do processo cautelar, passando a ser tratado no âmbito das tutelas provisórias, ao lado da antecipação da tutela e da tutela de evidência, novidade positivada pelo CPC.

Atualmente, tem-se o seguinte: as **tutelas provisórias** se dividem em *tutelas de urgência e tutela da evidência*. Para a **concessão das tutelas de urgência** são estabelecidos os seguintes fundamentos: a) a *probabilidade do direito*; b) o *perigo de dano ou o risco ao resultado útil do processo*. Por sua vez, a **tutela da evidência** pode ser concedida *independentemente de perigo de dano ou de risco ao resultado útil do processo*.

Frise-se, por oportuno, que as *tutelas de urgência* podem ser concedidas tanto em *caráter antecedente* quanto em *caráter incidental*. Terá **caráter antecedente** aquela concedida em *caráter preparatório*; já a tutela em **caráter incidental** é aquela concedida *quando já se iniciou a discussão do pedido principal*. Seja como for, **a tutela de urgência pode ter natureza antecipada ou natureza cautelar**.

Pensando na preparação para a 2ª Fase da OAB em direito empresarial, não se cogita a possibilidade atualmente de utilização das denominadas tutelas de evidência. Os casos para a concessão de tutela de evidência estão previstos no art. 311 do CPC. Em razão dos limites deste livro e tendo em vista que todos os casos clássicos de tutela provisória em matéria de direito empresarial são hipóteses de tutela de urgência, sendo a tutela de evidência usada mais para casos de direito civil, neste capítulo será estudado o pedido de tutela provisória de urgência, cautelar ou antecipada, em caráter antecedente.

20.2. Características e requisitos

Importa, uma vez mais, destacar que **o pedido de tutela de urgência, cautelar ou antecipada, pode ser concedido em caráter antecedente ou incidental**, nos termos do art. 297, parágrafo único, do CPC. O **pedido incidental** será feito na própria **petição inicial** ou mediante **simples petição**, atravessada nos autos do processo, ao juiz da causa (art. 299). Não é, portanto, algo a preocupar.

Maior atenção deve ser dada ao pedido de **tutela provisória de urgência** em **caráter antecedente**, que aliás é título do presente capítulo. Para uma abordagem mais didática, serão apresentadas, em separado, as características e requisitos, tanto para a tutela de urgência cautelar quanto para a tutela de urgência antecipada, em caráter antecedente. Antes, porém, faz-se necessário tecer considerações em geral sobre o instituto da tutela de urgência.

Com efeito, o art. 300 do CPC determina os *requisitos para que se possa conceder a tutela de urgência*. É necessário que haja elementos que evidenciem: (i) a **probabilidade do direito**; e (ii) o **perigo de dano** ou o **risco ao resultado útil do processo**. Apesar de o legislador do CPC/2015 ter sido mais cuidadoso na redação dos requisitos, pode-se tranquilamente entender como uma nova nomenclatura para os já clássicos *fumus boni juris* e *periculum in mora*.

É possível, para a concessão de tutela provisória, que o juiz exija **caução real ou fidejussória idônea** (art. 300, § 1º). De todo modo, a tutela de urgência poderá ser concedida **liminarmente** ou após **justificação prévia** (art. 300, § 2º). *Para fins de 2ª Fase do Exame da OAB, trata-se de pedido necessário a ser apresentado*: **a concessão liminar da tutela de urgência**. Entretanto, a *tutela de natureza antecipada não será concedida* quando houver **perigo de irreversibilidade** dos efeitos da decisão.

O art. 301 do CPC apresenta um **rol exemplificativo** das hipóteses de **tutela de urgência de natureza cautelar**: (i) *arresto*; (ii) *sequestro*; (iii) *arrolamento de bens*; (iv) *registro de protesto contra alienação de bem*; e (v) *qualquer outra medida idônea para asseguração do direito*. Desse modo, os outrora procedimentos cautelares específicos, previstos no âmbito do CPC/73, podem continuar a ser concedidos nesta condição.

Por fim, dessas considerações gerais, é importante observar que, independentemente da responsabilidade por dano processual, *a parte responde pelo prejuízo que a efetivação da tutela de urgência causar à parte adversa*, se: (i) a sentença lhe for desfavorável; (ii) obtida liminarmente a tutela em caráter antecedente, não fornecer meios necessários para a citação do requerido, no prazo de cinco dias; (iii) ocorrer a cessão da eficácia de medida em qualquer hipótese legal; (iv) o juiz acolher a alegação de decadência ou de prescrição da pretensão do autor (art. 302).

20.2.1. Da tutela antecipada requerida em caráter antecedente

O regramento para a concessão de tutela antecipada em caráter antecedente se encontra previsto no art. 303 do CPC. Com efeito, caso a urgência seja contemporânea à propositura da ação, **será possível apresentar petição inicial, limitando-se ao requerimento de tutela antecipada e indicando o pedido de tutela final**. Há de se fazer, ainda, **a exposição da lide, do direito que se busca realizar e do perigo de dano ou do risco ao resultado útil do processo**.

Concedida a tutela antecipada nestes termos, *o autor deverá aditar a petição inicial*, com a complementação de sua argumentação, a juntada de novos documentos, e *a confirmação do pedido de tutela final, no prazo de 15 dias. O réu será citado e intimado para a audiência de conciliação ou de mediação*. Não havendo autocomposição, a contestação poderá ser apresentada no prazo do art. 335, seguindo daí em diante o procedimento comum (art. 303, § 1º).

Dois pontos aqui merecem destaque. O primeiro é o de que **o aditamento da petição inicial dar-se-á nos mesmos autos, sem incidência de novas custas** (art. 303, § 3º). O segundo é que, **caso não ocorra o referido aditamento, o processo será extinto sem resolução de mérito** (art. 303, § 2º).

A petição inicial que requerer a tutela antecipada em caráter antecedente deverá indicar o **valor da causa**. Nessa situação, para a definição do valor da causa, deverá ser levado em consideração o pedido de tutela final (art. 303, § 4º). Por sua vez, determina o art. 303, § 5º, que o autor deve, ainda, na petição inicial, que pretende a concessão de tutela antecipada em caráter antecedente.

20.2.2. Da tutela cautelar requerida em caráter antecedente

A **petição inicial** da ação que visa à prestação de **tutela cautelar** em **caráter antecedente** deverá indicar: (i) a **lide**; (ii) o **seu fundamento**; (iii) a **exposição sumária do direito que se objetiva assegurar**; e (iv) o **perigo de dano** ou o **risco do resultado útil do processo** (art. 305). O art. 305, parágrafo único, do CPC, estabelece a **fungibilidade entre o pedido de tutela antecipada e o pedido de tutela cautelar em caráter antecedente**.

O **prazo de citação do réu** para contestar o pedido, podendo indicar provas a produzir, é de cinco dias (art. 306), sob pena de revelia (art. 307). Contestado o pedido, segue-se o procedimento comum. Não havendo contestação, caberá ao juiz decidir em cinco dias.

Efetivada a tutela cautelar, o pedido principal terá de ser formulado no prazo de 30 dias. O pedido principal será apresentado **nos mesmos autos** em que foi deduzida e concedida a tutela cautelar, **sem incidência de novas custas** (art. 308). Para fins de Exame da OAB, *entende-se como necessária a indicação de qual será o pedido principal*, na petição inicial de tutela cautelar. O pedido principal pode ser formulado conjuntamente com o pedido cautelar (art. 308, § 1º). Neste caso, será aberto um tópico, entre a parte "Do Direito" e a parte "Dos Pedidos", sendo denominada "Da Tutela de Urgência" ou "Da Tutela Cautelar", por exemplo.

É importante constatar a *possibilidade de a causa de pedir ser aditada no momento da formulação do pedido principal* (art. 308, § 2º). Seja como for, apresentado o pedido principal, as partes serão intimadas para a audiência de conciliação ou de mediação, na forma do art. 334. Não havendo autocomposição, o prazo para a contestação será contado na forma do art. 335.

A *eficácia da tutela cautelar concedida* em caráter antecedente **cessará** em três hipóteses (art. 309): (i) *quando o autor não deduzir o pedido principal no prazo legal* – daí ser importante na petição de tutela cautelar indicar qual será o pedido principal; (ii) *quando não for efetivada no prazo de 30 dias*; ou (iii) quando o juiz julgar *improcedente o pedido principal* formulado pelo autor ou *extinguir o processo sem resolução de mérito*.

Por fim, é importante perceber a existência de uma certa autonomia entre o pedido principal e o pedido cautelar. Tanto é que o indeferimento da tutela cautelar não impede que a parte formule o pedido principal, nem há qualquer influência no julgamento deste. Ou seja, *não é porque a tutela cautelar foi indeferida que o pedido principal será improcedente*. **Exceção** a isso é o reconhecimento de *decadência ou de prescrição*.

20.3. Como identificar a peça

A presente peça é de fácil identificação, na medida em que, apesar de existirem várias hipóteses, o caso é único. Com efeito, a questão retratará situação hipotética em que se busca, ora assegurar determinado direito, ora antecipar determinado pedido. A ideia é a busca de garantir uma maior efetividade ao pedido principal, a ser deduzido futuramente.

20.4. Competência

Nos termos do art. 299 do CPC/2015, **a tutela provisória deverá ser requerida ao juízo da causa e, quando antecedente, ao juízo competente para conhecer do pedido principal**. Assim, mais especificamente à parte relativa à "Competência", em que se estudou a ação do procedimento comum.

20.5. Fundamentos mais comuns

Em matéria de preparação para a 2ª Fase da OAB, há algumas situações clássicas, cujos temas são de forte incidência no histórico do Exame da Ordem, necessárias de serem conhecidas por aqueles que necessitam lograr a aprovação em direito empresarial. Trata-se dos casos de: (i) sustação do protesto; (ii) exibição de livros empresariais e documentos societários; (iii) arresto; (iv) sequestro; e (v) sustação dos efeitos da patente ou do registro e uso de marca.

20.5.1. Da sustação do protesto

A Lei n. 9.492/97, regulamentando o protesto de títulos e outros documentos de dívidas, determina, em seu art. 12, que *o protesto será registrado dentro de três dias úteis, contados da protocolização do título ou documento de dívida*. Por sua vez, o art. 17 da mesma lei determina que *a sustação do protesto deve ocorrer judicialmente*. Tal sustação deve se dar exatamente dentro do prazo anteriormente mencionado, pelo qual o tabelião irá lavrar o protesto considerado, como se disse anteriormente, indevido.

Frise-se, por oportuno, ainda não ocorrerá o registro ou a lavratura do protesto. Houve somente o apontamento, a apresentação do título para que o cartório realizasse o procedimento de protesto. Caso o protesto já tivesse sido lavrado e fosse indevido, não seria mais o caso de sustação, mas sim de cancelamento de protesto.

Examinando especificamente a questão do protesto em face de títulos de crédito, deve-se ressaltar que existem duas espécies de devedores distintas: (i) o **devedor direto**; e (ii) o **devedor indireto**. O *devedor direto* é a pessoa a quem o portador deve procurar inicialmente para efeito de pagamento – também conhecido como **obrigado principal**. Na hipótese de inadimplência, buscar-se-á, então, os *devedores indiretos* ou **obrigados secundários**. Esquematicamente, tem-se o seguinte:

Obrigados cambiários	Letra de câmbio, duplicata	Cheque, nota promissória
Principal	Aceitante	Sacador
Secundários	Sacador e endossantes	Endossantes

Não se menciona o avalista na tabela acima por um motivo: **o avalista responde da mesma maneira que o avalizado**. Frise-se, por oportuno, que responder da mesma maneira não significa assumir a mesma obrigação, mas sim *assumir o mesmo tipo de obrigação*. Assim, *a obrigação do avalista se mantém mesmo que a obrigação do avalizado seja declarada nula*.

E onde entra o protesto nesta estória? É, em razão de tal fato, que se diz: *o protesto é cambialmente necessário para a cobrança do obrigado secundário (devedor indireto); porém, é cambialmente facultativo para a cobrança do obrigado principal (devedor direto)*. Assim, por exemplo, para se cobrar o endossante (ou o seu avalista) de uma nota promissória, o protesto é necessário; porém, não necessita de protesto a cobrança do aceitante (ou o seu avalista) de uma letra de câmbio. Frise-se, por oportuno, que o protesto deve ser lavrado em prazo hábil, sob pena de o credor perder o direito de cobrança junto aos obrigados secundários.

Desse entendimento, excepciona-se o **cheque**. Com efeito, o art. 47, § 1º, da Lei n. 7.357/85 equipara, para fins de cobrança, a *declaração do banco sacado atestando a recusa do pagamento* do cheque apresentado em tempo hábil ao *protesto*. Assim, se o credor apresenta o cheque, respeitando o prazo de apresentação e o título não é pago por insuficiência de fundos, por exemplo, a declaração do banco atestando esse fato – a famosa "alínea 11" – tem os mesmos efeitos jurídicos do protesto. Daí a lei dispensar, portanto, o protesto para a cobrança dos obrigados secundários no cheque.

Perceba-se, então, que o protesto do título, no que se refere aos obrigados secundários, tem a função de permitir que eles possam vir a ser cobrados. Para tanto, **o protesto deverá ser realizado em tempo hábil** (no caso de letra de câmbio e nota promissória, um dia útil após o vencimento; no caso da duplicata, 30 dias após o vencimento; no caso, do cheque, o tempo hábil de protesto, se for o caso, é o prazo de apresentação – 30 dias, se de mesma praça ou 60 dias, se de praça distinta, contado da data de emissão).

Desse modo, *deve-se considerar indevido o protesto de título em face do devedor indireto, após o tempo hábil, haja vista que não terá efeito jurídico algum*. Ou seja, esse protesto só servirá para inserir o nome do obrigado secundário nas listas de inadimplentes dos órgãos de proteção ao crédito, sem que nenhuma medida jurídica de cobrança contra ele pudesse ser tomada. Assim, será caso de **pedido cautelar de sustação de protesto** quando o portador indicar o nome de um obrigado secundário após o prazo hábil previsto em lei, exposto anteriormente.

Outra situação um tanto quanto comum é a **indicação de alguém a protesto que não é o devedor** no caso concreto, como, por exemplo, o caso de indicar a protesto, em sociedade em conta de participação, o sócio oculto ou participante, em vez de indicar o sócio ostensivo, quando aquele não tenha tomado parte nas relações com terceiro, de acordo com o art. 993 do Código Civil. Assim, sem tomar parte, não assume responsabilidade perante terceiros, do que decorre que o seu protesto é indevido.

Por fim, outro ponto importante, muito comum na prática, para dar margem à sustação de protesto, é a situação em que ocorre algum vício formal no título, vale dizer, a própria emissão do título de crédito é indevida. É o caso, por exemplo, de uma duplicata ser emitida em razão de qualquer outra circunstância que não uma compra e venda mercantil ou uma prestação de serviços.

20.5.2. Da exibição de livros empresariais e documentos societários

Este pedido tem sua razão de ser no seguinte aspecto: *enquanto, de um lado, os sócios, por exemplo, têm o direito de fiscalizar os negócios sociais, consistindo tal fiscalização, o mais das vezes, no exame dos livros empresariais, em favor da sociedade empresária milita o princípio do sigilo empresarial*, previsto no art. 1.190 do Código Civil ("Ressalvados cs casos previstos em lei, nenhuma autoridade, juiz ou tribunal, sob qualquer pretexto, poderá fazer ou ordenar diligência para verificar se o empresário ou a sociedade empresária observam, ou não, em seus livros e fichas, as formalidades prescritas em lei").

Desse modo, toda vez que precisa ser provado um fato em face da sociedade, como, por exemplo, uma fraude ou um ato de improbidade do administrador, para fins de buscar chamá-lo, no futuro, à responsabilidade civil, pode ser que seja necessária, de maneira preventiva, a exibição dos livros empresariais, para servir como um dos meios de prova de tal fraude ou de tal improbidade.

Sobre esta hipótese de tutela cautelar, ainda a título de apresentação, faz-se mister conhecer os arts. 420 ("O juiz pode ordenar, a requerimento da parte, a exibição integral dos livros empresariais e dos documentos de arquivo: I – na liquidação da sociedade; II – na sucessão por morte de sócio; III – quando e como determinar a lei") e 421 ("O juiz pode, de ofício, ordenar à parte a exibição parcial dos livros e documentos, extraindo-se deles a suma que interessar ao litígio, bem como reproduções autenticadas").

No plano judicial, a doutrina costuma classificar a exibição dos livros empresariais em: (i) **total ou integral** – nestes casos, ocorre o denominado *desapossamento dos livros empresariais*, ficando depositado em juízo pelo tempo que interessar para a solução do litígio; ou (ii) **parcial** – nestes casos, *o livro é levado a juízo, em audiência de instrução*, para dele ser extraído, por redução a termo, daquilo que interessar à questão. Aqui não ocorrerá o tal desapossamento, com o empresário ou sociedade empresária retornando da audiência na posse dos seus livros.

Os casos de *exibição judicial total* estão previstos no **art. 1.191, caput, do Código Civil**. São eles: sucessão, sociedade, administração, gestão à conta de outrem ou falência. Como visto, trata-se de situações que dizem respeito ao âmbito *interna corporis* da empresa. Não solucionando tais pendências, a empresa simplesmente para.

Os casos de *exibição judicial parcial* estão previstos no art. 1.191, § 1º, do Código Civil. Trata-se de litígios de alguém (um sócio ou um credor, por exemplo) contra o empresário ou sociedade empresária. São litígios que vêm de fora para dentro da empresa. Como o princípio é o do sigilo empresarial, não deve, nestes casos, ser aberta toda a contabilidade, até para preservar o empresário dos seus concorrentes.

Por fim, é importante destacar as seguintes súmulas do STF: (i) **Súmula 260:** "O exame de livros comerciais, em ação judicial, fica limitado às transações entre os litigantes"; e (ii) **Súmula 390:** "A exibição judicial dos livros comerciais pode ser requerida como medida preventiva".

Trata-se, não custa lembrar, de um procedimento de tutela cautelar em caráter antecedente. Examinando o procedimento mencionado, algumas peculiaridades são dignas de nota. A primeira se refere ao **prazo de citação**. Com efeito, enquanto o prazo de citação para as tutelas cautelares antecedentes em geral é de cinco dias (art. 306), *o* prazo de citação para a exibição de livros empresariais pode vir a ser de 15 dias, consoante o disposto no art. 401 do CPC.

Desse modo, perceba-se que varia, no caso o concreto, o prazo de citação. Com efeito, **o prazo será de cinco dias**, seguindo a lógica das tutelas cautelares antecedentes em geral quando aquele que estiver na posição de réu deste pedido for o réu do pedido principal. Imagine-se o exemplo de um sócio ingressando com o pedido de tutelar cautelar antecedente de exibição de livros empresariais contra o administrador da sociedade para apurar alguma improbidade deste e, como ação principal, ajuizar a ação de responsabilidade contra o administrador. Porém, se o réu do pedido cautelar for terceiro, ou seja, não for parte na ação principal **o prazo será de 15 dias**. Imagine-se o exemplo de um sócio que ingressa com o pedido de tutelar cautelar antecedente de exibição de livros empresariais contra o administrador para ter acesso à documentação societária e postular, na ação principal, em face da sociedade o pagamento correto dos seus dividendos.

Outro ponto importante se refere ao **pedido**. De rigor, o **pedido formulado pela parte** conterá (art. 397): (i) **a individuação**, tão completa quanto possível, do documento ou da coisa; (ii) **a finalidade da prova**, indicando os fatos que se relacionam com o documento ou a coisa; e (iii) **as circunstâncias em que se funda o requerente** para afirmar que o documento ou a coisa existe e se acha em poder da parte contrária.

A individuação e a finalidade da prova serão extraídas a partir da narrativa do caso apresentado. Por sua vez, as circunstâncias em que se fundará o requerente estão previstas no art. 1.179 ("O empresário e a sociedade empresária são obrigados a seguir um sistema de contabilidade, mecanizado ou não, com base na escrituração uniforme de seus livros, em correspondência com a documentação respectiva, e a levantar anualmente o balanço patrimonial e o de resultado econômico"), em interpretação conjugada com o art. 1.194 ("O empresário e a sociedade empresária são obrigados a conservar em boa guarda toda a escrituração, correspondência e mais papéis concernentes à sua atividade, enquanto não ocorrer prescrição ou decadência no tocante aos atos neles consignados"), ambos do Código Civil.

Podem ser **autor do presente pedido**: o sócio, o ex-sócio, os herdeiros de sócio, o membro do conselho fiscal, desde que se demonstre o devido interesse na exibição dos livros. A legitimidade do ex-sócio estará condicionada a fatos anteriores à sua saída e, no caso de herdeiros do sócio, a legitimidade dos herdeiros de sócio se condiciona a fatos anteriores ao falecimento.

Poderá ser **réu do presente pedido**, além da sociedade, o sócio majoritário, o administrador, o ex-administrador, desde que estejam de posse dos livros que se pretende exibir. Seja como for, a sociedade deve compor o polo passivo da presente ação, formando, na forma do art. 116 do CPC, um litisconsórcio unitário. Não se pode deixar de perceber que é a sociedade que tem a obrigação de conservar os livros e escrituração, sendo ela, portanto, a destinatária final da ordem judicial de exibição. Em se tratando de empresário individual, ele ou o seu espólio podem vir a ser réu do presente feito.

Não se pode deixar de lembrar que, em se tratando de sociedade anônima, **faz-se necessária a prévia provocação da sociedade para expedir certidões dos assentamentos constantes nos livros** previstos em lei (livro de registro de ações, livro de transferência de ações, livro de registro e de transferência de partes beneficiárias), **podendo a companhia cobrar taxa pelo custo do serviço**, nos termos do art. 100, § 1º, da Lei n. 6.404/76. Assim, caso não haja tal provocação inicial, a sociedade poderia usar o referido argumento em sede de contestação.

Deve-se observar, ainda, no caso de sociedade anônima, **a necessidade de o acionista autor do pedido de exibição dos livros representar, no mínimo, 5% do capital social**, nos termos do art. 105 da Lei n. 6.404/76. Tal percentual, no entanto, deve ser observado para o caso de exibição integral. Em se tratando de *exibição de livros de sociedade limitada*, **o sócio terá legitimidade, independentemente do montante de sua participação**. Porém, se no caso houver menção que a sociedade limitada adota a **regência supletiva** pelas normas da sociedade anônima, a participação mínima em 5% do capital deverá ser respeitada.

20.5.3. Do arresto

Pensando em termos de 2ª Fase de direito empresarial do Exame de Ordem, o **fundamento mais comum** e, portanto, mais provável de aparecer é a da situação de alguém que é credor de algum título executivo extrajudicial e que, antes do ajuizamento da pretensão executiva, perceba o devedor incidindo em um dos casos de fraude à execução (arts. 792). A ideia seria fazer o arresto de tantos bens quanto seja o necessário para assegurar o montante a ser executado.

20.5.4. Do sequestro

De entrada, é preciso perceber que **não se pode confundir o arresto com o sequestro**. No arresto, como se viu no item anterior, a ideia é realizar o bloqueio judicial dos bens para fins de garantir a satisfação do crédito do autor. O foco do arresto é o patrimônio do devedor.

No sequestro, por sua vez, busca-se *apreender bens que possam sofrer algum tipo de ataque, no aspecto patrimonial, do seu titular*. Objetiva-se, portanto, com o sequestro, entregar coisa certa a quem de direito, vale dizer, busca-se a *preservação da existência dos bens objetos do litígio*. **O foco do sequestro são bens específicos e determinados**. Assim, deve-se fazer a **individuação dos bens** que serão objeto do sequestro.

Do ponto de vista da legislação empresarial e de olho na 2ª Fase do Exame de Ordem, há duas situações em que se mencionam a possibilidade da cautelar de sequestro, na Lei n. 11.101/2005. De acordo com o caso concreto, pode ser tanto **antecedente** quanto **incidental**. Os casos previstos na legislação estão relacionados, como já se adiantou, ao **pedido de falência** e à **ação revocatória**.

Do ponto de vista do pedido de falência, imagine-se a situação de um empresário que venha a ter praticado um dos atos previstos no art. 94 da Lei n. 11.101/2005 e, justamente por tal fato, esteja dilapidando ou dissipando o seu patrimônio. Não se pode negar que o processo de falência é um processo saneador do mercado – por retirar do exercício da atividade empresarial o empresário ineficiente e/ou picareta. Apesar disso, tal processo tem por objetivo, também, o pagamento dos credores, de acordo com a ordem de preferência estabelecida no QGC. Neste caso, **poder-se-ia ajuizar o pedido de tutelar cautelar de sequestro, sendo determinada a apreensão dos bens de tal empresário.**

Determina o art. 137 da Lei n. 11.101/2005: "O juiz poderá, a requerimento do autor da ação revocatória, ordenar, como medida preventiva, na forma da lei processual civil, o sequestro dos bens retirados do patrimônio do devedor que estejam em poder de terceiros". O fato de a legislação apontar o sequestro como medida preventiva não significa que ele deve se dar somente em caráter antecedente.

Assim, o caso seria a situação em que o administrador judicial ou o credor, enquanto autores da ação revocatória em face da prática de algum ato enquadrado nos arts. 129 e 130 da Lei n. 11.101/2005, descobre que determinados bens que foram retirados do patrimônio do devedor estão em poder de terceiros. Neste caso, **poder-se-ia ajuizar a cautelar de sequestro, sendo determinada a apreensão dos bens desviados em face da fraude que será ou que está sendo discutida no âmbito da revocatória.**

20.5.5. Da sustação dos efeitos da patente ou do registro e uso de marca

Do ponto de vista da propriedade industrial, em se tratando de concessão de patentes, o art. 42 da Lei n. 9.279/96, assegura ao titular o direito de impedir terceiro, sem o seu consentimento, de produzir, usar, colocar à venda, vender, ou importar com estes propósitos: (i) produto objeto de patente; (ii) processo ou produto obtido diretamente por processo patenteado. Assegura-se, ainda, o direito de impedir que terceiros contribuam para a prática de tais atos.

Por sua vez, em face do registro de marcas perante o INPI, o art. 129 da Lei n. 9.279/96 assegura ao titular o uso exclusivo da marca em todo o território nacional. Além disso, o art. 130 da mesma lei assegura ao titular do registro de marca o direito de: (i) ceder seu registro ou pedido de registro; (ii) licenciar o seu uso; (iii) zelar pela sua integridade material ou reputação. A proteção às marcas, nos termos do art. 131, abrange o uso em papéis, impressos, propagandas e documentos relativos à atividade do titular.

Seja em face de ação de nulidade, seja em ação de adjudicação, de patentes ou de registro de marcas, será possível a determinação liminar, preventiva (hoje em caráter antecedente) ou incidental, desta tutela, atendidos os requisitos processuais próprios (previstos no art. 300 do CPC).

Vale a pena destacar a atenção, nesse ínterim, dada ao caso concreto. Com efeito, é preciso que se veja qual o objetivo da questão. Assim, se a exigência for a da nulidade ou a da adjudicação propriamente ditas, deverá ser produzida a petição. Para ajuizar o pedido de tutela de urgência, nesta hipótese, é imprescindível perceber que o que se pretende é não sofrer os efeitos da concessão de uma patente ou do registro de marca, feitos indevidamente pelo INPI.

20.6. Estrutura da peça

1. **Endereçamento:** Excelentíssimo Senhor Doutor Juiz de Direito da... Vara Cível da Comarca de... do Estado de... . Será o mesmo juízo para onde deverá ser direcionado o pedido principal ou de tutela final.

Atentar-se aos termos dos fatos narrados que muitas vezes traz informações acerca do endereçamento, mencionando, por exemplo, que na comarca tem Vara Única ou que o devedor se estabeleceu na comarca da capital.

2. **Identificação das partes:** se for pessoa física: Fulano de tal, nacionalidade..., estado civil..., profissão..., portador do RG n. ..., e do CPF n. ..., residente e domiciliado na... .

Se for pessoa jurídica: Nome empresarial, pessoa jurídica de direito privado, inscrita no CNPJ n. ..., estabelecida na..., neste ato se fazendo presente por seu administrador... (pode fazer a qualificação de "pessoa física").

Se for sociedade anônima: Nome empresarial, pessoa jurídica de direito privado, inscrita no CNPJ n. ..., estabelecida na..., neste ato se fazendo presente por seu diretor... (pode fazer a qualificação de "pessoa física")

3. **Representação judicial:** advogado, com mandato em anexo.
4. **Nome da peça e fundamento legal:** pedido de tutela antecipada em caráter antecedente, com fundamento no art. 303 do CPC ou pedido de tutela cautelar em caráter antecedente, com fundamento nos arts. 305 e seguintes do CPC. [atentar para a indicação específica da tutela pretendida, conforme for o caso]
5. **Narrativa dos fatos ("Dos Fatos"):** exposição dos fatos previstos na situação hipotética da questão. Não inventar outros fatos nem trazer detalhes ausentes no problema. Deve-se, portanto, literalmente, copiar, de maneira integral, a questão, conforme apresentada. A criação ou invenção de outros fatos pode ser interpretada pela banca examinadora como um mecanismo de identificação, o que anulará a peça apresentada, atribuindo-lhe NOTA ZERO.
6. **Fundamentação ("Do Direito"):** importa asseverar, sempre, que a mera citação ou transcrição de artigos de lei ou súmulas de jurisprudência não pontua. Deverá o examinando construir a sua fundamentação, demonstrando a motivação, ou seja, qual o porquê de se utilizar determinado fundamento legal.

Em todo o caso, será importante demonstrar, de acordo com o caso concreto, o atendimento aos requisitos previstos no art. 300 do CPC. Para a tutela de urgência de natureza antecipada, deve ser destacado, também, o art. 303 do CPC; já para a tutela de urgência de natureza cautelar, cabe evidenciar o art. 305 do CPC.

7. **Pedidos ("Dos Pedidos"):** a) a concessão de liminar da tutela de urgência pleiteada, no sentido de... (especificar os termos da tutela pretendida, de acordo com o exigido pela questão), haja vista a demonstração da probabilidade do direito e o perigo de dano ou o risco ao resultado útil do processo (art. 300, *caput*); b) para fins de garantia da concessão liminar, o autor se disponibiliza a prestar caução real ou fidejussória, tão logo a garantia seja determinada (art. 300, § 1º); c) a procedência do pedido em todos os seus termos, confirmando-se a liminar, mediante sentença, no julgamento do pedido principal [ou de tutela final, para o caso de tutela antecipada]; d) a citação do réu, após a execução da liminar, para, querendo, apresentar contestação, no prazo de cinco dias, sob pena de revelia [ou a citação e intimação do réu para a realização de audiência

de conciliação ou de mediação – para o caso de tutela antecipada em caráter antecedente]; e) a condenação do réu ao pagamento de custas e honorários advocatícios, estes últimos nos termos do art. 85 do CPC; f) que as intimações do presente feito sejam enviadas para..., nos termos do art. 106, I, do CPC. **Obs.:** para o caso de pedido de tutela em caráter incidental, no lugar de se fazer a citação do réu – item "d" –, far-se-á a sua intimação, sendo desnecessários os pedidos "e" e "f".

Informa, por fim, a este juízo, nos termos do art. 308 do CPC, que no prazo de 30 dias irá promover, como pedido principal, a ação de... (especificar o *nomen juris* do pedido principal) – (para o caso de tutela de natureza cautelar) – ou: Informa, por fim, a este juízo, nos termos do art. 303, § 1º, I, do CPC, que no prazo de 15 dias deverá aditar a petição inicial, complementando a argumentação e confirmando o pedido de tutela final de... (especificar o *nomen juris* do pedido de tutela final) – (para o caso de tutela antecipada). Quando não for possível, diante da questão, identificar o pedido principal ou o pedido de tutela final, deve-se fazer tal informação genericamente.

8. **Valor da causa:** Dá-se à presente o valor de R$ ... (valor do pedido final) (art. 291 do CPC). A toda causa será atribuído valor certo, ainda que não tenha conteúdo econômico imediatamente aferível). Para o pedido incidental não há valor da causa.
9. **Fechamento da peça:** local, data. Advogado, OAB n. ... (não inventar dados).

20.7. Questão da peça profissional

(V Exame – adaptada) Matias, empresário individual que explorava serviços de transporte de cargas pesadas, faleceu em 8-3-2010, deixando cinco filhos, sendo dois – José e Carlos – fruto de seu primeiro casamento com Maria (falecida em 30-7-1978) e três – Pedro, Fábio e Francisco – de seu segundo casamento com Joana, atual viúva e inventariante do espólio dos bens deixados por Matias. Por tal razão, Joana figura como administradora da empresa exercida pelo espólio, enquanto sucessor do empresário falecido.

Ao visitar o estabelecimento onde se encontra centralizada a referida atividade empresária, Carlos constata que, dos 48 caminhões anteriormente existentes, 13 encontram-se estacionados e outros 20 em funcionamento, sendo que os demais teriam sido vendidos por Joana, segundo informações obtidas do supervisor do estabelecimento, a quem cabe o controle dos veículos. Joana, entretanto, desmentiu tal informação, dizendo ter feito a locação dos outros 15 caminhões, sem apresentar qualquer documentação.

Por outro lado, Carlos verifica aparente enriquecimento súbito de Pedro e Fábio, os quais, mesmo sendo estudantes sem renda, adquirem, respectivamente e em nome próprio, imóveis no valor de R$ 300.000,00 e R$ 450.000,00.

Por fim, Carlos ainda tentou obter acesso aos livros empresariais e demais documentações contábeis, mas Joana se recusou a apresentá-los.

De acordo com o caso hipotético apresentado, promova a medida judicial pertinente para assegurar a Carlos o acesso aos livros empresariais e documentos contábeis da empresa, apresentando todos os fundamentos de direito material e processual aplicáveis.

20.8. Modelo da peça

Ao juízo da... Vara Cível da Comarca de... do Estado de...

Carlos, nacionalidade..., estado civil..., profissão..., portador do RG sob o n. ... e do CPF sob o n. ..., residente e domiciliado na..., por seu advogado, ao final assinado, com procuração em anexo, vem respeitosamente perante Vossa Excelência, com fundamento no art. 1.191, "caput", do CC, nos arts. 420, II e 395 do CPC e na Súmula 390 do STF, promover

PEDIDO DE TUTELA DE URGÊNCIA CAUTELAR EM CARÁTER ANTECEDENTE
DE EXIBIÇÃO DE LIVROS EMPRESARIAIS E DOCUMENTOS CONTÁBEIS

em face do Espólio de Matias, neste ato representado por Joana, inventariante, e de Joana nacionalidade..., viúva, profissão..., portadora do RG sob o n. ...e do CPF sob o n. ..., residente e domiciliada na..., pelos fatos e fundamentos a seguir apresentados:

DOS FATOS

Matias, empresário individual que explorava serviços de transporte de cargas pesadas, faleceu em 8-3-2010, deixando cinco filhos, sendo dois – José e Carlos – fruto de seu primeiro casamento com Maria (falecida em 30-7-1978) e três – Pedro, Fábio e Francisco – de seu segundo casamento com Joana, atual viúva e inventariante do espólio dos bens deixados por Matias. Por tal razão, Joana figura como administradora da empresa exercida pelo espólio, enquanto sucessora do empresário falecido.

Ao visitar o estabelecimento onde se encontra centralizada a referida atividade empresária, Carlos constata que, dos 48 caminhões anteriormente existentes, 13 encontram-se estacionados e outros 20 em funcionamento, sendo que os demais teriam sido vendidos por Joana, segundo informações obtidas do supervisor do estabelecimento, a quem cabe o controle dos veículos. Joana, entretanto, desmentiu tal informação, dizendo ter feito a locação dos outros 15 caminhões, sem apresentar qualquer documentação.

Por outro lado, Carlos verifica aparente enriquecimento súbito de Pedro e Fábio, os quais, mesmo sendo estudantes sem renda, adquirem, respectivamente e em nome próprio, imóveis no valor de R$ 300.000,00 e R$ 450.000,00.

Por fim, Carlos ainda tentou obter acesso aos livros empresariais e demais documentações contábeis, mas Joana se recusou a apresentá-los.

DO DIREITO

A exibição integral dos livros empresariais poderá ser determinada judicialmente para resolver, dentre outras, questões relativas à sucessão do empresário, de acordo com o art. 1.191, "caput", do CC. Do ponto de vista processual, o mesmo entendimento se impõe, haja vista que o art. 420, II, do CPC determina a possibilidade de exibição integral dos livros empresariais quando se tratar de sucessão por morte.

Perceba-se que, no caso concreto, há uma suspeita de improbidade praticada pela inventariante, atual administradora da empresa, que aparenta ter vendido 15 caminhões e, com o dinheiro recebido de tal venda, ter beneficiado, apenas, os filhos do segundo matrimônio. Daí a necessidade de Carlos ter acesso aos livros empresariais e à referida documentação contábil.

Frise-se, por oportuno, que a exibição de livros empresariais pode se dar de maneira preventiva ou preparatória, a partir de ação cautelar, conforme demonstram o art. 884, III, do CPC e a Súmula 390 do STF.

DO PEDIDO LIMINAR

Na forma do que prevê o art. 300 do CPC, desde que se comprove a probabilidade do direito e o perigo de dano ou o risco ao resultado útil do processo, é possível a concessão, de acordo com o § 2º do mesmo art. 300, de medida liminar, sem a oitiva do réu, o que se aplica no caso concreto, senão vejamos:

A probabilidade do direito reside no fato de que, para resolver questões acerca da sucessão de um empresário, será possível determinação judicial para a exibição integral dos livros empresariais. O perigo de dano se relaciona ao fato de, em sendo contatado o ato de improbidade por parte de Joana, a inventariante e administradora, haverá então prejuízos de difícil reparação causados ao autor.

DO PEDIDO

Diante do exposto, é a presente para requerer:
a) a concessão de tutela cautelar em caráter antecedente, sem ouvir o réu, no sentido de determinar a exibição dos livros empresariais e documentos contábeis da empresa exercida pelo Espólio de Matias;
b) a citação dos réus para, querendo, oferecerem contestação, no prazo de cinco dias, sob pena de revelia;
c) a procedência do presente pedido com a confirmação da liminar mediante sentença no julgamento do pedido principal;
d) a condenação da parte ré ao pagamento das custas e honorários advocatícios;
e) que a parte autora receba intimação no endereço..., nos termos do art. 106, I, do CPC.

Informa ainda que, no prazo de 30 dias (art. 308), poderá promover, como pedido principal, ação de responsabilidade contra Joana, acaso se comprove a suspeita de improbidade por ela praticada.

Protesta provar o alegado por todos os meios de prova em Direito admitidos, especialmente pela ouvida do supervisor do estabelecimento, e tudo mais o que se fizer necessário, desde logo já requerido.

Dá-se à presente causa o valor de R$ ...

Nestes termos,
Pede deferimento.
Local, Data.
Advogado(a) – OAB n. ...

 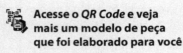

Acesse o *QR Code* e veja mais um modelo de peça que foi elaborado para você

> http://uqr.to/1yva0

21. AGRAVO DE INSTRUMENTO

21.1. Apresentação

Nota-se, com o advento do Código de Processo Civil, mudanças importantes na sistemática do recurso de **agravo de instrumento**. De início, é cabível verificar que não há mais a possibilidade de interposição de agravo retido. Ou seja, os agravos, com isso, passam a ser, somente, agravos de instrumento, cujo prazo para interposição é de 15 dias.

Outra diferença marcante é a de que, com o Código de Processo Civil, encontra-se previsto um rol taxativo das hipóteses a partir das quais se poderá interpor o agravo de instrumento. Para fins de 2ª Fase do Exame da OAB em Direito Empresarial, caberá agravo de instrumento de decisões interlocutórias que versarem, nos termos do art. 1.015 do CPC, sobre (i) tutela provisória; (ii) mérito do processo; (iii) rejeição da alegação de convenção de arbitragem; e (iv) incidente de desconsideração da personalidade jurídica, dentre outros.

Para aquelas decisões interlocutórias (art. 203, § 2º) contra as quais tradicionalmente a parte se insurgia mediante agravo de instrumento, mas que atualmente escapam do rol do art. 1.015 do CPC, deverá ser interposto mandado de segurança, observado o art. 5º da Lei n. 12.016/2009. Vê-se, aqui, uma certa aproximação da dinâmica recursal utilizada no processo trabalhista.

Tem-se, portanto, o agravo de instrumento como o recurso utilizado para impugnar uma decisão judicial, de natureza interlocutória, desde que prevista tal possibilidade de impugnação, no já aludido art. 1.015 do CPC.

Existem, porém, **outros casos** de cabimento de agravo de instrumento perante os processos de **falência e recuperação de empresas**, no âmbito da Lei n. 11.101/2005. São eles: a) da decisão que julgar a ação de impugnação de crédito (art. 17); b) da decisão que conceder a recuperação judicial (art. 59, § 2º); c) da sentença que decretar a falência (art. 100).

21.2. Características e requisitos

Prevê o art. 1.016 do CPC que o agravo de instrumento será **dirigido diretamente ao tribunal competente**, por meio de petição com os **seguintes requisitos**:

I – os nomes das partes;

II – a exposição do fato e do direito;

III – as razões do pedido de reforma ou de invalidação da decisão e o próprio pedido;

IV – o nome e o endereço completo dos advogados, constantes do processo.

A petição de agravo de instrumento será instruída, segundo o art. 1.017:

Obrigatoriamente	Facultativamente
Com cópias da petição inicial, da contestação, da petição que ensejou a decisão agravada, da própria decisão agravada, da certidão da respectiva intimação ou outro documento oficial que comprove a tempestividade e das procurações outorgadas aos advogados do agravante e do agravado. Com a declaração de inexistência de qualquer dos documentos mencionados anteriormente feita pelo advogado do agravante, sob pena de sua responsabilidade pessoal, se for o caso.	Com outras peças que o agravante reputar úteis.

Acompanhará, ainda, a petição o comprovante do pagamento das respectivas custas e do porte de retorno, quando devidos, conforme tabela que será publicada pelos tribunais, nos termos do art. 1.017, parágrafo único. É importante destacar que cabe juízo de retratação para o agravo de instrumento e se o juiz comunicar que reformou inteiramente a decisão, o relator considerará prejudicado o agravo de instrumento (art. 1.018, § 1º).

No prazo de três dias, o agravante requererá juntada aos autos do processo de cópia da petição do agravo de instrumento e do comprovante de sua interposição, assim como a relação dos documentos que instruíram o recurso (art. 1.018, § 2º). Se o agravante não cumprir, desde que arguido e provado pelo agravado, importará na inadmissibilidade do agravo (art. 1.018, § 3º).

É importante observar que este recurso, na prática, apresenta-se com "duas peças": (i) a **folha de "rosto"** que serve de apresentação do recurso; e (ii) as **razões recursais** trazendo os fatos, fundamentos e pedidos. Por fim, em vista de se tratar de peça recursal, vale ressaltar que não existe: (i) protesto por provas; (ii) condenação em custas ou honorários; (iii) valor da causa. No máximo, se for o caso, poderá ser pedido a inversão do ônus da sucumbência.

21.3. Como identificar a peça

A questão deverá apresentar um processo judicial em andamento – tendo sido, portanto, já apresentada petição inicial e narrado o andamento processual –, no qual tenha havido uma decisão judicial que não encerrará o processo (caso contrário, o recurso seria a sentença), mas que prejudicou os interesses da parte que você terá de socorrer por meio de um recurso. E esse recurso, baseado numa das situações taxativas do art. 1.015 do CPC, ou nos casos mencionados da Lei n. 11.101/2005, será o agravo de instrumento.

Não custa nada sempre lembrar. Caso a questão apresente uma decisão interlocutória que não esteja prevista no art. 1.015 do CPC, a medida judicial para desafiá-la será o mandado de segurança, com fundamento no art. 5º da Lei n. 12.016/2009.

21.4. Competência

Será dirigido diretamente ao tribunal competente, ao Desembargador Presidente do Tribunal de Justiça do Estado, nos casos em que a Justiça Comum seja competente, ou do Tribunal Regional Federal, se na Justiça Federal (art. 109 da CF). Este é, inclusive, o direcionamento dado pelo art. 1.016 do CPC.

21.5. Fundamentos mais comuns

De acordo com o art. 1.015 do CPC, cabe **agravo de instrumento das decisões interlocutórias que versarem** sobre:

1	Tutelas provisórias; (inciso I)
2	Mérito do processo; (inciso II)
3	Rejeição da alegação de convenção de arbitragem; (inciso III)
4	Incidente de desconsideração da personalidade jurídica; (inciso IV)
5	Rejeição do pedido de gratuidade da justiça ou acolhimento do pedido de sua revogação; (inciso V)
6	Exibição ou posse de documento ou coisa; (inciso VI)
7	Exclusão de litisconsorte; (inciso VII)
8	Rejeição do pedido de limitação do litisconsórcio; (inciso VIII)
9	Admissão ou inadmissão da intervenção de terceiros; (inciso IX)
10	Concessão, modificação ou revogação do efeito suspensivo aos embargos à execução; (inciso X)
11	Redistribuição do ônus da prova nos termos do art. 373, § 1º; (inciso XI)
12	Outros casos expressamente previstos em lei. (inciso XIII)

Não se pode deixar de notar, das possibilidades expressamente previstas na Lei n. 11.101/2005: (i) da decisão judicial sobre a impugnação caberá agravo (art. 17) – neste caso, é possível ao relator conceder efeito suspensivo à decisão que reconhece o crédito ou determinar a inscrição ou modificação do seu valor ou classificação no Quadro Geral de Credores, para fins do exercício do direito de voto em Assembleia de Credores; (ii) contra a decisão que conceder a recuperação judicial caberá agravo (art. 59); e (iii) da decisão que decreta a falência cabe agravo (art. 100).

Aqui cabe, ainda, tecer considerações acerca do modo de se impugnar a decisão que deferiu o processamento da recuperação judicial, prevista no art. 52 da Lei n. 11.101/2005. Com efeito, até o advento do CPC/2015, havia uma divergência, em face da natureza dessa decisão (trata-se de uma decisão interlocutória), sobre se caberia agravo de instrumento ou se tal decisão seria irrecorrível.

O motivo do debate residia na Súmula 264 do STJ: "é irrecorrível o ato judicial que apenas manda processar a concordata preventiva". Frise-se, por oportuno, o entendimento predominante da doutrina destacando o aproveitamento de todos os entendimentos do STJ sobre a concordata preventiva para o processo de recuperação judicial, a menos que a Lei de Falências e Recuperação de Empresas preveja de maneira diversa.

Com o advento do art. 1.015, mais precisamente no seu inciso XIII, do CPC, e tendo em vista que em nenhum momento a Lei n. 11.101/2005 estabelece o recurso cabível contra a decisão que deferiu a recuperação, sem esquecer da Súmula 264 do STJ, a conclusão a que se chegava só poderia ser uma: é uma decisão contra a qual não cabe recurso; contra tal decisão dever-se-ia manejar mandado de segurança.

Porém, a III Jornada de Direito Comercial, do Conselho da Justiça Federal, em junho de 2019, firmou o Enunciado n. 102, prevendo: *"a decisão que **defere** o processamento* *da recuperação judicial desafia* **agravo de instrumento**, *nos termos do art. 1.015, do CPC/2015".*

Frise-se, por oportuno: **apesar da omissão legal ao tratar o recurso apenas como "agravo", os agravos expressamente previstos na Lei n. 11.101/2005 sempre foram agravo de instrumento**. Mesmo antes do CPC atual. Tal destaque é relevante, na medida em que, para o CPC/73, o Código de ritos vigente à época da sanção da atual Lei de Falências e Recuperação de Empresas, o agravo poderia ser de instrumento ou retido. Neste particular, portanto, aproximou-se a sistemática recursal do CPC à da Lei n. 11.101/2005. Isto, aliás, foi o que restou estabelecido com a Reforma promovida pela Lei n. 14.112/2020, à Lei n. 11.101/2005, mais precisamente no seu art. 189, § 1º, II.

21.6. Estrutura da peça

FOLHA DE ROSTO

1. **Endereçamento:** ao Tribunal de Justiça ou Tribunal Regional Federal na figura do Desembargador Presidente.

2. **Identificação das partes**: parte agravante: pessoa física ou pessoa jurídica, com qualificação completa; parte agravada: pessoa física ou pessoa jurídica, com qualificação completa. É possível também para ambas informar "parte já devidamente qualificada nos autos *infra*", se for o caso.

3. **Representação judicial:** procurador(a) com mandato em anexo.

4. **Nome da peça e fundamento legal:** agravo de instrumento sob fundamento dos arts. 1.015, ... [indicar o inciso aplicável ao caso concreto] do CPC [atentar para as fundamentações previstas na Lei n. 11.101/2005 – nestes casos, deve haver a conjugação com o art. 1.015, XIII, do CPC].

5. **Apontamento das cópias** das peças obrigatórias e facultativas – *vide* art. 1.017 do CPC e **nome e endereço** completo dos advogados, conforme o art. 1.016, IV, do CPC.

6. **Fechamento da peça**: local, data. Advogado, OAB n. ... (não inventar dados).

RAZÕES DO RECURSO

1. **Identificação das partes e processo**

2. **Endereçamento:** Egrégio Tribunal, Colenda Câmara, Eminentes Julgadores.

3. **Dos fatos**: exposição dos fatos previstos na situação hipotética da questão. Não inventar outros fatos nem trazer detalhes ausentes no problema. Destacar a decisão ora recorrida. Deve-se, assim, realizar cópia fiel do caso apresentado. Iniciar esta parte com a seguinte expressão: "Egrégio Tribunal, Colenda Câmara, Eminente Julgadores,".

4. **Do direito**: atente-se que a mera citação de artigos não pontua. Tratar do cabimento do agravo de instrumento e da hipótese do art. 1.015 do CPC que fundamentará a presente interposição. E desenvolver as razões do pedido de reforma da decisão, em relevância ao direito material proposto no enunciado. Se houver pedido para conceder efeito suspensivo à decisão, justificá-lo. É possível,

então, dividir a parte do Direito em três subtópicos: 1) do cabimento do recurso; 2) do mérito ou das razões do recurso; e 3) da concessão do efeito suspensivo, se houver.

5. **Do pedido:** a) que o recurso seja recebido e conhecido nos termos propostos pela parte agravante; b) que seja concedido o efeito suspensivo [ou deferir, em antecipação de tutela, total ou parcialmente, da tutela recursal] ao agravo nos termos do inciso I do art. 1.019 do CPC, comunicando ao juiz sua decisão para, se for o caso, oferecer juízo de retratação; c) a juntada de todas as peças obrigatórias e facultativas conforme o art. 1.017, bem como o comprovante do pagamento das respectivas custas e do porte de retorno; d) a intimação da parte agravada para, no prazo de 15 dias, apresentar a contraminuta, facultando-lhe juntar a documentação que entender necessária ao julgamento do recurso; e) por fim, seja provido o recurso com a reforma da decisão ora agravada.

6. **Fechamento da peça:** local, data. Advogado, OAB n. ... (não inventar dados).

21.7. Questão da peça profissional

(XXX Exame) O pedido de recuperação judicial de Praia Norte S/A foi processado pelo Juízo da 1ª Vara Cível da Comarca da Porto Nacional/TO.

Tempestivamente foi apresentado o plano de recuperação e, como esse sofreu objeção por parte de credores trabalhistas, foi realizada assembleia na forma do art. 56, *caput*, da Lei n. 11.101/2005. O referido plano foi aprovado por todas as quatro classes de credores presentes à assembleia geral realizada em 11-7-2019.

Na referida assembleia, o Banco Riachinho S/A, como credor quirografário, classe III, votou contra a aprovação do plano, por discordar do deságio de 80% (oitenta por cento) previsto para a mesma classe III, além da carência de dois anos para início do pagamento e prazo de 12 anos para integralização do pagamento. O credor considerou que a recuperanda age de má-fé com tal proposta, mas ficou vencido na votação.

Antes da concessão da recuperação judicial, você, advogado(a) do Banco Riachinho, já havia peticionado ao Juízo para que exercesse o controle de legalidade no momento da homologação da decisão da assembleia e concessão do favor legal, no sentido de:

a) decretar a ineficácia da cláusula 5.4 (novação dos créditos em face dos coobrigados e garantidores, e proibição de ajuizamento/prosseguimento de ações em face deles) perante os credores sujeitos aos efeitos da recuperação judicial que votaram contrariamente à aprovação do plano, e todos aqueles que estiverem ausentes.

Nos termos em que foi aprovada, a referida cláusula sujeita qualquer credor a seus efeitos, inclusive o Banco Riachinho, que foi expressamente contrário a ela;

b) restringir os efeitos da cláusula 5.5 apenas aos credores sujeitos aos efeitos da recuperação judicial, nos termos do *caput* do art. 49 da Lei n. 11.101/2005.

A referida cláusula prevê que todos os credores, após a aprovação do plano, não mais poderão: (a) ajuizar ou prosseguir qualquer ação, execução ou processo judicial de qualquer tipo relacionado a qualquer crédito; (b) executar qualquer sentença judicial, decisão judicial ou sentença arbitral relacionada a qualquer crédito; (c) requerer penhora de quaisquer bens da companhia para satisfazer seus créditos; (d) criar, aperfeiçoar ou executar qualquer garantia real sobre bens e direitos da companhia para assegurar o pagamento de seus créditos; (f) buscar a satisfação de seus créditos por quaisquer outros meios.

O Banco Riachinho também é titular de créditos com garantia fiduciária sobre imóveis constituídos antes e após o pedido de recuperação. Com essa cláusula e sua vigência a partir da concessão da recuperação, o credor terá seu direito de ação diretamente atingido;

c) declarar a nulidade da cláusula 5.6, que prevê a necessidade de nova convocação de assembleia geral de credores no caso de descumprimento do plano, sem convolação imediata da recuperação em falência.

Sem atender ao peticionamento do(a) advogado(a), o juiz homologou *in totum* o plano de recuperação e, na forma do art. 45 c/c o art. 58, *caput*, concedeu a recuperação judicial da devedora, não estando presentes quaisquer situações de obscuridade, contradição, omissão ou erro material na decisão. A decisão foi publicada e os advogados das partes intimados.

Na fundamentação, o juiz *a quo* considerou que, a despeito de o plano estar sujeito ao controle judicial, as cláusulas atacadas foram aprovadas por mérito da soberana vontade da assembleia geral de credores e se referem a direitos patrimoniais disponíveis. Com isso, os credores dissidentes, como o Banco Riachinho S/A, ficam sujeitos aos efeitos da novação (art. 59 da Lei n. 11.101/2005).

Elabore a peça processual adequada, considerando que o Banco Riachinho não se conforma com a decisão e pretende reformá-la.

21.8. Modelo da peça

Ao juízo do Desembargador Presidente do Tribunal de Justiça do Estado do Tocantins

Banco Riachinho S/A, pessoa jurídica, inscrita no CNPJ n. ..., com sede na rua..., n. ..., no Distrito Federal, neste ato se fazendo presente por seu diretor, ..., pelo seu procurador com mandato anexo, vem, respeitosamente, à presença de Vossa Excelência, com fundamento no art. 59, § 2º, da Lei n. 11.101/2005 e no art. 1.015, XIII, do CPC, interpor o presente

AGRAVO DE INSTRUMENTO

em face da decisão de fls. ..., proferida nos autos do processo n. ..., cuja parte agravada já se encontra devidamente qualificada, pelos fundamentos de fato e de direito a seguir.

Apresentam-se os seguintes documentos que formam o agravo, segundo o art. 1.017 do Código de Processo Civil:

I – cópias da petição que ensejou a decisão agravada, da própria decisão agravada, da certidão da respectiva intimação ou outro documento oficial que comprove a tempestividade e das procurações outorgadas aos advogados do agravante e do agravado;

II – comprovante do pagamento das respectivas custas e do porte de retorno;

III – cópias de demais peças relevantes.

Indica-se o nome e endereço completo dos advogados, conforme o art. 1.016, IV, do CPC.
Os advogados que neste funcionam são os seguintes:
1 – Pela parte agravante:
Nome, endereço completo.
2 – Pela parte agravada:
Nome, endereço completo.

Assim, requer-se o recebimento das inclusas razões, instruídas com as peças obrigatórias e facultativas retroapontadas.

Nestes termos,
Pede deferimento.
Local, Data.
Advogado – OAB n. ...

RAZÕES DO RECURSO

Parte Agravante: [Banco Riachinho S/A e endereço completo]
Parte Agravada: [Praia Norte S/A e endereço completo]

Processo n. ..., da 1ª Vara Cível da Comarca de Porto Nacional/TO

Egrégio Tribunal,
Colenda Câmara,
Eminentes Julgadores.

1. DOS FATOS

Trata-se na essência de um processo de recuperação judicial, em que o Juízo da 1ª Vara Cível da Comarca de Porto Nacional/TO concedeu a recuperação judicial. Em sua fundamentação, o juiz "a quo" considerou que, a despeito de o plano estar sujeito ao controle judicial, as cláusulas atacadas foram aprovadas por mérito da soberana vontade da assembleia geral de credores e se referem a direitos patrimoniais disponíveis. Com isso, os credores dissidentes, como o Banco Riachinho S/A, ficam sujeitos aos efeitos da novação (art. 59 da Lei n. 11.101/2005). Tal entendimento, entretanto, não deve prosperar. Senão vejamos:

2. DO DIREITO

2.1 Do Cabimento do Agravo de Instrumento
O presente recurso encontra fundamento no art. 59, § 2º, da Lei n. 11.101/2005, que prevê como o recurso cabível para atacar a decisão concessiva de recuperação judicial o agravo de instrumento.
Deve-se notar que o processo de recuperação judicial apresenta um sistema recursal próprio, em vista do que não se pode utilizar do sistema recursal previsto no CPC. Com efeito, apesar de a decisão que concede a recuperação judicial ter a natureza jurídica de sentença, o recurso cabível é o de agravo de instrumento.

Note-se, a propósito, que, mesmo o art. 1.015, XIII, do CPC permite a interposição de agravo de instrumento em qualquer outra hipótese expressamente prevista em lei.

2.2 Da Tempestividade

O presente recurso é tempestivo por estar sendo interposto dentro do prazo de quinze dias (art. 1.003, § 5º, do CPC). O prazo para a interposição do recurso conta-se da data em que os advogados são intimados da decisão (art. 1.003, "caput", do CPC).

2.3 Do Mérito

É premente a necessidade de reforma da decisão atacada. Apesar da aprovação por meio da assembleia de credores, o plano de recuperação judicial não pode violar as normas previstas na Lei n. 11.101/2005.
- a) A cláusula 5.4 do plano não pode impor a novação dos créditos dos coobrigados e garantidores aos credores que a ela se opuseram, como o agravante, pois os credores do devedor em recuperação judicial conservam seus direitos e privilégios contra os coobrigados, fiadores e obrigados de regresso, de acordo com o art. 49, § 1º, da Lei n. 11.101/2005.
- b) A cláusula 5.5 viola os direitos do agravante, pois é titular da posição de proprietário fiduciário de bens imóveis, prevalecendo os direitos de propriedade sobre a coisa e as condições contratuais, de acordo com o art. 49, § 3º, da Lei n. 11.101/2005.
- c) A cláusula 5.6, que condicionou a convolação da recuperação judicial em falência à convocação de prévia assembleia geral de credores, deve ser extirpada do plano por ser ilegal. O mero descumprimento das obrigações previstas no plano é suficiente para a convolação da recuperação em falência, nos termos do art. 61, § 1º, c/c o art. 73, IV, ambos da Lei n. 11.101/2005.

2.4 Da Concessão do Efeito Suspensivo

O art. 1.019, I, em interpretação conjugada com o art. 995, parágrafo único, ambos do CPC, determinam a possibilidade de concessão de efeito suspensivo da decisão agravada que possa resultar lesão grave e de difícil reparação. Para tanto, é preciso que seja relevante a fundamentação.

Com efeito, no caso concreto, verifica-se que o plano de recuperação judicial, através da cláusula 5.5, proíbe o agravante de ajuizar ou prosseguir qualquer ação, execução ou processo judicial de qualquer tipo relacionado a qualquer crédito. Assim, diante da condição de credor fiduciário do Banco Riachinho S/A, cujo crédito não se submete à recuperação judicial, a cláusula atinge seu direito de ação.

Desse modo, faz-se necessário que este nobre relator venha a determinar a concessão de efeito suspensivo para o fim de suspender o cumprimento da decisão até o pronunciamento definitivo da Câmara, que deve ser, pelos fundamentos aqui expostos, pela reforma da decisão recorrida.

3. DOS PEDIDOS

Ante o exposto, preenchidos os requisitos legais, requer:
- a) que seja recebido e conhecido o agravo nos termos propostos pela parte agravante;
- b) a concessão do efeito suspensivo ao agravo nos termos do inciso I do art. 1.019, em interpretação conjunta com o art. 995, parágrafo único, ambos do CPC;
- c) a juntada de todas as peças obrigatórias e facultativas conforme o art. 1.017, bem como o comprovante do pagamento das respectivas custas e do porte de retorno, todos em anexo;
- d) a intimação da parte agravada para, no prazo de 15 dias, apresentar a contraminuta (art. 1.003, § 5º), bem como a intimação do Ministério Público;

PRÁTICA EMPRESARIAL

e) o provimento do recurso com a reforma da decisão ora agravada, revertendo-se assim os efeitos da decisão concessiva da recuperação judicial.

Nestes termos,
Pede deferimento.
Local, Data.
Advogado – OAB n. ...

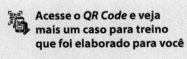

Acesse o *QR Code* e veja mais um caso para treino que foi elaborado para você

> http://uqr.to/1yva1

22. EMBARGOS DE DECLARAÇÃO

22.1. Apresentação

Os embargos de declaração se encontram previstos nos arts. 1.022 a 1.026 do CPC. Trata-se de **recurso destinado a impugnar uma decisão judicial omissa, contraditória ou obscura, bem como para corrigir erro material**. Na medida em que é exigido, com alguma frequência, um recurso como peça prático-profissional, não custa compreender algumas noções básicas e o modo de elaborar tal recurso, caso seja exigido no seu Exame de Ordem.

22.2. Características e requisitos

A primeira peculiaridade acerca deste recurso é que ele pode ser elaborado em **petição única**. Com efeito, se em regra são apresentadas duas peças em sede recursal – a folha de rosto ou peça de interposição, no juízo *a quo* e as razões do recurso, no juízo *ad quem* –, os embargos de declaração serão opostos, no prazo de cinco dias, em petição dirigida ao juiz ou ao relator que proferiu a decisão.

Outra característica importante se refere à questão do preparo. Apesar de regra geral ser obrigação do recorrente comprovar o respectivo preparo (art. 1.077 do CPC), **os embargos de declaração independem de preparo**, nos termos do art. 1.023 do CPC.

É cabível, ainda, perceber que **os embargos de declaração não possuem efeito suspensivo e interrompem o prazo para interposição de qualquer outro recurso**, conforme determina o art. 1.026 do CPC. Desse modo, em face de uma sentença omissa, após o julgamento dos embargos de declaração, será devolvido às partes o prazo para interposição do recurso de apelação. De todo modo, será possível determinar **efeito suspensivo aos embargos de declaração**, de acordo com o art. 1.026, § 1º, do CPC, se demonstrada a **probabilidade do provimento do recurso** ou, sendo relevante a fundamentação, **se houver risco** de dano grave ou de difícil reparação.

Note-se, ainda, o estabelecimento de **prazo para decidir**. Se, em primeira instância, o juiz deve julgar os embargos de declaração no prazo de cinco dias. Em instância recursal, caberá ao relator apresentar os embargos na sessão subsequente, proferido voto; não havendo julgamento nessa sessão, será o recurso incluído em pauta automaticamente. É o que determina o art. 1.024, *caput* e § 1º, do CPC.

Veja que, em razão de se tratar de peça recursal com o objetivo de suprir a obscuridade, a contradição, a omissão da decisão impugnada e/ou a correção de erro material, **não existe intimação ou algum tipo de comunicação da outra parte para se manifestar**. O juiz ou relator simplesmente recebe os embargos e, no prazo legal, os decide.

Por fim, é importante perceber que **os embargos de declaração não podem ser manifestamente protelatórios**. Se o forem, o juiz ou relator condenará o embargante ao pagamento de multa não excedente de 2% sobre o valor da causa em favor do embargado. Havendo reiteração de embargos protelatórios, a multa poderá ser elevada a até 10%, sendo certa a possibilidade de condicionar a interposição de qualquer outro recurso ao depósito do valor mencionado. É o que ensinam os §§ 2º e 3º art. 1.026 do CPC.

Ainda sobre o possível caráter protelatório dos embargos de declaração, deve-se lembrar da Súmula 98 do STJ ("Embargos de declaração manifestados com notório propósito de prequestionamento não têm caráter protelatório") e da Súmula 356 do STF ("Os embargos de declaração podem ser opostos com a finalidade de criar o prequestionamento para o recurso especial ou extraordinário").

22.3. Como identificar a peça

A situação hipotética descreverá um ação judicial já em andamento em que ocorrera uma decisão judicial, seja em primeira ou em segunda instância, em que se constará algum problema em tal decisão referente ao fato de não abordar determinado fundamento discutido no processo ("omissão") ou de a fundamentação seguir em uma direção e a decisão apontar o caminho inverso ("contradição") ou de não conseguir compreender o entendimento do julgado ("obscuridade"), ou, ainda, a correção de um erro material.

Assim, não se quer reformar a decisão, no sentido de modificar o julgado. Pelo menos não ainda. O que se busca é compreender a decisão em todos os seus termos. Não se discute, portanto, pelo menos não diretamente o mérito da decisão; apenas, o seu defeito.

22.4. Competência

A competência será do juízo *a quo*. Vale dizer, a competência para o julgamento dos embargos de declaração é do juízo ou do relator que proferiu a decisão judicial defeituosa.

22.5. Fundamentos mais comuns

O art. 1.022 do CPC apresenta as hipóteses de cabimento dos embargos de declaração. São elas: (i) esclarecer obscuridade ou eliminar contradição; (ii) suprir omissão de ponto ou questão sobre o qual devia se pronunciar o juiz, de ofício ou a requerimento; e (iii) corrigir erro material.

Perceba-se, ainda, a possibilidade de promover este recurso para realizar o prequestionamento necessário à interposição de REsp, perante o STJ, ou de RE, perante o STF. Com efeito, prequestionamento significa que o Acórdão do juízo *a quo* tratou de questão federal ou constitucional.

Não é à toa, aliás, a previsão da Súmula 282 do STF: "É inadmissível o recurso extraordinário, quando não ventilada, na questão recorrida, a questão federal suscitada". No mesmo diapasão, enuncia a Súmula 211 do STJ: "Inadmissível recurso especial quando a questão que, a despeito da oposição de embargos declaratórios, não foi apreciada pelo tribunal *a quo*".

22.6. Estrutura da peça

1. **Endereçamento:** Excelentíssimo Senhor Doutor Juiz de Direito da... Vara Cível da Comarca de... do Estado de... ou Excelentíssimo Senhor Desembargador Relator da... Câmara Cível do Tribunal de Justiça do Estado de... .

   O examinando deve atentar se na narrativa dos fatos é feita alguma consideração ao direcionamento, ou seja, à Vara ou à Câmara onde ocorreu o julgado.

2. **Identificação das partes:** embargante (quem apresenta os embargos). Pode ser pessoa física ou jurídica. Pode ser autor ou réu do processo inicial.

3. **Representação judicial:** advogado, com mandato em anexo.

4. **Nome da peça e fundamentação legal:** Embargos de Declaração, com fundamento nos arts. 1.022 e seguintes do CPC.

5. **Dos Fatos:** exposição dos fatos previstos na situação hipotética da questão. Não inventar outros fatos nem trazer detalhes ausentes no problema. Destacar a decisão ora recorrida. Deve-se, assim, realizar cópia fiel do caso apresentado. É oportuno sempre ressaltar, na forma do Edital de regência do Exame de Ordem, que qualquer forma de identificação utilizada pelo candidato, como a criação de fatos novo, anulará peça, atribuindo-lhe NOTA ZERO.

6. **Do Direito:** apresentação dos fundamentos legais e, quando for o caso, das súmulas de jurisprudência aplicáveis. Frise que a mera citação ou transcrição de artigos não pontua. Faz-se necessário destacar o cabimento, vale dizer, é importante destacar o vício da decisão recorrida (omissão, contradição ou obscuridade), a partir do demonstrado na narrativa da situação hipotética.

7. **Do Pedido:** a) que sejam recebidos os presentes embargos, interrompendo-se o prazo para recorrer, determinando-se o efeito suspensivo haja vista a probabilidade do provimento do recurso e o risco de dano grave e de difícil reparação; b) que seja dado provimento, ao final, para o fim de suprir a... (omissão, contradição ou obscuridade ou de corrigir erro material – a indicação deve ser feita de acordo com o caso concreto); c) a reforma da decisão recorrida no sentido de... (explicar como, diante do caso concreto, deveria ser o sentido da sentença ou do acórdão).

8. **Fechamento da peça:** local, data. Advogado, OAB n. ... (não inventar dados).

22.7. Questão da peça profissional

(XI Exame – adaptada) Em 27-2-2011, XYZ Alimentos S.A., companhia aberta, ajuizou ação para responsabilizar seu ex-diretor de planejamento, "M", por prejuízos causados à companhia decorrentes de venda, realizada em 27-9-2005, de produto da Companhia a preço inferior ao de mercado, em troca de vantagem pessoal.

Em sua defesa, "M" alegou que não houve a realização prévia de assembleia da companhia que houvesse deliberado o ajuizamento da demanda e que as contas de toda administração referentes ao exercício de 2005 haviam sido aprovadas pela assembleia geral ordinária, ocorrida em

3-2-2006, cuja ata foi devidamente arquivada e publicada na imprensa oficial no dia 5-2-2006, não podendo este tema ser passível de rediscussão em razão do decurso do tempo.

Em sede de recurso, a 1ª Câmara Cível do Tribunal de Justiça do Estado do Piauí reconheceu os fatos de que (i) não houve a prévia assembleia para aprovar ajuizamento da ação; e de que (ii) as contas de "M" referentes ao exercício de 2005 foram aprovadas em uma assembleia, em cujas deliberações não se verificou erro, dolo, fraude ou simulação incorridos ou perpetrados por quem dela participou. No entanto, manteve a condenação do ex-diretor que havia sido imposta pela sentença da 1ª instância, que entendeu prevalecer, no caso, o art. 158, I, da Lei n. 6.404/76, sobre qualquer outro dispositivo legal desta lei, sobretudo os que embasam os argumentos de "M".

Assim, na qualidade de advogado de "M" e utilizando os argumentos por ele expendidos em sua defesa, diante do acórdão proferido pelo Tribunal, elabore a peça cabível. Para tanto, suponha que o Tribunal de Justiça do Estado do Piauí possua apenas o total de dez varas cíveis, duas câmaras cíveis e nenhuma vice-presidência.

22.8. Modelo da peça

Excelentíssimo Senhor Desembargador Relator da 1ª Câmara Cível do Tribunal de Justiça do Estado do Piauí

Processo n. ...

M, nacionalidade..., estado civil..., profissão..., portador do RG sob o n. ... e do CPF sob o n. ..., residente e domiciliado na..., nos autos da ação em epígrafe que lhe move XYZ Alimentos S/A, por seu advogado, abaixo assinado, com mandato em anexo, vem respeitosamente perante Vossa Excelência, com fundamento nos arts. 1.022 e seguintes do CPC, opor os presentes

EMBARGOS DE DECLARAÇÃO

em face do acórdão de fls. ..., pelos motivos de fato e de direito a seguir.

DOS FATOS

Em 27-2-2011, XYZ Alimentos S.A., companhia aberta, ajuizou ação para responsabilizar seu ex-diretor de planejamento, "M", por prejuízos causados à companhia decorrentes de venda, realizada em 27-9-2005, de produto da Companhia a preço inferior ao de mercado, em troca de vantagem pessoal.

Em sua defesa, "M" alegou que não houve a realização prévia de assembleia da companhia que houvesse deliberado o ajuizamento da demanda e que as contas de toda a administração referentes ao exercício de 2005 haviam sido aprovadas pela assembleia geral ordinária, ocorrida em 3-2-2006, cuja ata foi devidamente arquivada e publicada na imprensa oficial no dia 5-2-2006, não podendo este tema ser passível de rediscussão em razão do decurso do tempo.

Em sede de recurso, a 1ª Câmara Cível do Tribunal de Justiça do Estado do Piauí reconheceu os fatos de que (i) não houve a prévia assembleia para aprovar ajuizamento da ação; e de que (ii) as contas de "M" referentes ao exercício de 2005 foram aprovadas em uma assembleia, em cujas deliberações não se verificou erro, dolo, fraude ou simulação incorridos ou perpetrados por quem dela participou. No entanto, manteve a condenação do ex-diretor que havia sido imposta pela sentença da 1ª instância, que entendeu prevalecer, no caso, o art. 158, I, da Lei n. 6.404/76, sobre qualquer outro dispositivo legal desta lei, sobretudo os que embasam os argumentos de "M".

DO DIREITO

São cabíveis embargos de declaração, na forma do art. 1.022 do CPC, sempre que houver a necessidade de esclarecer obscuridade ou de eliminar contradição na decisão embargada. Nota-se a contradição do acórdão atacado proferido pela 1ª Câmara Cível do Tribunal de Justiça do Estado do Piauí que manteve a condenação de "M" na reparação dos prejuízos causados à XYZ Alimentos S/A, apesar de reconhecer que não houve prévia assembleia para o ajuizamento da ação, tendo sido aprovadas, sem reservas, as contas de "M".

A propósito, não se pode esquecer de que o art. 159 da Lei n. 6.404/76 determina a necessidade de prévia assembleia para ser ajuizada ação de responsabilidade em favor da companhia prejudicada por alguma improbidade do administrador. Por sua vez, o art. 134, § 3º, da Lei n. 6.404/76 prescreve a exoneração de responsabilidade dos administradores caso ocorra a aprovação, sem reservas, de suas contas.

Deve-se ressaltar, também, a prescrição consumada para o presente feito. O art. 287, II, "b", 2, da Lei n. 6.404/76 estabelece prazo de prescrição de três anos para a ação de responsabilidade contra o administrador, contado da data da publicação da ata que aprovar o balanço. No caso concreto, a ata foi arquivada e publicada em 5-2-2006. A presente ação deveria, então, ser promovida até 5-2-2009; entretanto, só foi ajuizada em 27-2-2011, evidenciando, assim, a prescrição.

Desse modo, afora a prescrição consumada, é patente a contradição na decisão atacada. Com efeito, tanto não se poderia ajuizar a presente ação, em razão do prazo prescricional e da falta de assembleia, quanto, no mérito, "M" não poderia ser condenado a reparar prejuízos em face da aprovação sem reservas de suas contas.

DOS PEDIDOS

Diante do exposto, é a presente para requerer:

a) que sejam recebidos os presentes embargos, interrompendo-se o prazo para recorrer, determinando-se o efeito suspensivo haja vista a probabilidade do provimento do recurso e o risco de dano grave e de difícil reparação;

b) que seja dado provimento, ao final, para o fim de suprir a contradição do acórdão recorrido que manteve a condenação do administrador "M", apesar da ausência de assembleia prévia para o ajuizamento da ação de responsabilidade e da aprovação sem reservas de suas contas;

c) a reforma da decisão recorrida no sentido de, seja por pronunciar a prescrição ou por declarar a ausência de responsabilidade de "M", determinar a improcedência da ação.

Nestes termos,
Pede deferimento.
Local, Data.
Advogado – OAB n. ...

Acesse o *QR Code* e veja mais um caso para treino que foi elaborado para você

> *http://uqr.to/1yva2*

23. APELAÇÃO E DEMAIS RECURSOS

23.1. Apresentação

Caberá apelação, segundo o art. 1.009 do CPC, da **sentença**, definida como "o pronunciamento por meio do qual o juiz, com fundamento nos arts. 485 e 487, põe fim à fase cognitiva do procedimento comum, bem como extingue a execução" (art. 203, § 1º). Os arts. 485 e 487 são situações que extinguem o processo **sem resolução de mérito** e **com resolução**, respectivamente.

Observa-se que, na Lei Falimentar (Lei n. 11.101/2005, art. 100), da decisão que decreta a falência cabe *agravo de instrumento*. Ocorre que a doutrina não é unânime quanto à natureza jurídica, e muitos consideram essa decisão como "sentença", apesar de não extinguir um processo, mas dar início à execução concursal do empresário falido. Entretanto, o mesmo dispositivo legal determina que da sentença que julga pela improcedência do pedido de falência, vale dizer, da sentença denegatória de falência cabe recurso de apelação.

O prazo de interposição é de 15 dias (art. 1.003, § 5º, do CPC).

Frise-se, por oportuno, que a estrutura processual aqui apresentada para a elaboração do recurso de apelação servirá *mutatis mutandis* para a elaboração dos demais recursos previstos no processo civil brasileiro: (i) recurso especial; e (ii) recurso extraordinário.

Registre-se, por oportuno, que não se vislumbra hipótese de utilização do recurso ordinário tendo por mérito a matéria de direito empresarial. Para os recursos que aproveitam a estrutura da apelação é importante destacar o cabimento e a quem deverão ser dirigidas a folha de rosto (ou peça de interposição) e as razões do recurso.

23.2. Características e requisitos

Conforme o art. 1.010 do CPC, a apelação, interposta por petição dirigida ao juízo de primeiro grau, conterá:

I – os nomes e a qualificação das partes;
II – a exposição do fato e do direito;
III – as razões do pedido de reforma da decisão ou de decretação de nulidade;
IV – o pedido de nova decisão.

O principal efeito da apelação é **devolver** ao tribunal o conhecimento da matéria impugnada (**efeito devolutivo**) – art. 1.013 do CPC – para que seja reformada a sentença (ou anulada), incluindo todas as questões suscitadas e discutidas no processo, ainda que a sentença não as tenha julgado por inteiro.

Ficam também submetidas ao tribunal as questões anteriores à sentença, ainda não decididas, art. 1.013, § 1º, bem como as questões de fato *não propostas* no juízo inferior poderão ser suscitadas na apelação, se a parte provar que deixou de fazê-lo por motivo de força maior (art. 1.014).

Outra característica é o **efeito suspensivo**, que não permite a execução provisória da sentença. No entanto, a apelação será recebida *apenas* no **efeito devolutivo**, segundo o art. 1.012, § 1º, quando interposta de sentença que:

1. homologar a divisão ou a demarcação de terras;
2. condenar a pagar de alimentos;
3. extinguir sem resolução de mérito ou julgar improcedentes os embargos do executado;
4. julgar procedente o pedido de instituição de arbitragem;
5. confirmar, conceder ou revogar a tutela provisória;
6. decretar a interdição.

Não se pode deixar de notar que, mesmo nessas hipóteses, será possível a concessão de efeito suspensivo, nos termos do art. 1.012, § 3º, do CPC. Para o Direito Empresarial, ganha especial destaque a questão da concessão de efeito suspensivo nas hipóteses de: (i) julgar procedente o pedido de instituição de arbitragem; e (ii) confirmar, conceder ou revogar a tutela.

A apelação também terá apenas **efeito devolutivo** da sentença que julgar o pedido de restituição do proprietário de bem arrecadado no processo de falência ou que se encontre em poder do devedor na data da decretação da falência (art. 90 da Lei n. 11.101/2005).

Nas ações de despejo, consignação em pagamento de aluguel e acessório da locação, revisionais de aluguel e renovatórias de locação, os recursos interpostos contra as sentenças terão efeito **somente devolutivo** (art. 1º e parágrafo único e art. 58, V, da Lei n. 8.245/91). Além dos requisitos do art. 1.010, destaca-se que deve ser juntado o *preparo*, que nada mais é que o pagamento antecipado das custas processuais, sob pena de deserção (art. 1.007).

Por fim, haverá duas *partes*, uma petição de interposição (folha de rosto) e outra com as razões recursais.

Para o recurso de apelação, a folha de rosto é endereçada ao juízo que proferiu a sentença e as razões do recurso ao tribunal (a depender do mérito, pode ser o TJ – regra geral, ou o TRF).

Para o recurso especial, a folha de rosto é endereçada ao desembargador presidente do tribunal recorrido e as razões do recurso ao Egrégio Superior Tribunal de Justiça.

Para o recurso extraordinário, a folha de rosto é endereçada ao desembargador presidente do tribunal recorrido e as razões do recurso à Colenda Turma do Egrégio Supremo Tribunal Federal.

Por oportuno, vale ressaltar, não se discute os efeitos em que serão recebidos os recursos especial e extraordinário. O debate sobre se o recurso será recebido no seu duplo efeito ou somente no efeito devolutivo só é relevante para fins de apelação.

23.3. Como identificar a peça

Nas situações que já foram objeto de questionamento na 2ª Fase da OAB, preferencialmente, na área empresarial, a controvérsia se desdobra em processos judiciais em que fica esclarecido que o juiz proferiu uma *sentença* e que, como advogado da parte interessada, deve ser elaborada peça processual cabível.

Portanto, não há maiores dúvidas de que deve ser interposta apelação para reformar a sentença proferida.

Sobre o recurso especial, o caso narrará uma situação em que já houve uma causa decidida, por um TJ ou por um TRF, quando a decisão: (i) contrariar tratado ou lei federal, ou negar-lhes vigência – art. 105, III, *a*, da CF (hipótese mais viável); ou (ii) der a lei federal interpretação divergente da que lhe haja atribuído outro tribunal – art. 105, III, *c*, da CF.

Em se tratando do recurso extraordinário, o caso narrará uma situação já decidida por algum tribunal em que for contrariado dispositivo previsto na Constituição Federal, nos termos do art. 102, III, *a*, da CF.

Por fim, é preciso destacar, para fins de recurso especial ou de recurso extraordinário, que é de bom tom que a questão deixe claro que não são cabíveis embargos de declaração, na medida em que a Súmula 356 do STF determina que os embargos de declaração podem ser interpostos com a finalidade de criar o prequestionamento, requisito necessário para a interposição desses recursos.

23.4. Competência

Será dirigido o recurso para o juízo que proferiu a sentença, observado que nas razões da apelação a apresentação é para o juízo *ad quem*, ou seja, ao Egrégio Tribunal de Justiça (ou Tribunal Regional Federal). Ver as hipóteses do art. 109 da CF.

Para o recurso especial, a folha de rosto é endereçada ao desembargador presidente do tribunal recorrido e as razões do recurso ao Egrégio Superior Tribunal de Justiça.

Para o recurso extraordinário, a folha de rosto é endereçada ao desembargador presidente do tribunal recorrido e as razões do recurso à Colenda Turma do Egrégio Supremo Tribunal Federal.

23.5. Fundamentos mais comuns

O CPC dispõe que somente a **parte vencida**, o **terceiro prejudicado** e o **Ministério Público** podem interpor recurso (art. 996). O *interesse recursal* é, portanto, um dos requisitos *intrínsecos* dos recursos, a quem teve sucumbência total ou parcial. E, para *apelar*, o recorrente deverá confrontar uma sentença desfavorável nos termos do art. 1.009 do CPC, observado ainda o prazo de 15 dias.

Outra hipótese de apelação expressamente prevista no CPC é quando for *indeferida a petição inicial*, sendo facultado ao juiz, no prazo de cinco dias, reformar sua decisão (art. 331). Nesse caso, deve constar o pedido de **retratação** na apelação. Não sendo reformada a decisão, os autos serão imediatamente encaminhados ao tribunal competente.

Nas causas que dispensem a fase instrutória, o juiz, independentemente da citação do réu, julgará liminarmente improcedente o pedido que contrariar alguma das hipóteses do art. 332. Assim, se o autor apelar, é facultado ao juiz decidir, no prazo de cinco dias, não manter a sentença e determinar o prosseguimento da ação. Caso seja mantida a sentença, será ordenada a citação do réu para responder ao recurso, apresentando contrarrazões em 15 dias.

No direito empresarial, caberá apelação contra sentença que julga a improcedência do pedido de falência (art. 100 da Lei n. 11.101/2005). Há outros casos marcantes do ponto de vista da Lei n. 11.101/2005:

i. da sentença que julgar o pedido de restituição caberá apelação sem efeito suspensivo (art. 90);
ii. da sentença que julgar a ação revocatória cabe apelação (art. 134, parágrafo único);
iii. da sentença que julgar as contas do administrador judicial cabe apelação (art. 154, § 6º);
iv. a sentença de encerramento do processo de falência será publicada por edital e dela caberá apelação (art. 156, parágrafo único);
v. da sentença que declarar extintas as obrigações do falido cabe apelação (art. 159, § 6º); e
vi. da sentença que homologar o plano de recuperação extrajudicial cabe apelação sem efeito suspensivo (art. 164, § 7º).

23.6. Estrutura da peça

FOLHA DE ROSTO

1. **Endereçamento:** ao juízo de 1º grau que proferiu a sentença ora apelada.
2. **Identificação das partes:** parte apelante: pessoa física ou pessoa jurídica, com qualificação completa; parte apelada: pessoa física ou pessoa jurídica, com qualificação completa. É possível também para ambas informar "parte já devidamente qualificada nos autos *infra*", se for o caso.
3. **Representação judicial:** procurador(a) com mandato em anexo.
4. **Nome da peça e fundamento legal:** Recurso de Apelação sob fundamento do art. 1.009 e seguintes do CPC. [atentar para as hipóteses expressamente previstas na Lei n. 11.101/2005 e, se for o caso, fazer sua menção específica]
5. **Pedido de recebimento:** para que seja recebido o recurso de apelação nos seus efeitos devolutivo e suspensivo (exceto nas hipóteses de não cabimento) na forma do art. 1.012 do CPC e as guias de recolhimento do preparo.
6. **Fechamento da peça:** local, data. Advogado, OAB n. ... (não inventar dados).

FOLHA DAS RAZÕES

1. **Abertura das razões:** Razões do Recurso de Apelação, identificação das partes apelante e apelada, número do processo referente à decisão recorrida, "Egrégio Tribunal, Colenda Câmara, Eminentes Julgadores".

2. **Narrativa dos fatos ("Dos Fatos"):** exposição dos fatos previstos na situação hipotética da questão. Não inventar outros fatos nem trazer detalhes ausentes no problema. Destacar a decisão ora recorrida.
3. **Fundamentação ("Do Direito"):** atente-se que a mera citação de artigos não pontua. O mérito da apelação segue o desenvolvimento coerente de argumentação para fins de reforma, anulação ou retratação da sentença, baseado nos fatos do enunciado e no direito material aplicável.
4. **Pedidos:** a) que o recurso seja recebido e conhecido em seu duplo efeito nos termos propostos pela parte apelante [observar se não é um dos casos de exceção do efeito suspensivo]; b) que o recurso seja provido com a reforma da decisão ora recorrida pelas razões expostas pelo ora apelante; c) a intimação da parte ora apelada para no prazo de 15 dias apresentar as contrarrazões; d) a inversão do ônus de sucumbência e fixação de honorários.
5. **Valor da causa:** não há.
6. **Fechamento da peça:** local, data. Advogado, OAB n. ... (não inventar dados).

23.7. Questão da peça profissional

(XVIII Exame) Álvares Indústria e Comércio S/A propôs ação de conhecimento sob o rito ordinário em face de Borba Indústria e Comércio de Móveis S/A. A ação, que tramitou na 1ª Vara da Comarca de Itacoatiara, Estado do Amazonas, teve por objeto: a) a busca e apreensão de produtos nos quais foi utilizada indevidamente a marca "Perseu" de propriedade da autora; b) a abstenção dos atos de concorrência desleal de comercialização pela Ré de qualquer produto com a utilização da marca, sob pena de multa (pedido cominatório); c) abstenção de fazer qualquer uso da expressão "Persépolis", sob qualquer modo ou meio gráfico, sozinha ou associada a qualquer outra expressão que se assemelhe com a marca "Perseu"; d) condenação ao pagamento de danos materiais e morais derivados da comercialização indevida de produtos objeto de contrafação.

O juízo de primeira instância julgou procedente em parte o pedido, reconhecendo que as expressões "Perseu" e "Persépolis" apresentam semelhanças capazes de causar imediata confusão ao consumidor, não podendo ambas coexistir licitamente no mesmo segmento de mercado e que a ré utilizou indevidamente a marca da autora.

A sentença determinou (i) que a ré se abstenha de fazer qualquer uso da marca "Perseu" e da expressão "Persépolis", sob qualquer modo ou meio gráfico, sozinha ou associada a qualquer outra expressão que se assemelhe com a marca "Perseu" de propriedade do autor, sob pena de multa diária fixada em R$ 5.000,00 (cinco mil reais), (ii) a busca e apreensão de produtos em que foram utilizadas, indevidamente, a marca "Perseu" e a expressão "Persépolis".

Os pedidos de condenação em danos morais e materiais foram julgados improcedentes sob os seguintes fundamentos: Quanto aos danos materiais: "Não tendo o Autor do pedido indenizatório pela contrafação da marca demonstrado na instrução probatória que deixou de vender seus produtos em razão da contrafação, não se caracteriza dano efetivo e direto indenizável. Tratando-se de fato constitutivo do direito, o prejuízo não se presume. Portanto, descabe dano material em caso de não comercialização dos produtos com a marca falsificada".

Quanto aos danos morais: "No caso vertente, em que pese a contrafação, não se produziu qualquer prova tendente a demonstrar que o nome da Autora foi prejudicado em razão da semelhança das expressões 'Perseu' e 'Persépolis' nos produtos da Ré. Ademais, os direitos da personalidade são inerentes e essenciais à pessoa humana, decorrentes de sua dignidade, não sendo as pessoas jurídicas titulares de tais direitos".

Intimadas as partes da prolação da decisão, Benjamin Figueiredo, administrador e acionista controlador da sociedade autora, insatisfeito com a procedência parcial dos pedidos, pretende que a decisão seja reformada na instância superior.

Elabore a peça adequada para a defesa dos interesses da cliente.

23.8. Modelo da peça

Ao juízo da 1ª Vara da Comarca de Itacoatiara, do Estado do Amazonas

Processo n. ...

Álvares Indústria e Comércio S/A, neste ato se fazendo presente por seu diretor, ambos já qualificados nos autos em epígrafe, manifestando inconformismo em face de sentença proferida por este nobre juízo, vem respeitosamente, com fundamento nos arts. 1.009 e seguintes do CPC interpor

RECURSO DE APELAÇÃO

com fundamento nos arts. 1.009 e seguintes do CPC, em face de Borba Indústria e Comércio de Móveis S/A, pelas razões que seguem em anexo.

PEDIDOS

a) Requer a intimação da parte recorrida para, querendo, apresentar contrarrazões.
b) Requer, ainda, o recebimento do presente recurso nos efeitos devolutivo e suspensivo e das guias de recolhimento do preparo (em anexo) para que sejam os autos remetidos ao Egrégio Tribunal de Justiça do Estado do Amazonas.

Nestes termos,
Pede deferimento.
Local, Data.
Advogado – OAB n. ...

RAZÕES RECURSAIS

Parte Apelante: Álvares Indústria e Comércio S/A
Parte Recorrida: Borba Indústria e Comércio de Móveis S/A

Processo n. ...

1ª Vara da Comarca de Itacoatiara, do Estado do Amazonas

PRÁTICA EMPRESARIAL

Egrégio Tribunal de Justiça,
Colenda Câmara,
Eminentes Julgadores.

DOS FATOS

Álvares Indústria e Comércio S/A propôs ação de conhecimento sob o rito ordinário em face de Borba Indústria e Comércio de Móveis S/A. A ação, que tramitou na 1ª Vara da Comarca de Itacoatiara, Estado do Amazonas, teve por objeto: a) a busca e apreensão de produtos nos quais foi utilizada indevidamente a marca "Perseu", de propriedade da autora; b) a abstenção dos atos de concorrência desleal de comercialização pela Ré de qualquer produto com a utilização da marca, sob pena de multa (pedido cominatório); c) abstenção de fazer qualquer uso da expressão "Persépolis", sob qualquer modo ou meio gráfico, sozinha ou associada a qualquer outra expressão que se assemelhe com a marca "Perseu"; d) condenação ao pagamento de danos materiais e morais derivados da comercialização indevida de produtos objeto de contrafação.

O juízo de primeira instância julgou procedente em parte o pedido, reconhecendo que as expressões "Perseu" e "Persépolis" apresentam semelhanças capazes de causar imediata confusão ao consumidor, não podendo ambas coexistir licitamente no mesmo segmento de mercado e que a Ré utilizou indevidamente a marca da autora.

A sentença determinou (i) que a Ré se abstenha de fazer qualquer uso da marca "Perseu" e da expressão "Persépolis", sob qualquer modo ou meio gráfico, sozinha ou associada a qualquer outra expressão que se assemelhe com a marca "Perseu", de propriedade da autora, sob pena de multa diária fixada em R$ 5.000,00, (ii) a busca e apreensão de produtos em que foram utilizadas, indevidamente, a marca "Perseu" e a expressão "Persépolis".

Os pedidos de condenação em danos morais e materiais foram julgados improcedentes sob os seguintes fundamentos:

Quanto aos danos materiais: "Não tendo o Autor do pedido indenizatório pela contrafação da marca demonstrado na instrução probatória que deixou de vender seus produtos em razão da contrafação, não se caracteriza dano efetivo e direto indenizável. Tratando-se de fato constitutivo do direito, o prejuízo não se presume. Portanto, descabe dano material em caso de não comercialização dos produtos com a marca falsificada".

Quanto aos danos morais: "No caso vertente, em que pese a contrafação, não se produziu qualquer prova tendente a demonstrar que o nome da Autora foi prejudicado em razão da semelhança das expressões 'Perseu' e 'Persépolis' nos produtos da Ré. Ademais, os direitos da personalidade são inerentes e essenciais à pessoa humana, decorrentes de sua dignidade, não sendo as pessoas jurídicas titulares de tais direitos".

Intimadas as partes da prolação da decisão, Benjamin Figueiredo, administrador e acionista controlador da sociedade autora, insatisfeito com a procedência parcial dos pedidos, pretende que a decisão seja reformada na instância superior.

DO DIREITO

a) Do Cabimento do Recurso de Apelação.

Com efeito, o cabimento do presente recurso está previsto no art. 1.009 do CPC, ao prever: "da sentença cabe apelação".

b) Da Tempestividade do Recurso

O presente recurso de apelação foi interposto tempestivamente, na medida em que se respeitou o prazo previsto, no art. 1.003, § 5º, do CPC.

c) Do Mérito

1) Do Cabimento dos danos materiais

A contrafação ou utilização indevida de marca são condutas de concorrência desleal nos termos do art. 209 da Lei n. 9.279/96, porque prejudicam a reputação ou os negócios alheios, criam confusão entre estabelecimentos ou entre os produtos e serviços postos no comércio.

Nesses casos, a procedência do pedido de condenação do falsificador/usurpador em danos materiais deriva diretamente da prova que revele a existência de contrafação, independentemente de ter sido o produto falsificado ou de cuja marca foi utilizada indevidamente efetivamente comercializado ou não, com fundamento no art. 209, "caput", da Lei n. 9.279/96. A jurisprudência pacificada no STJ dispensa a comprovação do prejuízo material com fundamento na redação do já citado art. 209.

Diga-se de passagem que a indenização por danos materiais não possui como fundamento tão somente a comercialização do produto falsificado ou de cuja marca foi utilizada indevidamente, mas também a vulgarização do produto, a exposição comercial (ao consumidor) do produto falsificado e a depreciação da reputação comercial do titular da marca, levadas a cabo pela prática de falsificação.

2) Do cabimento dos danos morais

A Constituição Federal em seu art. 5º, X, prevê que: "são invioláveis a intimidade, a vida privada, a honra e a imagem das pessoas, assegurado o direito a indenização pelo dano material ou moral decorrente de sua violação". O texto constitucional não faz distinção entre pessoas naturais e jurídicas, logo é cabível dano moral pela violação do direito à imagem das pessoas jurídicas.

Certos direitos de personalidade são extensíveis às pessoas jurídicas, nos termos do art. 52 do Código Civil. Dentre eles, encontra-se a imagem do titular da marca e sua violação configura prática de ato ilícito (art. 186 do Código Civil). Nesse sentido, encontra-se a Súmula 227 do STJ, que dispõe: "A pessoa jurídica pode sofrer dano moral".

Na contrafação, o consumidor é enganado e vê sua faculdade de escolha subtraída de forma ardilosa. O consumidor não consegue perceber quem lhe fornece o produto e, como consequência, também o fabricante não pode ser identificado por boa parte de seu público-alvo. Assim, a contrafação é verdadeira usurpação de parte da identidade do fabricante. O contrafator cria confusão de produtos e, nesse passo, se faz passar pelo legítimo fabricante de bens que circulam no mercado. A prática de falsificação, em razão dos efeitos que irradia, fere o direito à imagem do titular da marca, o que autoriza, em consequência, a reparação por danos morais.

DOS PEDIDOS

Diante do exposto, requer:
a) que o recurso seja recebido e conhecido em seu duplo efeito nos termos propostos pela parte apelante;
b) que o recurso seja provido com a reforma da decisão ora recorrida pelas razões expostas pelo ora apelante, sendo julgados procedentes os seus pedidos de condenação da parte apelada em danos materiais e danos morais;
c) a intimação da parte ora apelada para no prazo de 15 dias apresentar as contrarrazões;
d) a inversão do ônus de sucumbência e fixação de honorários.

Nestes termos,
Pede deferimento.
Local, Data.
Advogado – OAB n. ...

23.9. Questão da peça profissional

(XI Exame) Em 27-2-2011, XYZ Alimentos S.A., companhia aberta, ajuizou ação para responsabilizar seu ex-diretor de planejamento, "M", por prejuízos causados à companhia decorrentes de venda, realizada em 27-9-2005, de produto da Companhia a preço inferior ao de mercado, em troca de vantagem pessoal.

Em sua defesa, "M" alegou que não houve a realização prévia de assembleia da companhia que houvesse deliberado o ajuizamento da demanda e que as contas de toda administração referentes ao exercício de 2005 haviam sido aprovadas pela assembleia geral ordinária, ocorrida em 3-2-2006, cuja ata foi devidamente arquivada e publicada na imprensa oficial no dia 5-2-2006, não podendo este tema ser passível de rediscussão em razão do decurso do tempo.

Em sede de recurso, a 1ª Câmara Cível do Tribunal de Justiça do Estado do Piauí reconheceu os fatos de que (i) não houve a prévia assembleia para aprovar ajuizamento da ação; e de que (ii) as contas de "M" referentes ao exercício de 2005 foram aprovadas em uma assembleia, em cujas deliberações não se verificou erro, dolo, fraude ou simulação incorridos ou perpetrados por quem dela participou. No entanto, manteve a condenação do ex-diretor que havia sido imposta pela sentença da 1ª instância, que entendeu prevalecer, no caso, o art. 158, I, da Lei n. 6.404/76, sobre qualquer outro dispositivo legal desta Lei, sobretudo os que embasam os argumentos de "M".

Assim, na qualidade de advogado de "M" e utilizando os argumentos por ele expendidos em sua defesa, diante do acórdão proferido pelo Tribunal, elabore a peça cabível. Para tanto, suponha que o Tribunal de Justiça do Estado do Piauí possua apenas o total de dez varas cíveis, duas câmaras cíveis e nenhuma vice-presidência.

Deve ser levado em consideração, pelo examinando, que não cabem embargos de declaração.

23.10. Modelo da peça

Excelentíssimo Senhor Desembargador Presidente do Tribunal de Justiça do Estado do Piauí

"M", já qualificada nos autos do processo n. ... e em face da decisão de fls. ..., pelo seu procurador firmatário, com mandato anexo, vem, respeitosamente, à presença de Vossa Excelência, com fundamento no art. 105, III, "a", da Constituição Federal e no art. 1.029 do CPC, interpor o presente

RECURSO ESPECIAL

cuja parte ora Recorrida já se encontra também devidamente qualificada, nas razões que seguem em anexo.

Requer a intimação da parte recorrida para, querendo, apresentar contrarrazões.

Requer, ainda, o recebimento do presente recurso no efeito devolutivo e as guias de recolhimento do preparo (em anexo) para que sejam os autos remetidos ao Egrégio Superior Tribunal de Justiça.

Nestes termos,
Pede deferimento.
Local, Data.
Advogado – OAB n. ...

DAS RAZÕES DO RECURSO ESPECIAL

Parte Recorrente: "M"
Parte Recorrida: XYZ Alimentos S/A.

Processo n. ...

1ª Câmara Cível do Tribunal de Justiça do Estado do Piauí.

Egrégio Superior Tribunal de Justiça,
Colenda Turma,
Eminentes Julgadores.

DOS FATOS

Em 27-2-2011, XYZ Alimentos S.A., companhia aberta, ajuizou ação para responsabilizar seu ex-diretor de planejamento, "M", por prejuízos causados à companhia decorrentes de venda, realizada em 27-9-2005, de produto da Companhia a preço inferior ao de mercado, em troca de vantagem pessoal.

Em sua defesa, "M" alegou que não houve a realização prévia de assembleia da companhia que houvesse deliberado o ajuizamento da demanda e que as contas de toda administração referentes ao exercício de 2005 haviam sido aprovadas pela assembleia geral ordinária, ocorrida em 3-2-2006, cuja ata foi devidamente arquivada e publicada na imprensa oficial no dia 5-2-2006, não podendo este tema ser passível de rediscussão em razão do decurso do tempo.

Em sede de recurso, a 1ª Câmara Cível do Tribunal de Justiça do Estado do Piauí reconheceu os fatos de que (i) não houve a prévia assembleia para aprovar ajuizamento da ação; e de que (ii) as contas de "M" referentes ao exercício de 2005 foram aprovadas em uma assembleia, em cujas deliberações não se verificou erro, dolo, fraude ou simulação incorridos ou perpetrados por quem dela participou. No entanto, manteve a condenação do ex-diretor que havia sido imposta pela sentença da 1ª instância, que entendeu prevalecer, no caso, o art. 158, I, da Lei n. 6.404/76, sobre qualquer outro dispositivo legal desta lei, sobretudo os que embasam os argumentos de "M".

DO DIREITO

a) Do Cabimento do Recurso Especial

Determina o art. 105, III, "a", da Constituição Federal a possibilidade de interposição de recurso especial quando o Tribunal de Origem nega vigência ou viola dispositivos legais.

No caso concreto, verifica-se a violação dos arts. 286; 287, II, "b", 2; 159; e 134, § 3º, todos da Lei n. 6.404/76, os quais devem ser aplicados em detrimento do art. 158, I, da mesma lei, por serem mais específicos, uma vez que a lei determina a realização de assembleia prévia que aprove o ajuizamento da demanda reparatória (art. 159).

b) Do Mérito

A presente ação não pode ser ajuizada contra administrador que teve suas contas aprovadas "sem ressalvas" em assembleia "limpa", sem manifestações e votos dolosos, culposos, fraudados ou simulados, o que implica a ausência de reconhecimento de eventual atuação do administrador com dolo ou culpa (art. 134, § 3º).

Ademais, ainda que algum desses vícios fosse verificado, o prazo para anular a deliberação seria de dois anos (art. 286), o qual foi verificado em 5-2-2008 e, ainda que se entendesse pela possibilidade do ajuizamento de ação para responsabilizar "M", esta pretensão prescreveu ao final do dia 5-2-2009 (art. 287, II, "b", 2).

Com efeito, incidiu em erro a Colenda Câmara do Tribunal de Justiça do Piauí ao manter a condenação do Sr. "M", dando prevalência ao art. 158, I, da Lei n. 6.404/76, em detrimento dos demais dispositivos legais já citados, que, por serem mais específicos ao caso concreto, deveriam ser considerados.

DOS PEDIDOS

Ante o exposto, preenchidos os requisitos legais, requer:
a) que seja recebido e conhecido o recurso especial nos termos propostos pela parte recorrente;
b) que o presente recurso seja provido com a reforma da decisão ora recorrida pelas razões expostas pelo ora recorrente, com o objetivo de ver reconhecida a prescrição da ação tanto para anular a deliberação da assembleia que aprovou as contas de "M" quanto da ação para responsabilizá-lo pelos prejuízos causados à companhia;
c) a intimação da parte recorrida para no prazo de 15 dias apresentar as contrarrazões;
d) a inversão do ônus de sucumbência e fixação de honorários.

Nestes termos,
Pede deferimento.
Local, Data.
Advogado – OAB n. ...

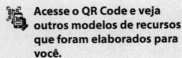

Acesse o QR Code e veja outros modelos de recursos que foram elaborados para você.

> http://uqr.to/1yva3

24. QUESTÕES DISSERTATIVAS COMENTADAS

INTRODUÇÃO ÀS QUESTÕES DISSERTATIVAS COMENTADAS

As questões que se seguem foram divididas nos **seis principais eixos** do direito empresarial, sendo possível, ainda, subdividi-las por temas para fins didáticos. Diante do conteúdo programático previsto no último edital da OAB, podemos agrupar os seguintes assuntos:

I – DIREITO DE EMPRESA E DA SOCIEDADE

1 Do Direito de Empresa. 1.1 Fontes do direito de empresa: os usos empresariais. 1.2 Do conceito de Empresa. 1.3 Do Empresário. 1.4 Da caracterização e da inscrição do empresário. 1.4.1 Da transformação do registro do empresário. 1.5 Da capacidade e incapacidade. 1.6 Do Empresário rural. 1.7 Do Microempreendedor Individual, do Pequeno Empresário, da Microempresa e da Empresa de Pequeno Porte. 2 Da Sociedade. 2.1 Disposições gerais. 2.2 Da sociedade não personificada. 2.2.1 Da sociedade em comum. 2.2.2 Da sociedade em conta de participação. 2.3 Da sociedade personificada e a aquisição de sua personalidade. 2.4 Desconsideração da personalidade jurídica da sociedade empresária. 2.5 Da distinção entre sociedade empresária e não empresária e tipos de sociedades empresárias. 2.6 Das sociedades de pessoas. 2.6.1 Da sociedade simples. 2.6.2 Da sociedade limitada. 2.6.3 Da sociedade cooperativa. 2.7 Da dissolução, liquidação e extinção da sociedade. 2.8 Da transformação, da incorporação, da fusão e da cisão de sociedades. 2.9 Da nacionalidade da sociedade e da sociedade dependente de autorização. 3 Do Estabelecimento. 3.1 Disposições gerais, natureza jurídica e elementos. 3.2 Clientela e aviamento. 4 Dos Institutos Complementares. 4.1 Registro Empresarial e sua legislação. 4.2 Nome empresarial. 4.3 Da escrituração do empresário e da sociedade empresária. 4.4 Dos Prepostos. 5 Da Sociedade Anônima. 5.1 Disposições preliminares da Lei n. 13.303/2016 – Lei das Estatais. 5.2 Regime Societário e Função Social da Empresa Pública e Sociedade de Economia Mista (Lei n. 13.303/2016 e Decreto n. 8.945/2016). 6 Dos Valores Mobiliários. Lei n. 6.385/1976. 6.1 Da Comissão de Valores Mobiliários. 15. Mercado de capitais (Lei n. 4.728/1965).

II – RECUPERAÇÃO JUDICIAL, EXTRAJUDICIAL E FALÊNCIA

7 Da Recuperação Judicial, Extrajudicial e da Falência do Empresário e da Sociedade Empresária. 8 Dos Contratos Empresariais. 8.1 Lei n. 13.874/2019 (Declaração de Direitos de Liberdade Econômica).

III – CONTRATOS EMPRESARIAIS E ARBITRAGEM

13 Responsabilidade das sociedades, controladores e administradores por atos lesivos à administração pública. Lei Anticorrupção (Lei n. 12.846/2013 e Decreto n. 11.129/2022). 14 Arbitragem. Lei n. 9.307/1996. 16 Alienação fiduciária (Decreto-Lei n. 911/1969 e Lei n. 9.514/1997). 17 Lei do inquilinato. Locação não residencial e ações locatícias (Lei n. 8.245/1991). 18 Representação comercial autônoma (Lei n. 4.886/1965). 19 Código de Processo Civil (Lei n. 13.105/2015) - Parte Geral. 19.1 Das Normas Processuais Civis. 19.2 Da Função Jurisdicional. 19.3 Dos Sujeitos do Processo. 19.4 Dos Atos Processuais. 19.5 Da Tutela Provisória. 19.6 Da Formação, Suspensão e Extinção do Processo. 20 Código de Processo Civil (Lei n. 13.105/2015) - Parte Especial. 20.1 Do Processo de Conhecimento e do Cumprimento de Sentença. 20.2 Do Processo de Execução. 20.3 Dos processos nos tribunais e dos meios de impugnação das decisões judiciais.

IV – TÍTULOS DE CRÉDITO

9 Dos Títulos de Crédito. 9.1 Teoria Geral dos Títulos de Crédito. 9.1.1 Títulos escriturais. 9.2 Disposições do Código Civil. 9.3 Títulos cambiais: letra de câmbio e nota promissória. 9.4 Cheque e Duplicata (Lei n. 5.474/1968 e Lei n. 13.775/2018). 9.5 Títulos representativos de mercadorias. 9.6 Títulos de financiamento e para o agronegócio. 9.7 Protesto (Lei n. 9.492/1997). 10 Do Sistema Financeiro Nacional. 10.1 Lei n. 4.595/1964. 10.2 Da Intervenção e Liquidação Extrajudicial de Instituições Financeiras.

V – PROPRIEDADE INDUSTRIAL

11 Da Propriedade Industrial. 11.1 Das Patentes. 11.2 Dos Desenhos Industriais. 11.3 Das Marcas. 11.4 Dos atos de concorrência desleal e seus efeitos civis. 12 Defesa da Concorrência. Lei n. 12.529/2011. Sistema Brasileiro de Defesa da Concorrência. Infrações da Ordem Econômica. Controle de Concentrações.

VI – DIREITO PROCESSUAL

19 Código de Processo Civil (Lei n. 13.105/2015) - Parte Geral. 19.1 Das Normas Processuais Civis. 19.2 Da Função Jurisdicional. 19.3 Dos Sujeitos do Processo. 19.4 Dos Atos Processuais. 19.5 Da Tutela Provisória. 19.6 Da Formação, Suspensão e Extinção do Processo. 20 Código de Processo Civil (Lei n. 13.105/2015) - Parte Especial: 20.1 Do Processo de Conhecimento e do Cumprimento de Sentença. 20.2 Do Processo de Execução. 20.3 Dos processos nos tribunais e dos meios de impugnação das decisões judiciais.

Os comentários das questões buscaram seguir com maior fidelidade os "espelhos de correção" publicados pela banca FGV, deixando de lado aqueles que não eram pertinentes para fins de avaliação e adaptando o mínimo possível[1]. Sendo assim, podemos considerar que as respostas são oficiais, o mais próximo do que se exigiu como solução para que o *examinando* alcançasse a totalidade dos pontos. Lembrando, ainda, a orientação da FGV por meio das regras previstas pelos editais:

- cada questão terá o valor máximo de 1,25 ponto;
- na redação das respostas às questões discursivas, o examinando deverá indicar, obrigatoriamente, a qual item do enunciado se refere cada parte de sua resposta ("A)", "B)", "C)" etc.), sob pena de receber nota zero;
- o examinando deve fundamentar suas respostas. A mera citação do dispositivo legal não confere pontuação;
- por último, as questões foram atualizadas pelo Novo Código de Processo Civil.

I. DIREITO DE EMPRESA E DA SOCIEDADE

I.1. DIREITO DE EMPRESA

(35º Exame) Amaral Ferrador quer iniciar a atividade empresarial e avalia a possibilidade de adotar, para efeito de inscrição como empresário, a alcunha "Zabelê", em vez de seu nome civil. Considerado este dado, pergunta-se:

A) É possível a substituição do nome civil por um apelido ou alcunha, para efeito de inscrição como empresário?

B) Sendo detectada identidade do nome "Amaral Ferrador" com outro já inscrito no âmbito territorial do registro empresarial, qual a solução para preservar o princípio da novidade em relação ao nome empresarial?

GABARITO:

A) Não. Para o exercício da empresa, o empresário individual deverá adotar firma, que é constituída necessariamente por seu nome, completo ou abreviado, como determina o art. 1.156 do Código Civil.

B) Se houver identidade do nome "Amaral Ferrador" com outro já inscrito, para preservar o princípio da novidade do nome empresarial, o empresário deverá acrescentar designação que o distinga, de acordo com o art. 1.163, parágrafo único, do Código Civil.

(36º Exame) O contrato social de Pompeu Produtores Culturais Ltda. contém cláusula investindo o sócio Rezende Costa na administração da sociedade. Emma Salete, sócia com 20% (vinte por cento) do capital, pretende revogar tais poderes sem que o contrato social seja alterado. A sócia, mesmo sendo minoritária, tem provas cabais da prática de atos ilícitos culposos por parte de Rezende Costa, praticados em prejuízo da sociedade. Há também outro administrador, Gaspar Pedrinho, nomeado em ato separado, que Emma Salete deseja ver afastado da administração.

Ao consultar sua advogada para receber orientação jurídica, Emma Salete fez os questionamentos a seguir.

A) É possível revogar os poderes conferidos ao sócio-administrador Rezende Costa? Justifique.

---

[1] Você poderá comparar as respostas ou encontrar outras explicações, bem como a divisão da pontuação de cada questão, no *site* da FGV Projetos: <http://oab.fgv.br/>.

B) Em relação ao sócio Gaspar Pedrinho, há necessidade de medida judicial para promover seu afastamento da administração? Justifique.

GABARITO:

A) Sim. Os poderes do sócio-administrador Rezende Costa podem ser revogados a pedido de qualquer dos sócios, no caso a pedido da sócia Emma Salete, provando-se justa causa em juízo, com base no art. 1.019, *caput*, do CC.

B) Não. A revogação dos poderes do sócio Gaspar Pedrinho pode ser feita a qualquer tempo, sem necessidade de medida judicial, por ter sido sua nomeação feita em ato separado, de acordo com o art. 1.019, parágrafo único, do CC.

(36º Exame – FGV) Luiz Igaratá restou vencido em deliberação que aprovou a alteração do objeto social tomada em reunião de sócios de Restaurante e Bar Bertópolis Ltda. A deliberação ocorreu no dia 30 de setembro de 2022 e no dia 13 de outubro de 2022 Luiz Igaratá notificou a sociedade e demais sócios que estava exercendo seu direito de retirada. Apesar de a notificação ter sido recebida no mesmo dia em que foi emitida, até o presente momento não foi providenciada pelos demais sócios a alteração contratual formalizando a resolução da sociedade em relação a Luiz Igaratá.

Considerados estes dados, responda aos itens a seguir.

A) Quem terá legitimidade ativa na ação de dissolução parcial, sendo certo que tal medida judicial se impõe? Justifique.

B) Para fins de apuração de haveres, qual data deve ser fixada? Justifique.

GABARITO:

A) O sócio Luiz Igaratá tem legitimidade ativa para propor a ação de dissolução parcial, eis que exerceu seu direito de retirada tempestivamente (no dia 13 de outubro de 2022), e não foi providenciada, nos 10 (dez) dias seguintes do exercício do direito, a alteração contratual formalizando a resolução da sociedade, de acordo com o art. 600, IV, do CPC.

B) Para fins de apuração de haveres, a data a ser fixada é 13 de outubro de 2022, dia do recebimento, pela sociedade, da notificação do sócio Luiz Igaratá, com base no art. 605, III, do CPC.

(38º Exame) Você, como advogado(a), é procurado(a) para prestar orientação jurídica ao representante de um grupo de 52 pessoas naturais que decidiram constituir uma sociedade cooperativa singular. Os consulentes desejam saber se a sociedade pode ser constituída sem capital social, ao contrário das demais sociedades.

O representante do grupo também deseja saber se os sócios terão responsabilidade ilimitada pelas obrigações sociais, caso o estatuto estabeleça o capital variável.

Com base na narrativa e nas disposições legais da sociedade cooperativa, responda aos itens a seguir.

A) A sociedade cooperativa pode ser constituída sem capital social? Justifique.

B) A existência de capital variável impõe a responsabilidade ilimitada dos sócios pelas obrigações sociais? Justifique.

GABARITO:

A) Sim. A sociedade cooperativa pode ser constituída sem capital social, com fundamento no art. 1.094, inciso I, do Código Civil.

B) Não. Na sociedade cooperativa, a responsabilidade dos sócios pode ser ilimitada ou limitada, com fundamento no art. 1.095 do Código Civil.

(39º Exame) As sociedades empresárias Cambé S.A., Rolândia S.A. e Construtora Paranavaí Ltda. constituíram informalmente uma sociedade para atuação no mercado de construção de imóveis. No documento de constituição, não levado a registro, ficou estabelecido que a atividade social será exercida apenas pela Construtora Paranavaí Ltda., em nome individual e responsabilidade ilimitada perante terceiros. As demais são sócias investidoras, com participação disciplinada no contrato. Durante a existência da sociedade foi admitido, na condição de sócio participante, o Sr. Cruz Machado, que contribuiu para a atividade social com a quantia de R$ 250.000,00 (duzentos e cinquenta mil reais).

Considerando as informações acima e o tipo societário, pergunta-se:

A) Se os sócios decidirem levar o contrato a arquivamento na Junta Comercial, a sociedade tornar-se-á pessoa jurídica? Justifique.
B) Qual a natureza da contribuição do sócio Cruz Machado? Justifique.

GABARITO:
A) Não. A eventual inscrição do contrato em qualquer registro não confere personalidade jurídica à sociedade, de acordo com o art. 993, *caput, do Código Civil*.
B) A contribuição do sócio participante Cruz Machado constitui patrimônio especial, de acordo com o art. 994, *caput*, do Código Civil.

(40º Exame) No curso da execução por título extrajudicial ajuizada pelo Banco Três Arroios S.A. em face de Educandário Canoas Ltda. foi requerida a instauração do incidente de desconsideração da personalidade jurídica em razão da insuficiência dos bens penhorados para saldar a integralidade do débito. O exequente motivou o pedido na existência de um expressivo patrimônio dos sócios controladores que sempre integrou o patrimônio pessoal deles, mas alguns desses bens eram utilizados a título gratuito pelo Educandário, o que, para o credor, caracterizou confusão patrimonial. Ademais, a sociedade ampliou seu objeto social durante a vigência do financiamento, expandindo a finalidade original da empresa. Tal fato, na visão do credor, representou desvio de finalidade da pessoa jurídica.

Considerados os fatos narrados, responda aos itens a seguir.

A) Procede o argumento apresentado de que a utilização de certos bens a título gratuito do controlador pela pessoa jurídica configura confusão patrimonial? Justifique.
B) A expansão do objeto da pessoa jurídica caracterizou desvio de finalidade? Justifique.

GABARITO:
A) Não. A utilização por parte da pessoa jurídica de bens pertencentes ao patrimônio do sócio controlador não caracteriza confusão patrimonial, pois há separação entre os patrimônios, não incidindo o disposto no art. 50, § 2º, do Código Civil.
B) Não. A mera ampliação do objeto social da pessoa jurídica não caracteriza desvio de finalidade, de acordo com o art. 50, § 5º, do Código Civil.

(40º Exame) Arandu pretende iniciar o exercício de sociedade empresária em nome próprio e realizar previamente sua inscrição como empresário na Junta Comercial. Para ele, é obrigatória a escrituração do livro Diário.

Nesse sentido, responda aos itens a seguir.
A) Arandu poderá, ele próprio, realizar a escrituração do livro Diário? Justifique.
B) Arandu poderá autenticar o livro Diário na Junta Comercial? Justifique.

GABARITO:
A) Não. A escrituração do livro Diário ficará sob a responsabilidade de contabilista legalmente habilitado, salvo se nenhum houver na localidade, de acordo com o art. 1.182 do Código Civil.
B) Sim. Desde que esteja previamente inscrito como empresário, Arandu poderá autenticar o livro Diário, de acordo com o art. 1.181, parágrafo único, do Código Civil.

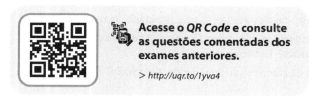

I.2. SOCIEDADE LIMITADA

(XXXIII Exame) Luzerna, sócia de Princesa Saltinho Abatedouro de Aves Ltda., foi instruída por sua advogada a ajuizar ação de exigir contas em face da administradora da sociedade Salete Sangão. A ação foi proposta e a administradora citada para prestar as contas ou oferecer contestação. Sobre a hipótese, responda aos itens a seguir.
A) O que ocorrerá se a administradora Salete Sangão não contestar o pedido da autora?
B) O que ocorrerá se a administradora Salete Sangão prestar as contas exigidas?

GABARITO:
A) Se a administradora não contestar o pedido da autora, o juiz julgará o pedido antecipadamente, proferindo sentença com resolução de mérito, de acordo com o art. 550, § 4º, c/c o art. 355 do CPC.
B) Se a administradora prestar as contas exigidas, a autora Luzerna terá prazo de 15 (quinze) dias para se manifestar sobre elas, de acordo com o art. 550, § 2º, do CPC.

(XXIX Exame – Adaptada) O objeto social de Tucano, Dourado & Cia. Ltda. é a comercialização de hortaliças. A sócia administradora Rita de Cássia empregou a firma social para adquirir, em nome da sociedade, cinco equipamentos eletrônicos de alto valor individual para adornar sua residência. O contrato social encontra-se arquivado na Junta Comercial desde 2007, ano da constituição da sociedade, tendo sido mantido inalterado o objeto social.
João Dourado, um dos sócios, formulou o questionamento a seguir.
A) Rita de Cássia poderá ser demandada em ação individual reparatória ajuizada por um dos sócios, independentemente de qualquer ação nesse sentido por parte da sociedade?

GABARITO:
A) Sim. Rita de Cássia, como administradora, responde perante terceiros prejudicados pelos danos decorrentes de atos ilícitos praticados no exercício de suas atribuições, inclusive outros sócios, segundo a dicção do art. 1.016 do CC.

PRÁTICA EMPRESARIAL

 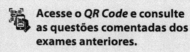

Acesse o *QR Code* e consulte as questões comentadas dos exames anteriores.

> http://uqr.to/1yva5

I.3. SOCIEDADE POR AÇÕES

(XXXII Exame) Altamira e Santarém são diretoras da Companhia Conceição do Araguaia Mineração S/A e deixaram de comunicar aos investidores pela imprensa e à Bolsa de Valores um fato relevante ocorrido nos negócios da companhia, por entenderem que sua divulgação poderia colocar em risco o legítimo interesse da companhia, além de frustrar a realização da operação, que deveria ser mantida no mais absoluto sigilo por cláusula de confidencialidade durante as tratativas. De acordo com as normas legais que regem o dever de informar dos administradores de companhias abertas, responda aos itens a seguir.

A) As diretoras da Companhia Conceição do Araguaia Mineração S/A descumpriram o dever legal de informar dos administradores? Justifique.

B) A Comissão de Valores Mobiliários (CVM) poderá tomar alguma medida quanto à não divulgação do fato relevante? Justifique.

GABARITO:

A) Não. As diretoras não descumpriram o dever legal de informar o fato relevante ocorrido nos negócios da companhia. Podem deixar de divulgá-lo pelas razões apontadas, isto é, que a divulgação poderia colocar em risco o legítimo interesse da companhia, além de frustrar a realização da operação, que deveria ser mantida no mais absoluto sigilo por cláusula de confidencialidade durante as tratativas, com fundamento no art. 157, § 5º, da Lei n. 6.404/76.

B) Sim. Independentemente da licitude da atitude, a CVM, a pedido de qualquer acionista, ou por iniciativa própria, poderá decidir sobre a prestação de informação e responsabilizar as administradoras pela omissão, se for o caso, com fundamento no art. 157, § 5º, da Lei n. 6.404/76.

(XXXII Exame) Em 2021, duas companhias, Tora e Adora, que atuam de forma independente no mercado de produtos eletrônicos, pretendem unir seus patrimônios em operação societária que promoverá a extinção de ambas para formar uma sociedade nova, que as sucederá nos direitos e obrigações. A sociedade Tora registrou, no último balanço, faturamento bruto anual de R$ 1.250.000.000,00 (um bilhão, duzentos e cinquenta milhões de reais) e a sociedade Adora teve volume de negócios total no Brasil, em 2020, de R$ 390.000.000,00 (trezentos e noventa milhões de reais). Com base nessas informações, responda aos itens a seguir.

A) Que providência prévia à consumação da operação de concentração societária deve ser tomada pelas companhias e por que ela é exigida?

B) Que consequências podem advir às companhias e à operação se não for tomada a providência indagada no item A?

GABARITO:

A) A providência prévia à fusão (operação societária) é a submissão da operação (ou do ato de concentração) ao CADE – Conselho Administrativo de Defesa Econômica, tendo em vista que as sociedades possuem faturamento bruto anual ou volume de negócios acima dos patamares mínimos legais e pretendem se fundir, sendo anteriormente independentes, com fundamento nos arts. 88 e 90, I, da Lei n. 12.529/2011.

B) Os atos de concentração, como a fusão, não podem ser consumados antes de apreciados pelo CADE, sob pena de nulidade da operação, sendo ainda imposta multa pecuniária, e abertura de processo administrativo, com fundamento no art. 88, § 3º, da Lei n. 12.529/2011.

(XXXI Exame) A Companhia Venha-Ver Engenharia, constituída em 2008, é da espécie fechada, e seu capital social é inteiramente composto por ações ordinárias.

A assembleia geral extraordinária aprovou, em 22/08/2017, por maioria absoluta de votos, a reforma do estatuto para o aumento do capital mediante a emissão de ações preferenciais, sem direito a voto, em duas classes: A e B. As ações da classe A conferem a seus titulares prioridade na distribuição de dividendo fixo. As ações da classe B conferem a seus titulares prioridade no reembolso do capital sem prêmio.

Pedro Avelino, acionista titular de 12% do capital social, inconformado com a aprovação da alteração estatutária, ajuizou ação para anular a deliberação assemblear sob a alegação de ilegalidade na atribuição das vantagens patrimoniais às ações preferenciais da classe B.

Argumenta o autor que as ações preferenciais da classe B deveriam conferir aos futuros subscritores uma preferência ou vantagem adicional, como o recebimento do dividendo, por ação preferencial, pelo menos 10% (dez por cento) maior do que o atribuído às ações ordinárias. Da forma como foi aprovada pela assembleia, a criação da nova espécie de ação acarretou um evidente prejuízo aos acionistas minoritários, porque a eliminação do direito de voto não corresponderia a uma vantagem real e efetiva, configurando-se o abuso da maioria.

Considerando os fatos acima e que a ação anulatória foi proposta em 25/03/2019, responda aos itens a seguir.

A) Na data da propositura da ação – 25/03/2019 –, já estaria prescrita a pretensão anulatória da deliberação assemblear?

B) Pedro Avelino tem razão quanto à ilegalidade na atribuição da vantagem patrimonial às ações preferenciais da classe B?

GABARITO:

A) Não. Em 25/03/2019 ainda não ocorreu a prescrição da pretensão anulatória da deliberação assemblear, haja vista não ter decorrido 2 (dois) anos entre a data da deliberação (22/08/2017) e a data da propositura da ação, com fundamento no art. 286 da Lei n. 6.404/76.

B) Não. Como a companhia é da espécie fechada não é obrigatório a concessão de vantagem ou preferência adicional às ações preferenciais, prevista no art. 17, § 1º, da Lei n. 6.404/76.

(37º Exame) A Companhia Siderúrgica União dos Palmares, da espécie fechada e sem integrar grupo econômico ou de controle com companhia aberta, distribuirá no próximo exercício social a seus acionistas dividendo inferior ao obrigatório, conforme foi deliberado em assembleia geral ordinária pela unanimidade dos acionistas presentes. O acionista José da Laje, que não participou da assembleia geral ordinária, ajuizou ação para anular a deliberação sob os argumentos de que: a) é ilegal a proposta porque o dividendo obrigatório é direito essencial do acionista, logo a assembleia geral não pode privar o acionista desse direito, nem total nem parcialmente; b) excepcionalmente, para que tal medida fosse aprovada, deveria haver o consentimento da unanimidade dos acionistas e não apenas

PRÁTICA EMPRESARIAL

dos acionistas presentes, pois esses representavam 88% (oitenta e oito por cento) e não 100% (cem por cento) do capital. Colhidas tais informações e de acordo com a legislação das sociedades por ações, responda aos itens a seguir.

A) Considerando-se ser o dividendo um direito essencial do acionista, poderia a assembleia aprovar sua redução? Justifique.

B) Procede a alegação do quórum de unanimidade dos acionistas da companhia para a aprovação da redução do dividendo? Justifique.

GABARITO:

A) Sim. Tratando-se de companhia fechada não controlada por companhia aberta, é possível que a assembleia geral aprove a distribuição de dividendo inferior ao obrigatório, com fundamento no art. 202, § 3º, inciso II, da Lei n. 6.404/76.

B) Não. A alegação não procede, porque para aprovar a distribuição de dividendo inferior ao obrigatório é necessário o quórum de unanimidade em relação aos acionistas presentes à assembleia (ou que não haja oposição de qualquer acionista presente), e não em relação a todos os acionistas da companhia, em conformidade com o art. 202, § 3º, da Lei n. 6.404/76.

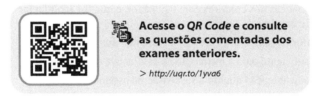

Acesse o *QR Code* e consulte as questões comentadas dos exames anteriores.

> http://uqr.to/1yva6

II. RECUPERAÇÃO JUDICIAL, EXTRAJUDICIAL E FALÊNCIA

II.1. RECUPERAÇÃO JUDICIAL E EXTRAJUDICIAL

(XXXIII Exame) A sociedade empresária Editora Casimiro de Abreu Ltda. requereu sua recuperação judicial, em 9 de abril de 2019, tendo o pedido sido distribuído para a 2ª Vara Cível da Comarca de Campos dos Goytacazes/RJ. O pedido não obteve processamento, em razão de irregularidades apontadas pela julgadora. São elas:

(i) o não cumprimento do prazo mínimo de 5 anos, tendo em vista existência de recuperação judicial anterior, pleiteada em 3-4-2014 e concedida em 27-11-2014.

(ii) ausência de apresentação da demonstração do resultado desde o último exercício social e das demonstrações contábeis dos exercícios sociais de 2016 e 2017, na documentação que instruiu a inicial.

Sobre a decisão que indeferiu a petição inicial e seus fundamentos, você, como advogado(a), deve se pronunciar sobre ela, quanto

A) ao cumprimento do prazo de 5 anos pelo devedor;

B) à irregularidade da apresentação das demonstrações contábeis.

GABARITO:

A) A decisão é acertada quanto ao fundamento de não cumprimento pelo devedor do prazo mínimo de 5 anos para novo pedido de recuperação. O prazo é contado da data da concessão da recuperação (27-11-2014) e não da data do pedido (3-4-2014). Cotejando-se as datas, verifica-se que, em 9 de abril de 2019, havia decorrido menos de 5 anos da data da concessão, não sendo possível o pedido, com base no art. 48, "caput", II, da Lei n. 11.101/2005.

B) A decisão é acertada quanto à irregularidade da apresentação das demonstrações contábeis, pois verificou-se a ausência da demonstração do resultado desde o último exercício social e das demonstrações contábeis dos exercícios sociais de 2016 e 2017, com fundamento no art. 51, II, da Lei n. 11.101/2005.

(35º Exame) Na assembleia de credores convocada para deliberar sobre o plano de recuperação judicial apresentado por Plásticos Riqueza Ltda., com base no quadro de credores homologado pelo juízo, verificou-se, em primeira convocação, a presença de todos os credores da classe I; 25% (vinte e cinco por cento) da quantidade de credores da classe III, representativa de 60% (sessenta por cento) dos créditos da mesma classe; e 75% (setenta e cinco por cento) da quantidade de credores da classe IV, representativa de 85% (oitenta e cinco por cento) dos créditos da mesma classe. Não há credores da classe II no quadro de credores homologado pelo juiz.

Durante a assembleia, o representante legal de um dos credores da classe III propôs a suspensão da assembleia "sine die", ou seja, até que houvesse ambiente favorável à aprovação do plano e evoluíssem as negociações dos credores com o devedor, o que foi acolhido pela maioria tanto dos presentes quanto de créditos.

Considerando as informações sobre este caso, responda aos itens a seguir.

A) Houve quórum suficiente para a instalação da assembleia de credores?

B) Há legalidade da deliberação quanto à suspensão da assembleia?

GABARITO:

A) Sim. Em todas as classes de credores contidas no quadro-geral, foi verificada a presença de mais da metade dos créditos computados pelo valor, a saber: 100% (cem por cento) na classe I, 60% (sessenta por cento) na classe III e 85% (oitenta e cinco por cento) na classe IV. Logo, foi atingido o quórum de instalação da assembleia em primeira convocação, de acordo com o art. 37, § 2º, da Lei n. 11.101/2005.

B) Não. É ilegal o adiamento "sine die", porque, na hipótese de suspensão da assembleia-geral de credores convocada para fins de votação do plano de recuperação judicial, a assembleia deverá ser encerrada no prazo de até 90 (noventa) dias, contado da data de sua instalação, como determina o art. 56, § 9º, da Lei n. 11.101/2005.

(37º Exame) Credor de uma sociedade em recuperação judicial, cujo crédito consta na classe III do art. 41 da Lei n. 11.101/2005, requereu ao juiz da causa acesso aos documentos de escrituração contábil e relatórios auxiliares da devedora, mantidos em suporte eletrônico ou digital. A devedora, por meio de sua advogada, impugnou o pedido e pleiteou pelo indeferimento. A devedora argumenta que é defeso a qualquer autoridade, juiz ou tribunal, sob qualquer pretexto, ordenar qualquer verificação ou exame dos instrumentos de escrituração dos empresários, que estão protegidos por sigilo legal. Ademais, argumentou a devedora que somente o representante do Ministério Público, como "custos legis", poderia ter acesso aos instrumentos de escrituração. Considerados os fatos narrados, responda aos itens a seguir.

A) Procedem as alegações da recuperanda para impugnar o pedido de acesso aos instrumentos de escrituração formulado pelo credor?

PRÁTICA EMPRESARIAL

B) O acesso do administrador judicial aos instrumentos de escrituração da devedora necessita de autorização prévia do juízo, de modo a avaliar a conveniência e oportunidade e resguardar o sigilo dos documentos?

GABARITO:

A) Não. O credor da recuperanda, como interessado, tem legitimidade para requerer ao juiz autorização de acesso aos documentos de escrituração contábil e relatórios auxiliares, com base no art. 51, § 1º, da Lei n. 11.101/2005.

B) Não. O administrador judicial não precisa de autorização judicial prévia para ter acesso aos instrumentos de escrituração, diante da necessidade de consultar tais documentos para realizar a verificação dos créditos, de acordo com o art. 7º, "caput", da Lei n. 11.101/2005 ou em razão do dever de elaborar extratos dos livros para fundamentar parecer em habilitações ou impugnações de créditos, de acordo com o art. 22, inciso I, alínea "c", da Lei n. 11.101/2005.

 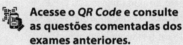

Acesse o *QR Code* e consulte as questões comentadas dos exames anteriores.

> http://uqr.to/1yva7

II.2. FALÊNCIA

(XXXI Exame) Feliciano, administrador da sociedade empresária Lago de Junco Telecomunicações Ltda., em conluio com seus dois primos, realizou empréstimos a eles em nome da sociedade, a fim de obter crédito para si, o que era vedado pelo contrato social. Essas práticas reiteradas descapitalizaram a sociedade porque a dívida não foi honrada.

Ao cabo de três anos, foi decretada a falência, com fundamento na impontualidade. No curso do processo falimentar, o administrador judicial verificou a prática, antes da falência, de outros atos pelo administrador em unidade de propósitos com seus primos – dentre eles, a transferência de bens do estabelecimento a terceiros, lastreados em pagamentos de dívidas fictícias.

De acordo com o enunciado e as disposições da Lei de Falência e Recuperação de Empresas, responda aos itens a seguir.

A) Qual a medida judicial cabível para recuperar os bens e valores que foram subtraídos do patrimônio da sociedade empresária, e quais são os seus fundamentos? Justifique.

B) Quem tem legitimidade ativa para a referida ação? Qual o prazo para sua propositura e qual a natureza desse prazo? Justifique.

GABARITO:

A) A medida judicial cabível é a ação revocatória, cuja finalidade é a obtenção da revogação dos atos praticados com a intenção de prejudicar credores. Seus fundamentos são (i) o conluio fraudulento entre o devedor e o terceiro que com ele contratar – no caso do administrador da sociedade com seus dois primos e (ii) o efetivo prejuízo sofrido pela massa falida, como os empréstimos não pagos e a transferência de bens do estabelecimento a terceiros lastreados em pagamentos de dívidas fictícias, com fundamento no art. 130 da Lei n. 11.101/2005.

B) A legitimidade ativa para a ação revocatória é concorrente da massa falida, representada pelo administrador judicial, de qualquer credor ou do representante do Ministério Público. O prazo é de três anos da data da decretação de falência, sendo de natureza decadencial, com fundamento no art. 132 da Lei n. 11.101/2005.

(XXXIV Exame) Na recuperação judicial da sociedade empresária Pastifício Capivari Ltda., foi apresentado plano de recuperação judicial que previa aos credores quirografários pagamento integral do débito em 60 (sessenta) meses a contar da data da concessão da recuperação. Com a aprovação do plano pela assembleia de credores, as condições contratuais originais foram alteradas, passando o pagamento a ser feito nos termos do plano.

Em 30 de setembro de 2021 e estando em curso o pagamento aos credores quirografários, a recuperação foi convolada em falência e, na sentença, o juiz fixou o termo legal em 90 dias anteriores à data do pedido de recuperação.

Considerados esses dados, responda aos itens a seguir.

A) Sendo certo que parte do pagamento aos credores quirografários foi realizado dentro do termo legal, o ato será ineficaz em relação à massa falida?
B) Foi correta a fixação do termo legal pelo juiz?

GABARITO:
A) Não. Em virtude de ter sido previsto no plano de recuperação judicial aprovado e homologado pelo juiz, o ato não será ineficaz com a decretação da falência, com fundamento no art. 131 da Lei n. 11.101/2005, mesmo tendo havido pagamento no termo legal e em desacordo com o contrato, com base no art. 129, II, da Lei n. 11.101/2005.
B) Sim. O juiz fixou corretamente o termo legal, pois adotou um dos critérios legais para sua fixação, no caso, a data do pedido de recuperação, bem como não extrapolou o limite máximo de 90 dias anteriores àquele evento, nos termos do art. 99, II, da Lei n. 11.101/2005.

(XXVIII Exame) Mendes Pimentel é credor de Alpercata Reflorestamento Ltda., por título extrajudicial com vencimento em 20 de março de 2020. Em 11 de setembro de 2018, foi decretada a falência da devedora pelo juízo da comarca de Andradas/MG.

Mendes Pimentel é proprietário de uma máquina industrial que se encontrava em poder de um dos administradores da sociedade falida na data da decretação da falência, mas não foi arrolada no auto de arrecadação elaborado pelo administrador judicial.

Sobre a hipótese narrada, responda aos itens a seguir.

A) Sabendo-se que o crédito de Mendes Pimentel não se encontra na relação publicada junto com a sentença de falência, ele deverá aguardar o vencimento da dívida para habilitar o crédito?
B) Diante da ausência de arrecadação da máquina industrial, Mendes Pimentel deverá ajuizar ação em face da massa falida para que o crédito, uma vez apurado, seja pago como quirografário?

GABARITO:
A) Não. A decretação da falência determina o vencimento antecipado das dívidas do devedor; portanto, o crédito de Mendes Pimentel já poderá ser habilitado na falência, com base no art. 77 da Lei n. 11.101/2005.
B) Não. Mendes Pimentel poderá requerer a restituição do bem que se encontrava em poder do devedor, com base no art. 85 da Lei n. 11.101/2005. Se a coisa não mais existir ao tempo do pedido, o proprietário receberá o valor da avaliação do bem, ou, no caso de ter ocorrido sua venda, o respectivo preço.

PRÁTICA EMPRESARIAL

(XXIX Exame) Irmãos Botelhos & Cia. Ltda., em grave crise econômico-financeira e sem condições de atender aos requisitos para pleitear recuperação judicial, requereu sua falência no juízo de seu principal estabelecimento (Camaçari/BA), expondo as razões da impossibilidade de prosseguimento da atividade empresarial.

O pedido foi acompanhado dos documentos exigidos pela legislação e obteve deferimento em 11 de setembro de 2018. Após constatar que todos os títulos protestados por falta de pagamento tiveram o protesto cancelado, o juiz fixou, na sentença, o termo legal em sessenta dias anteriores ao pedido de falência, realizado em 13 de agosto de 2018.

Sobre o caso apresentado, responda aos itens a seguir.

A) Foi correta a fixação do termo legal da falência?

B) Considerando que, no dia 30 de junho de 2018, o administrador de Irmãos Botelhos & Cia. Ltda. pagou dívida vincenda desta através de acordo de compensação parcial, com desconhecimento pelo credor do estado econômico do devedor, tal pagamento é eficaz em relação à massa falida? Justifique.

GABARITO:

A) O juiz agiu corretamente ao fixar o termo legal em sessenta dias anteriores ao pedido de falência. Da leitura do art. 99, II, da Lei n. 11.101/2005, verifica-se que o prazo máximo, que o juiz poderá retrotrair o termo legal, é de 90 dias. A fixação do termo legal deverá observar um dentre três critérios: (i) data do pedido de recuperação judicial; (ii) data do primeiro protesto por falta de pagamento; ou (iii) data do pedido de falência. Como não houve pedido de recuperação judicial e os protestos existentes foram cancelados, portanto desconsiderados para a fixação do termo legal, restou ao juiz adotar o critério da data do requerimento de falência.

B) O pagamento mediante acordo de compensação parcial de dívida vincenda, celebrado em 30-6-2018, ou seja, dentro do termo legal, é ineficaz em relação à massa falida, mesmo com o desconhecimento da crise econômico-financeira pelo credor, com base no art. 129, I, da Lei n. 11.101/2005.

(36º Exame) Na condição de advogado(a) da Cerâmica Guarulhos Ltda., sociedade empresária enquadrada como empresa de pequeno porte, você verifica que o crédito que ela possui em face de Postos de Combustíveis Nantes Ltda., em recuperação judicial, não foi arrolado pela devedora na relação de credores que instrui a petição inicial.

Realizada a providência de habilitação tempestiva do crédito no dia 12 de julho de 2022, classificado no requerimento como dotado de privilégio especial, o administrador judicial alterou a classificação original para quirografário e incluiu a Cerâmica Guarulhos Ltda., para fins de votação nas assembleias de credores, dentre os credores da classe III.

Com base nestas informações, responda aos itens a seguir.

A) A reclassificação do crédito da Cerâmica Guarulhos Ltda. pelo administrador judicial foi correta?

B) A inclusão da Cerâmica Guarulhos Ltda. na classe III para efeito de votação nas assembleias de credores foi correta?

GABARITO:

A) Sim. A Lei n. 14.112/2020 revogou o inciso IV do art. 83, que contemplava os créditos com privilégio especial, passando tais créditos à classificação de quirografários, com fundamento no art. 83, VI, *a*, ou no art. 83, § 6º, ambos da Lei n. 11.101/2005.

B) Não. Os credores enquadrados como empresa de pequeno porte constituem classe distinta da dos credores quirografários para efeito de votação nas assembleias de credores, nos termos do art. 41, IV, da Lei n. 11.101/2005.

(38º EXAME) Decretada a falência do empresário individual Vespasiano Sabará, o administrador judicial não encontrou bens a serem arrecadados, informando este fato ao juiz da falência.

Ouvido o representante do Ministério Público, que não requereu diligências para localizar algum bem, foi fixado, por meio de edital, prazo para os interessados se manifestarem em 10 (dez) dias. Bárbara Guanhães, ex-empregada do falido e credora trabalhista, requereu o prosseguimento da falência.

Sobre a hipótese apresentada, responda aos itens a seguir.

A) Diante do requerimento de Bárbara Guanhães, é possível manter a continuidade do processo falimentar na situação de ausência de bens arrecadados (falência frustrada)?

B) Caso seja encerrada a falência em razão da ausência de bens (falência frustrada), quando será possível a reabilitação do falido para efeito de cessação da inabilitação para o exercício de empresa?

GABARITO:

A) Sim. Bárbara Guanhães, como credora, poderá requerer o prosseguimento da falência, desde que pague as despesas com o processo e os honorários do administrador judicial, com fundamento no art. 114-A, § 1º, da Lei n. 11.101/2005.

B) A reabilitação do falido será possível com a extinção de suas obrigações por força do encerramento da falência, que faz cessar a inabilitação empresarial, de conformidade com o art. 158, inciso VI, da Lei n. 11.101/2005 e com o art. 102, "caput", da Lei n. 11.101/2005.

(39º Exame) Após três anos da decretação de falência da empresária individual Adelândia Leite, não foi possível concluir a realização de todo o ativo, persistindo a necessidade de pagamento a credores quirografários e não quirografários. Contudo, mesmo diante deste cenário, a falida requereu a decretação do encerramento da falência com efeito extintivo de suas obrigações.

Sobre a hipótese, responda aos itens a seguir.

A) Existe possibilidade jurídica para o pedido da falida? Justifique.

B) Recebido o requerimento da falida, qual procedimento deve ser adotado para sua divulgação? Justifique.

GABARITO:

A) Sim. A falida poderá requerer a extinção de suas obrigações, sendo os bens arrecadados destinados à liquidação para a satisfação dos credores habilitados ou com pedido de reserva realizado, de acordo com o art. 158, V, da Lei n. 11.101/2005.

B) O requerimento deverá ser imediatamente publicado para que, no prazo comum de 5 (cinco) dias, qualquer credor, o administrador judicial e o Ministério Público possam se manifestar, exclusivamente para apontar inconsistências formais e objetivas, de acordo com o art. 159, § 1º, da Lei n. 11.101/2005.

(40º Exame) O administrador judicial da massa falida de Gráfica Araucária S.A. recebeu interpelação da sociedade empresária Santa Rebouças sobre o cumprimento de contrato de compra e venda com reserva de domínio, celebrado por esta com a companhia antes da decretação da falência. A Gráfica Araucária S.A. já havia pagado sete das vinte prestações e está na posse direta do bem.

Considerando-se que não há comitê de credores na falência e a condição de vendedora da sociedade Santa Rebouças, responda aos itens a seguir.

A) Como será classificado o crédito caso o administrador judicial decida pelo cumprimento do contrato? Justifique.

B) Qual deve ser a atuação do administrador judicial perante a vendedora se ele decidir não dar execução ao contrato? Justifique.

GABARITO:
A) O crédito da vendedora Santa Rebouças será classificado como extraconcursal, pois a confirmação da execução do contrato é uma obrigação assumida pela massa resultante de ato jurídico válido praticado após a decretação da falência, de acordo com o art. 84, I-E, da Lei n. 11.101/2005.

B) O administrador judicial deverá restituir à vendedora o bem adquirido pelo devedor com reserva de domínio, exigindo a devolução dos valores pagos, de acordo com o art. 119, IV, da Lei n. 11.101/2005.

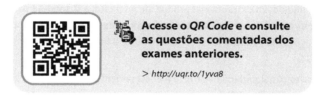

II.3. INTERVENÇÃO E LIQUIDAÇÃO EXTRAJUDICIAL DE INSTITUIÇÕES FINANCEIRAS

(XXV Exame – Reaplicação) Antônio Olinto, liquidante e representante legal do Banco Ventania S/A, que está em liquidação extrajudicial, propôs ação revocatória perante o juízo da Vara Única da Comarca de Corbélia, local do principal estabelecimento, com fundamento no art. 130 da Lei n. 11.101/2005. A ação foi ajuizada em face de dois ex-diretores da instituição financeira por gestão fraudulenta, apropriação indébita e outras condutas que acarretaram vultosos prejuízos ao Banco Ventania S/A e a seus credores. Foram também incluídos no polo passivo Godoy Moreira, Enéas Marques, Telêmaco Borba e Honório Serpa porque adquiriram, dolosamente, bens desviados do patrimônio da liquidanda, informação lastreada em documentação comprobatória que instruiu a petição inicial. Com base nas informações do enunciado, responda aos itens a seguir.

A) Sendo certo que a instituição financeira em liquidação extrajudicial não teve sua falência decretada, é lícito ao liquidante ajuizar ação revocatória?

B) Sabendo-se que Godoy Moreira, Enéas Marques, Telêmaco Borba e Honório Serpa não possuem qualquer vínculo societário com a instituição liquidanda, poderiam ser demandados na ação revocatória?

GABARITO:
A) Sim, é lícito. A ausência de decretação da falência da instituição liquidanda não é óbice à propositura da ação revocatória pelo liquidante, porque os atos indicados no art. 130 da Lei n. 11.101/2005, praticados pelos administradores da liquidanda, poderão ser revogados, com fundamento no art. 35 da Lei n. 6.024/74.

B) Sim. Mesmo sem vínculo societário com a instituição liquidanda, a ação revocatória pode ser promovida contra os terceiros adquirentes (Godoy Moreira, Enéas Marques, Telêmaco Borba e Honório Serpa), que dolosamente adquiriram bens desviados do patrimônio da liquidanda (art.

133, II, da Lei n. 11.101/2005). Portanto, tinham a princípio conhecimento, ao se criar o direito, da intenção dos ex-diretores de prejudicar os credores.

(35º Exame) Ao tomar conhecimento, por seu cliente, da decretação da liquidação extrajudicial de YY Capitalização S/A por Ato da Presidência do Banco Central do Brasil, credor quirografário da referida instituição financeira, você deve prestar-lhe consultoria quanto a efeitos da decretação da liquidação extrajudicial, nos termos a seguir.

A) Qual o efeito da liquidação extrajudicial em relação às ações de cobrança em curso movidas em face da instituição liquidanda e quanto à propositura de novas ações?

B) Qual efeito da decretação de falência da instituição liquidanda em relação à liquidação extrajudicial?

GABARITO:

A) A decretação da liquidação extrajudicial produz, de imediato, a suspensão das ações iniciadas (ou em curso) sobre direitos e interesses relativos ao acervo da entidade liquidanda; quanto à propositura de novas ações, há vedação legal enquanto durar a liquidação, de acordo com o art. 18, "a", da Lei n. 6.024/74.

B) A falência da instituição liquidanda acarreta o encerramento da liquidação extrajudicial, de acordo com o art. 19, II, da Lei n. 6.024/74.

(35º Exame) Ao tomar conhecimento, por seu cliente, da decretação da liquidação extrajudicial de YY Capitalização S/A por Ato da Presidência do Banco Central do Brasil, credor quirografário da referida instituição financeira, você deve prestar-lhe consultoria quanto a efeitos da decretação da liquidação extrajudicial, nos termos a seguir.

A) Qual o efeito da liquidação extrajudicial em relação às ações de cobrança em curso movi- das em face da instituição liquidanda e quanto à propositura de novas ações?

B) Qual efeito da decretação de falência da instituição liquidanda em relação à liquidação extrajudicial?

GABARITO:

A) A decretação da liquidação extrajudicial produz, de imediato, a suspensão das ações inicia- das (ou em curso) sobre direitos e interesses relativos ao acervo da entidade liquidanda; quanto à propositura de novas ações, há vedação legal enquanto durar a liquidação, de acordo com o art. 18, "a", da Lei n. 6.024/74.

B) A falência da instituição liquidanda acarreta o encerramento da liquidação extrajudicial, de acordo com o art. 19, II, da Lei n. 6.024/74.

 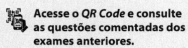

Acesse o *QR Code* e consulte as questões comentadas dos exames anteriores.

> http://uqr.to/1yva9

III. CONTRATOS EMPRESARIAIS E ARBITRAGEM

(XXV Exame) Jorge Teixeira, advogado de Nova União S/A Administradora de Cartões de Crédito, deve elaborar a contestação aos pedidos formulados por Jamari Bueno, titular de cartão de crédito, em ação ajuizada em face da referida administradora. Na inicial, a autora pede a declaração de nulidade de várias cláusulas do contrato, a saber:

a) os juros cobrados nos financiamentos do saldo devedor, na hipótese de pagamento do valor mínimo da fatura, devem ser limitados a 12% ao ano, nos termos do Decreto n. 22.626/33 (Lei da Usura); e

b) que as administradoras de cartões de crédito não podem ultrapassar o referido limite por não serem instituições financeiras.

A) Que argumento Jorge Teixeira deve utilizar para refutar a alegação de que as administradoras de cartões de crédito, por não serem instituições financeiras, não podem ultrapassar o referido limite?

B) Que argumento Jorge Teixeira deve utilizar para refutar a alegação da limitação dos juros a 12% ao ano?

GABARITO:
A) Na hipótese de restar inadimplida a dívida do titular do cartão, total ou parcialmente, resultando em saldo devedor, busca a administradora junto ao mercado financeiro, como intermediária, os recursos do financiamento da compra do usuário para honrar os compromissos com os lojistas ou prestadores de serviços, ou fornecem ao mutuário/titular do cartão recursos próprios. Nessas circunstâncias, e, para impedir operações marginais à fiscalização do Banco Central, as administradoras de cartões de crédito se enquadram como instituições financeiras, em face do art. 17 da Lei n. 4.595/64, e do entendimento da Súmula 283 do STJ, 1ª parte: *"As empresas administradoras de cartão de crédito são instituições financeiras"*.

B) Por conseguinte, os juros remuneratórios cobrados pelas administradoras de cartão de crédito não estão sujeitos ao limite previsto no art. 1º do Decreto n. 22.626/33 (Lei da Usura), não havendo abusividade se cobrados acima desta taxa (12% ao ano). Compete ao Conselho Monetário Nacional, limitar, se necessário, as taxas de juros e outros encargos cobrados pelas instituições financeiras, com fundamento no art. 4º, IX, da Lei n. 4.595/64. De acordo com a jurisprudência sumulada do STF, Súmula 596 do STF, *"As disposições do Decreto 22.626/1933 não se aplicam às taxas de juros e aos outros encargos cobrados nas operações realizadas por instituições públicas ou privadas, que integram o Sistema Financeiro Nacional"*. [Opção a citação também da Súmula 283 do STJ, 2ª parte (*"os juros remuneratórios por elas cobrados não sofrem as limitações da Lei de Usura"*).]

(XXX Exame) A sociedade Itá Seara Manutenção de Refrigeradores Ltda. pretende obter financiamento do Banco Maravilha S/A com garantia de alienação fiduciária. Antes de celebrar o contrato, o administrador da sociedade precisa de informações sobre as regras aplicáveis a esse contrato e à propriedade fiduciária.

A esse respeito, responda aos itens a seguir.

A) Sabendo que a sociedade a ser financiada tem duplicatas de serviço em sua carteira de recebíveis, é possível a constituição de propriedade fiduciária sobre estes créditos e de que forma?

B) Na alienação fiduciária celebrada no âmbito do mercado financeiro, a cláusula penal pode ser dispensada e ser substituída por uma garantia pessoal ou caução?

GABARITO:

A) Sim. É admitida a alienação fiduciária de títulos de crédito, que será feita mediante endosso impróprio (ou fiduciário), sendo a posse direta e indireta das duplicatas atribuída ao credor, na forma do que dispõe o art. 66-B, § 3º, da Lei n. 4.728/65.

B) Não. A cláusula penal é um requisito obrigatório do contrato de alienação fiduciária em garantia, como determina o art. 66-B, caput, da Lei n. 4.728/65.

(XXX Exame) Joanópolis Confecções Ltda. celebrou por prazo indeterminado contrato de locação de espaço em *shopping center*. A locatária ajuizou ação declaratória em face de Rancharia Empreendimentos Imobiliários S/A (locador), para ver proclamada a nulidade de cláusula de pagamento de duplo aluguel no mês de dezembro de cada ano, conhecida como "décimo terceiro aluguel", por ter sido estabelecida em contrato de adesão e ser excessivamente onerosa ao locatário. Na contestação, o locador alegou a validade da cláusula e que foi livremente pactuada entre as partes, bem como é padrão nesse tipo de contrato tal cobrança, uniforme a todos os lojistas do empreendimento.

Sobre a hipótese apresentada, responda aos itens a seguir.

A) Deve ser provido o pedido da locatária?

B) O contrato celebrado admite denúncia imotivada, também conhecida como "vazia"?

GABARITO:

A) Não. É lícita a cobrança do duplo aluguel, pois nas relações entre lojistas e empreendedores de *shopping center* prevalecerão as condições livremente pactuadas nos contratos de locação, de acordo com o art. 54, caput, da Lei n. 8.245/91.

B) Sim. O contrato de locação não residencial celebrado por prazo indeterminado pode ser denunciado imotivadamente pelo locador, desde que por escrito e com a concessão ao locatário de 30 (trinta) dias para a desocupação, de acordo com o art. 57 da Lei n. 8.245/91.

(XXXIV Exame) Em ação declaratória de nulidade da sentença arbitral, uma das partes do litígio e autora da ação alegou, como fundamento jurídico do pedido, o fato de a sentença, que se baseou apenas em regras de direito, ter omitido a data e o lugar em que foi proferida, requisitos formais e essenciais, segundo a autora.

Na contestação, a outra parte (favorecida pela decisão) alegou que a omissão do lugar e da data são erros meramente materiais, supríveis por outros meios, como a convenção de arbitragem, no qual se encontra estipulado o local da sede da arbitragem, e pelos documentos dos árbitros em que consta a data-limite para ser proferida a decisão. Assim, não se pode anular a sentença arbitral simplesmente por omissões supríveis.

Considerando os fatos narrados, responda aos itens a seguir.

A) Devem ser acatados os argumentos da ré, parte favorecida pela decisão arbitral?

B) Erros materiais verificados na sentença arbitral podem ser corrigidos?

GABARITO:

A) Não. Tanto a data quanto o lugar da sentença arbitral são requisitos essenciais da sentença, ensejando a nulidade em caso de omissão, de acordo com o art. 32, III, c/c o art. 26, IV, ambos da Lei n. 9.307/96.

B) Sim. Constatando-se erros materiais, a parte interessada, no prazo de 5 (cinco) dias, a contar do recebimento da notificação ou da ciência pessoal da sentença arbitral, salvo se outro prazo for acordado entre as partes, poderá solicitar ao árbitro ou ao tribunal arbitral que os corrija, dando ciência à outra parte, de acordo com o art. 30, caput, I, da Lei n. 9.307/96.

PRÁTICA EMPRESARIAL

(XXX Exame) Luiz Alves é representante comercial autônomo inscrito no Conselho Regional dos Representantes Comerciais. No contrato de representação comercial, celebrado em 2015 com Tratores Irani Ltda., foi estabelecida cláusula de exclusividade em favor do representante pelos negócios por ele mediados na microrregião de Blumenau. No ano seguinte, diante do inadimplemento no pagamento de comissões, Luiz Alves ajuizou ação de execução por título extrajudicial (duplicata à vista de prestação de serviços) em face do representado no juízo do seu domicílio, Rodeio/SC.

A duplicata de prestação de serviços, sacada pelo representante em face do representado, foi protestada por falta de pagamento e está acompanhada do demonstrativo dos pagamentos com as respectivas notas fiscais.

O executado apresentou embargos alegando a nulidade da execução por falta de executividade do título apresentado. Por se tratar de contrato de representação comercial, alega o sacado que o representante não pode se utilizar de título de crédito, como a duplicata, para a cobrança de suas comissões.

Sobre a hipótese apresentada, responda aos itens a seguir.

A) A alegação do embargante é procedente quanto à nulidade da execução?

B) O inadimplemento no pagamento das comissões, na época devida, pelo representado, autoriza o pagamento de indenização ao representante?

GABARITO:

A) Não. É facultado ao representante comercial emitir títulos de crédito para cobrança de comissões, sendo possível o saque de duplicatas de prestação de serviço, com base no art. 32, § 3º, da Lei n. 4.886/65. A duplicata é título executivo extrajudicial e pode embasar a execução, com base no art. 784, I, do CPC.

B) Sim. O inadimplemento no pagamento das comissões na época devida é um motivo justo para rescisão do contrato de representação comercial, pelo representante, com base no art. 36, alínea *d*, da Lei n. 4.886/65. Neste caso, o representante fará jus a uma indenização devida pela rescisão do contrato, cujo montante não poderá ser inferior a 1/12 (um doze avos) do total da retribuição auferida durante o tempo em que exerceu a representação, nos termos do art. 27, *j*, da Lei n. 4.886/65.

(39º Exame) Cláudia Comodoro, empresária rural, celebrou cinco contratos de corretagem com cinco corretores diferentes, todos eles com o objetivo de mediação com vista à aquisição de equipamentos agrícolas. Os contratos foram celebrados por escrito. Ficou consignado em cada contrato que o corretor tinha ciência da contratação de outros corretores para mediação do mesmo negócio. A despeito da contratação dos cinco corretores, Cláudia Comodoro iniciou e concluiu o negócio diretamente com o vendedor, a sociedade Querência & Canarana Ltda. Ao tomar conhecimento da realização do negócio, Lucas Rosário, um dos corretores contratados por Cláudia Comodoro, propôs ação de cobrança de comissão de corretagem alegando má-fé por parte da contratante ao realizar o negócio sem sua mediação, frustrando sua expectativa na potencial concretização do negócio. Lucas Rosário também alega nos autos que, no contrato de corretagem, há um mandato entre a cliente e o corretor, gerando uma relação de dependência deste em relação àquela.

Com base nos fatos narrados, responda aos itens a seguir.

A) É válida a pretensão de Lucas Rosário quanto ao recebimento de comissão de corretagem? Justifique.

B) É procedente a alegação de dependência do corretor perante a cliente? Justifique.

GABARITO:

A) Não. Diante da conclusão do negócio diretamente entre a cliente e o vendedor, sem a mediação do corretor, e da inexistência de cláusula de exclusividade, não cabe pagamento de qualquer comissão, de acordo com o art. 726 do Código Civil.

B) Não. O corretor não se liga a seu cliente por qualquer relação de dependência, de acordo com o art. 722 do Código Civil.

(39º Exame) A Transportadora Alto do Rodrigues Ltda., que atua no transporte interestadual e internacional, foi contratada por Distribuidora de Medicamentos Cruzeta Ltda. para conduzir a carga de propriedade desta de Salvador, BA, para o interior do estado do Rio Grande do Norte. Após o recebimento da carga foi emitido o conhecimento, no qual constou cláusula estabelecendo que a responsabilidade do transportador é limitada ao valor declarado da carga pelo remetente. Durante o trajeto, o transportador recebeu ordem do remetente para que a carga fosse entregue a outro destinatário no interior do estado do Maranhão.

Sobre a hipótese narrada, responda aos itens a seguir.

A) Deve ser considerada abusiva e nula a cláusula limitando a responsabilidade do transportador perante o destinatário? Justifique.

B) Iniciada a execução do transporte, o remetente pode alterar sua destinação? Justifique.

GABARITO:

A) Não. O transportador pode limitar sua responsabilidade pela entrega da carga perante o destinatário ao valor constante do conhecimento, com fundamento no art. 750 do Código Civil.

B) Sim. O transportador deve acatar a ordem de alteração do local de entrega da carga, mas o remetente deverá pagar os acréscimos de despesa e as perdas e danos que houver, de acordo com o art. 748 do Código Civil.

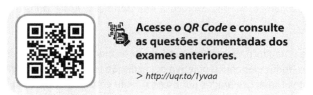

IV. TÍTULOS DE CRÉDITO
IV.1. LETRA DE CÂMBIO

(XIV Exame) Uma letra de câmbio foi sacada por Celso Ramos com cláusula "sem despesas" e vencimento no dia 11-9-2013. O tomador, Antônio Olinto, transferiu a cambial por endosso para Pedro Afonso no dia 3-9-2013. O título recebeu três avais, todos antes do vencimento, sendo dois em branco e superpostos, e um aval em preto em favor de Antônio Olinto. A letra de câmbio foi aceita e o endossatário apresentou o título para pagamento ao aceitante no dia 12-9-2013. Diante da recusa, o portador, no mesmo dia, apresentou o título a protesto por falta de pagamento, que foi lavrado no dia 18-9-2013. Com base nas informações contidas no texto e na legislação cambial, responda aos seguintes itens.

A) Quem é o avalizado nos avais em branco prestados na letra de câmbio? São avais simultâneos ou sucessivos? Justifique.

B) Nas condições descritas no enunciado, indique e justifique quem poderá ser demandado em eventual ação cambial proposta pelo endossatário?

GABARITO:

A) O avalizado nos avais em branco prestados na letra de câmbio é o sacador, Celso Ramos. De acordo com o art. 31, última alínea, do Decreto n. 57.663/66 (LUG), na falta de indicação do avalizado, entender-se-á ser pelo sacador. Os avais em branco e superpostos são considerados simultâneos segundo a Súmula 189 do STF, ou seja, cada coavalista é responsável por uma quota-parte da dívida e todos respondem pela integralidade perante o portador Pedro Afonso.

B) O endossatário poderá demandar apenas o aceitante em eventual ação cambial, porque o título foi apresentado a pagamento no dia 12 de setembro, ou seja, após o prazo legal previsto no art. 20 do Decreto n. 2.044/1908 (dia do vencimento, 11 de setembro de 2013). Assim, houve perda do direito de ação em face dos coobrigados Celso Ramos – sacador, Antônio Olinto – endossante e de todos os avalistas, com fundamento no art. 53 da LUG. Ressalte-se que a aplicação do art. 20 do Decreto n. 2.044/1908 se dá em razão da reserva ao art. 5º do Anexo II da LUG. Portanto, o prazo para apresentação a pagamento da letra de câmbio sacada "sem despesas" é regulado pelo Decreto n. 2.044/1908 (e não pelo art. 38 da LUG).

(XVI Exame) Alan saca uma letra de câmbio contra Bernardo, tendo como beneficiário Carlos. Antes do vencimento e da apresentação para aceite, Carlos endossa em preto a letra para Eduardo, que, na mesma data, a endossa em preto para Fabiana. De posse do título, Fabiana verifica que na face anterior da letra há a assinatura de Gabriel, sem que seja discriminada a sua responsabilidade cambiária.

Com base nessa questão, responda aos itens a seguir.

A) Gabriel poderá ser considerado devedor cambiário?

B) Caso Fabiana venha a cobrar o título de Gabriel e ele lhe pague, poderia este demandar Eduardo em ação cambial regressiva?

GABARITO:

A) Sim, Gabriel poderá ser considerado devedor cambiário, pois o aval em branco dado por Gabriel na letra de câmbio é considerado outorgado ao sacador (art. 31, última alínea, da LUG – Decreto n. 57.663/66). Gabriel poderá ser considerado obrigado cambiário porque o avalista é responsável da mesma maneira que a pessoa por ele avalizada (art. 32, 1ª alínea, da LUG).

B) Não, porque Eduardo é o segundo endossante, portanto, coobrigado posterior a Gabriel, o avalista do sacador. O pagamento feito pelo avalista do sacador desonera os coobrigados posteriores, dentre eles os endossantes Carlos e Eduardo, com base no art. 24, "caput", do Decreto n. 2.044/1908.

 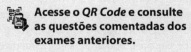

Acesse o *QR Code* e consulte as questões comentadas dos exames anteriores.

> http://uqr.to/1yvab

IV.2. NOTA PROMISSÓRIA

(XXXIII Exame) Laminação Alto Taquari Ltda. emitiu nota promissória em favor do Banco Araputanga S/A no valor de R$ 29.000,00 (vinte e nove mil reais), endossada para Avícola Colíder Ltda. Após a prescrição da pretensão à execução do título, o endossatário ajuizou ação monitória em face do subscritor e do endossante no lugar do pagamento, Pedra Preta/MT, para ser ressarcido do valor do título e consectários legais. O endossante alegou sua ilegitimidade passiva diante da ocorrência da prescrição da ação cambial. O subscritor alegou que o autor pleiteia valor superior ao devido. Pergunta-se:

A) Procede a alegação do endossante de ilegitimidade passiva?

B) Que providência o subscritor deve tomar diante da alegação que suscitou?

GABARITO:

A) Sim. Com a prescrição da ação cambial, o credor somente poderá exigir o valor da dívida e consectários legais do devedor principal, que na nota promissória é o subscritor, equiparado ao aceitante da letra de câmbio. Os coobrigados ficaram desonerados com a prescrição. Amparo legal: art. 48 do Decreto n. 2.044/1908 c/c art. 78, 1ª alínea, do Decreto n. 57.663/66.

B) O subscritor (réu) deve declarar de imediato o valor que entende correto, apresentando demonstrativo discriminado e atualizado da dívida, com fundamento no art. 700, § 2º, do CPC.

(XXXI Exame) Miranda, em 28 de fevereiro de 2018, subscreveu nota promissória à vista, no valor de R$ 35.000,00, contendo cláusula "sem despesas" em favor de Ladário. Antes da apresentação a pagamento, o título foi avalizado em branco por Glória e endossado a Ribas. A apresentação a pagamento do título ao subscritor foi realizada no mesmo dia de sua emissão, não tendo sido adimplida a obrigação.

Proposta ação cambial pelo portador em face de Ladário no dia 1º de abril de 2019, este invocou carência do direito de ação do autor pela ausência do protesto por falta de pagamento e a ocorrência da prescrição.

Considerados os dados informados, responda aos itens a seguir.

A) Quem são os obrigados cambiários na nota promissória descrita no enunciado? Há solidariedade entre eles?

B) Procedem as alegações invocadas por Ladário na ação cambial?

GABARITO:

A) Os obrigados cambiários são o subscritor da nota promissória Miranda, sua avalista Glória (aval em branco é dado em favor do subscritor, com base no art. 77, última alínea, do Decreto n. 57.663/66 – LUG) e o endossante Ladário, que respondem solidariamente pelo pagamento perante o endossatário Ribas, com fundamento no art. 77 c/c o art. 47 do Decreto n. 57.663/66 – LUG.

B) Em relação à ocorrência da prescrição, o argumento do réu procede, pois o prazo de um ano é contado do dia da apresentação a pagamento que é o do vencimento no título à vista (28/02/2018), com fundamento no art. 77 c/c o art. 70, 2ª alínea, do Decreto n. 57.663/66 – LUG. Quanto à falta de protesto por falta de pagamento, o argumento é improcedente, pois a inserção da cláusula sem despesas dispensa o portador de promovê-lo para poder exercer os seus direitos de ação em face de quaisquer dos signatários, de acordo com o art. 77 c/c o art. 46 do Decreto n. 57.663/66 – LUG.

(XXII Exame) Uma nota promissória à ordem foi subscrita por A sem indicação da data de emissão e da época do pagamento. O beneficiário B transferiu o título para C mediante assinatura no verso e em branco, sem inserir os dados omitidos pelo subscritor.

Com base na hipótese apresentada, responda aos questionamentos a seguir.

A) Ao ser emitida, essa nota promissória reunia os requisitos formais para ser considerada um título de crédito?

B) Impede o preenchimento do título o fato de C tê-lo recebido de B sem que os dados omitidos pelo subscritor tenham sido inseridos?

GABARITO:

A) Não. Embora a época do vencimento possa ser suprida pela constatação que se trata de título à vista, a data de emissão é um requisito essencial, e, não será considerado nota promissória o título em que faltar algum requisito essencial, de acordo com os arts. 75 e 76 da LUG.

B) Não. É possível que o título incompleto no momento de sua emissão seja preenchido posteriormente pelo portador de boa-fé, mas esse deve fazê-lo até a cobrança ou o protesto. Fundamentos: art. 77 c/c o art. 10 da LUG e Súmula 387 do STF. Registre-se, de passagem, que este mesmo entendimento é extraído, também, das normas do Código Civil, de acordo com o que dispõe o seu art. 891.

(36º Exame) Cerealista Sidrolândia Ltda. subscreveu nota promissória no valor de R$ 130.000,00 (centro e trinta mil reais) em favor de Cooperativa Avícola Agroindustrial de Miranda. A praça de pagamento indicada pelo subscritor foi Corumbá/MS, local diverso tanto do domicílio do subscritor quanto do beneficiário. Por ocasião do primeiro endosso, antes do vencimento, a endossante inseriu no título a cláusula "sem despesas". Angélica Maracaju, atual portadora do título, como endossatária, 60 (sessenta) dias após o vencimento e sem realizar qualquer protesto por falta de pagamento, ajuizou ação cambial em face da Cooperativa Avícola Agroindustrial de Miranda. Opostos embargos à execução, a executada alegou (i) invalidade do título por ser o lugar de pagamento diverso tanto do domicílio do subscritor quanto do beneficiário; (ii) carência do direito de ação por parte de Angélica Maracaju em razão da ausência de protesto por falta de pagamento da nota promissória. Sobre o caso, responda aos itens a seguir.

A) A fixação do lugar de pagamento em Corumbá/MS acarreta a invalidade da nota promissória?

B) É possível a ação cambial de Angélica Maracaju em face de coobrigado (1º endossante) sem o protesto por falta de pagamento?

GABARITO:

A) Não. A nota promissória pode ser pagável no domicílio de terceiro, inclusive em localidade diversa daquela em que o emitente ou o beneficiário tem seu domicílio, com fundamento no art. 77 c/c o art. 4º, ambos do Decreto n. 57.663/66 (Lei Uniforme de Genebra).

B) Sim, é possível a ação cambial. A aposição da cláusula sem despesas por um coobrigado (1º endossante) dispensa a portadora Angélica Maracaju a levar a nota promissória a protesto para a cobrança judicial em face do mesmo coobrigado, com fundamento no art. 77 c/c o art. 46, ambos do Decreto n. 57.663/66 (Lei Uniforme de Genebra)

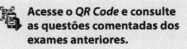

Acesse o *QR Code* e consulte as questões comentadas dos exames anteriores.

> http://uqr.to/1yvac

IV.3. CHEQUE

(XXXII Exame) Alfredo Wagner recebeu de Emma Gaspar um cheque por ela emitido na praça de Florianópolis no valor de R$ 2.000,00 (dois mil reais) e pagável na praça de Blumenau. O cheque foi emitido em branco, ficando o tomador responsável pela sua nominalização, o que não foi feito. Vinte dias após a emissão e antes da apresentação ao sacado, foram furtados vários documentos da residência do tomador – dentre eles, o referido cheque. Com base nessas informações, responda aos itens a seguir.

A) Qual a medida extrajudicial a ser tomada por Alfredo Wagner para impedir o pagamento do cheque, sendo certo, ainda, que não decorreu o prazo de apresentação? Justifique.

B) Após o prazo de apresentação, se o tomador ainda não tiver efetivado nenhuma medida impeditiva ao pagamento do cheque, o sacado poderá efetuar seu pagamento caso o título, devidamente preenchido, seja-lhe apresentado? Justifique.

GABARITO:

A) A medida extrajudicial a ser tomada por Alfredo Wagner para impedir o pagamento do cheque, durante o prazo de apresentação, é a sustação, consistente em ordem escrita dirigida ao sacado fundada em relevante razão de direito, de acordo com o art. 36, "caput", da Lei n. 7.357/85.

B) Sim. Se Alfredo Wagner não tomar nenhuma medida impeditiva ao pagamento após o prazo de apresentação, pode o sacado pagar o cheque até que decorra o prazo de prescrição, com base no art. 35, parágrafo único, da Lei n. 7.357/85.

(XXVI Exame) Pedro emitiu quatro cheques em 27 de março de 2018, mas esqueceu de depositar um deles. Tendo um débito a honrar com Kennedy e sendo Pedro beneficiário desse quarto cheque, ele o endossou em preto, datando no verso "dia 19 de maio de 2018". Sabe-se que o quarto cheque foi emitido em Tibagi/PR para ser pago nessa praça, e que sua apresentação ao sacado ocorreu em 23 de maio de 2018, sendo devolvido por insuficiência de fundos.

Sobre a hipótese, responda aos itens a seguir.

A) Considerando-se as datas de emissão e endosso do 4º cheque, qual o efeito do endosso?

B) O portador poderá promover ação de execução em face de Pedro, no dia 11 de outubro de 2018, diante do não pagamento do cheque pelo sacado?

Obs.: o(a) examinando(a) deve fundamentar as respostas. A mera citação do dispositivo legal não confere pontuação.

GABARITO:

A) O endosso do cheque é considerado póstumo, por ter sido realizado após o decurso do prazo de apresentação, tendo efeito de cessão de crédito, de acordo com o art. 27 da Lei n. 7.357/85.

B) Sim. Mesmo que Pedro tenha endossado o cheque após o prazo de apresentação e o endosso tenha efeito de cessão de crédito, ele é emitente e responsável pelo pagamento, podendo ser promovida a execução em 11 de outubro de 2018, ainda que o cheque tenha sido apresentado após o prazo legal, de acordo com o art. 15 da Lei n. 7.357/85. Pode ser promovida a execução pelo portador em face de Pedro, ainda que o cheque tenha sido apresentado após o prazo legal, com fundamento no art. 47, I, da Lei n. 7.357/85, bem como na Súmula 600 do STF.

PRÁTICA EMPRESARIAL

 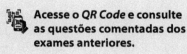

Acesse o *QR Code* e consulte as questões comentadas dos exames anteriores.

> http://uqr.to/1yvad

IV.4. DUPLICATA

(XXV Exame) Antônio Carneiro sacou, em 2-12-2012, duplicata de prestação de serviço em face de Palmácia Cosméticos Ltda., no valor de R$ 3.500,00 (três mil e quinhentos reais), com vencimento em 2-2-2013 e pagamento no domicílio do sacado, cidade de Barro. A duplicata não foi aceita, nem o pagamento foi efetuado no vencimento. Em 7-5-2017, o título foi levado a protesto e o sacado, intimado de sua apresentação no dia seguinte. Em 9-5-2017, o sacado apresentou ao tabelião suas razões para impedir o protesto, limitando-se a invocar a prescrição da pretensão à execução da duplicata, tendo em vista as datas de vencimento e de apresentação a protesto. O protesto foi lavrado em 10-5-2017, e Palmácia Cosméticos Ltda., por meio de seu advogado, ajuizou ação de cancelamento do protesto sem prestar caução no valor do título. Com base nas informações acima, responda aos itens a seguir.

A) Deveria o tabelião ter acatado o argumento do sacado e não lavrar o protesto?

B) Com fundamento na prescrição da pretensão executória, é cabível o cancelamento do protesto?

GABARITO:

A) Não. O tabelião não deveria ter acatado o argumento da prescrição para não lavrar o protesto, pois ele não tem competência para conhecer e declarar a prescrição da ação executiva. Tal alegação do sacado, ainda que comprovada, não impede a lavratura do protesto, com base no art. 9º, "caput", da Lei n. 9.492/97 e que afirma que "Todos os títulos e documentos de dívida protocolizados serão examinados em seus caracteres formais e terão curso se não apresentarem vícios, não cabendo ao Tabelião de Protesto investigar a ocorrência de prescrição ou caducidade".

B) Não é cabível. Mesmo que já tenha ocorrido a prescrição, pois entre o vencimento (2-2-2013) e a apresentação da duplicata a protesto (7-5-2017) decorreram mais de 3 anos, o protesto não deve ser cancelado porque o débito persiste, ainda que não possa ser cobrado por meio de ação executiva, com base no art. 18, I, da Lei n. 5.474/68.

(XXVIII Exame) A Transportadora Jaramataia Ltda. sacou duplicata de prestação de serviço lastreada em fatura de prestação de serviços de transporte de carga em favor de Dois Riachos Panificação Ltda. (sacada). A duplicata, pagável em Penedo/AL, foi aceita, mas, até a data do vencimento, 22 de agosto de 2016, não houve pagamento.

Consideradas essas informações, responda aos itens a seguir.

A) A sacadora poderá promover a execução da duplicata desprovida de certidão de protesto por falta de pagamento e de qualquer documento que comprove a efetiva prestação dos serviços e o vínculo contratual que a autorizou?

B) A sacadora, no dia 20 de setembro de 2019, informa não ter ainda promovido a cobrança judicial da duplicata. Qual medida judicial você proporia para a realização do crédito?

GABARITO:

A) Sim. A duplicata de prestação de serviços aceita pode ser cobrada por meio de ação de execução de título extrajudicial, sem necessidade de protesto ou de comprovante da prestação de serviço, como autoriza o art. 20, § 3º, c/c o art. 15, I, ambos da Lei n. 5.474/68.

B) Poderá ser proposta ação monitória, em razão de já ter ocorrido a prescrição da pretensão executiva da duplicata em 22 de agosto de 2019 (3 anos da data do vencimento). A duplicata, nessa condição, configura prova escrita sem eficácia de título executivo, representativa de ordem de pagamento de quantia em dinheiro, nos termos do art. 18, I, da Lei n. 5.474/68 em conjunto com o art. 700, I, do CPC.

(XXIX Exame) Matheus Leme adquiriu, em 11-9-2018, produtos veterinários da Distribuidora de Medicamentos Olímpia S/A, emitindo cheque no valor de R$ 18.000,00 (dezoito mil reais) e acordando com o vendedor que a apresentação do cheque ao sacado se faria a partir de 22-12-2018. Houve extração de fatura de compra e venda pelo vendedor, mas não houve saque da correspondente duplicata.

Sobre o caso narrado, responda aos itens a seguir.

A) Há nulidade da emissão de cheque por Matheus Leme em razão da ausência de saque de duplicata pelo vendedor?

B) Em relação à apresentação ao sacado, qual o efeito da inserção de data futura em relação à de emissão do cheque?

GABARITO:

A) Não. O saque da duplicata da fatura pelo vendedor é facultativo, e a proibição de utilização de outro título de crédito vinculado à compra e venda é dirigida ao vendedor e não ao comprador; portanto, a emissão do cheque é válida, de acordo com o art. 2º, "caput", da Lei n. 5.474/68.

B) Por ser o cheque uma ordem de pagamento em dinheiro à vista, o sacado deverá efetuar seu pagamento na data de apresentação, ainda que esta seja anterior à data indicada no título como de emissão, de acordo com o art. 32, parágrafo único, da Lei n. 7.357/85. É importante observar que a apresentação antecipada do cheque pré-datado enseja danos morais, de acordo com a Súmula 370, do STJ.

(XXXIV Exame) Em razão da venda de artigos de cama (lençóis e colchas), Saquarema Artigos de Cama e Mesa Ltda. sacou duplicata de compra e venda no valor de R$ 12.000,00 (doze mil reais) contra Ana Valença, compradora, que a aceitou. O título, de suporte cartular, foi endossado antes do vencimento para Cardoso Moreira.

No momento da cobrança pelo portador da duplicata, vencida e sem protesto por falta de pagamento, Ana Valença invocou perante Cardoso Moreira, como exceção, a desconformidade da mercadoria entregue e do valor indicado na duplicata, que não eram os mesmos das especificações do pedido feito a vendedora e, diante disso, recusou-se ao pagamento.

Com base nessas informações, responda aos itens a seguir.

A) A exceção ao pagamento oposta por Ana Valença a Cardoso Moreira é admissível?

B) Caso Ana Valença tivesse recusado o aceite da duplicata, no dia da apresentação e pela mesma razão, caberia a execução da duplicata por Cardoso Moreira em face dela?

GABARITO:

A) Não. Diante da circulação da duplicata por endosso e tendo sido aceita, não pode a aceitante invocar exceções pessoais ao endossatário de boa-fé, com fundamento no art. 25 da Lei n. 5.474/68 c/c o art. 17 do Decreto n. 57.663/66.

B) Não. Uma das condições para a execução da duplicata sem aceite é não ter o sacado se recusado validamente ao aceite. Ana Valença apresentou motivo relevante e válido para a recusa, não cabe a execução da duplicata, com base no art. 8º, III, c/c o art. 15, II, "c", da Lei n. 5.474/68.

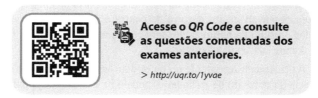

IV.5. OUTROS TÍTULOS DE CRÉDITO

(XIX Exame) Polis Equipamentos para Veículos Ltda. celebrou contrato com a instituição financeira Gama em razão de operação de crédito rotativo em favor da primeira. Em decorrência da operação de crédito, foi emitida pela devedora, em três vias, Cédula de Crédito Bancário (CCB), com garantia fidejussória cedularmente constituída. Com base nessas informações e na legislação especial, responda aos itens a seguir.

A) Como se dará a negociação da CCB?
B) É possível a transferência da CCB por endosso-mandato, considerando-se ser essa uma modalidade de endosso impróprio?

GABARITO:

A) Em relação à negociação, a Cédula de Crédito Bancário poderá conter cláusula à ordem, mas somente a via do credor é negociável, caso em que será transferível mediante endosso em preto, com fundamento no art. 29, IV, §§ 1º e 3º, da Lei n. 10.931/2004 (Cédula de Crédito Bancário – CCB).

B) Sim, é possível a transferência em razão do art. 44 da Lei n. 10.931/2004 e do art. 18 da LUG (Decreto n. 57.663/66), aplicando-se às Cédulas de Crédito Bancário a legislação cambial, e esta prevê expressamente a possibilidade de transferência do título por endosso com cláusula *em cobrança, por procuração ou qualquer menção indicativa de um mandato ao endossatário*.

V. PROPRIEDADE INDUSTRIAL

(XX Exame – Reaplicação) Marcos, engenheiro agrônomo, foi contratado como empregado por uma sociedade empresária para realizar, em São Paulo, novas técnicas de conservação de sementes. No curso da execução do trabalho, foi desenvolvido por Marcos um modelo suscetível de aplicação industrial, envolvendo ato inventivo, que resulta em melhoria funcional para conservação de sementes. Com base na hipótese apresentada, sobre titularidade da patente, responda aos itens a seguir.

A) Diante do seu esforço pessoal e de sua dedicação ao projeto do método de conservação de sementes, a titularidade da patente ou ao menos parte dos direitos patrimoniais de sua exploração pertencerão a Marcos?

B) Após o encerramento do seu contrato de trabalho, caso Marcos desenvolva novo modelo de utilidade nos seis meses seguintes e requeira seu patenteamento, a patente pertencerá a ele?

GABARITO:

A) Não pertencerão a Marcos. A titularidade da patente é exclusiva do empregador (sociedade empresária), pois seu desenvolvimento decorre de contrato de trabalho executado no Brasil e o modelo de utilidade resulta da natureza dos serviços para os quais Marcos foi contratado, com base no art. 88, "caput", da Lei n. 9.279/96.

B) Não pertencerá. A titularidade da patente pertencerá ao empregador, porque se considera desenvolvido na vigência do contrato de trabalho o modelo de utilidade cuja patente seja requerida pelo empregado até 1 (um) ano após a extinção do vínculo empregatício, com base no art. 88, § 2º, da Lei n. 9.279/96.

(XXIV Exame) Ponte da Saudade Empreendimentos Imobiliários Ltda. deseja registrar como marca de serviços de assessoria imobiliária a expressão "Imóvel é segurança". Tal expressão já é usada pela sociedade em seus materiais publicitários com extremo sucesso, de modo que seu sócio majoritário deseja associá-la aos serviços para ter maior visibilidade e garantir seu uso exclusivo em todo o território nacional. A expressão de propaganda "Imóvel é segurança" está sendo imitada por uma concorrente da sociedade, criando confusão entre os estabelecimentos, ocasionando perda de receitas atuais e futuras para Ponte da Saudade Empreendimentos Imobiliários Ltda. Sobre o fato narrado, responda aos itens a seguir.

A) A expressão "Imóvel é segurança" pode ser registrada como marca?

B) É possível adotar alguma providência para a sociedade ser ressarcida dos danos com a utilização indevida da expressão de propaganda por concorrente?

GABARITO:

A) Não é possível registrar como marca a expressão "Imóvel é segurança", pois se trata de expressão empregada apenas como meio de propaganda pela sociedade e em razão de óbice legal, contido no art. 124, VII, da Lei n. 9.279/96.

B) Sim, é possível. A imitação de expressão de propaganda empregada por terceiros, de modo a criar confusão entre os estabelecimentos, constitui ato de concorrência desleal contra Ponte da Saudade Empreendimentos Imobiliários Ltda. Por conseguinte, Ponte da Saudade Empreendimentos Imobiliários Ltda. poderá intentar as ações cíveis cabíveis e pleitear indenização por perdas e danos, inclusive lucros cessantes, com fundamento no art. 207 e no art. 210, ambos da Lei n. 9.279/96. [Outra opção era fundamentar no art. 209 e no art. 210, ambos da Lei n. 9.279/96.]

(35º Exame) A nutricionista Aurora desenvolveu uma nova terapia dietética que se propõe a indicar dietas específicas e de modo individualizado levando em consideração a enfermidade de cada doente para uso por eles. Após intensa pesquisa nas publicações científicas e consulta a outros nutricionistas e entidades da área, conclui-se pelo ineditismo da técnica de Aurora, que deseja patenteá-la para garantir a exclusividade de seu uso e comercializá-la. Consultou um especialista em patentes, indagando-lhe:

A) A nova técnica de dietoterapia desenvolvida por Aurora é patenteável?

B) Em conformidade com a legislação sobre a propriedade industrial, quais os requisitos para uma invenção ser considerada patenteável?

PRÁTICA EMPRESARIAL

GABARITO:

A) A nova técnica de dietoterapia desenvolvida por Aurora não é patenteável, porque não se considera invenção ou modelo de utilidade métodos terapêuticos para aplicação no corpo humano, de acordo com o art. 10, VIII, da Lei n. 9.279/96.

B) Os requisitos para uma invenção ser patenteável são: novidade, atividade inventiva e aplicação industrial, de acordo com o art. 8º da Lei n. 9.279/96.

(38º Exame) Os cientistas Conceição do Castelo e José do Calçado realizaram pesquisas que resultaram no desenvolvimento, em conjunto, de equipamento móvel para refrigeração e conservação de produtos alimentícios e bebidas em geral, criação intelectual que reúne os requisitos legais para ser patenteada como invenção.

Os cientistas Gabriel da Palha e Tereza Bananal, por sua vez, desenvolveram, de forma independente, o mesmo sistema de vedação para duto de ar em um equipamento de refrigeração, criação intelectual que reúne os requisitos legais para ser patenteada como modelo de utilidade.

Considerando os dados apresentados e as regras legais de atribuição da titularidade da patente e a legitimidade para o requerimento, pergunta-se:

A) Em relação à criação intelectual patenteável como invenção, quem terá legitimidade para requerer a patente?

B) Em relação à criação intelectual patenteável como modelo de utilidade, a quem será assegurado o direito de obter patente?

GABARITO:

A) A patente de invenção referente à criação intelectual desenvolvida em conjunto por Conceição do Castelo e José do Calçado poderá ser requerida por qualquer um dos cientistas, desde que o outro seja nomeado e qualificado para ressalva de seus direitos, ou por ambos, com fundamento no art. 6º, § 3º, da Lei n. 9.279/96.

B) O direito de obter a patente do modelo de utilidade desenvolvido de forma independente pelos cientistas Gabriel da Palha e Tereza Bananal será assegurado ao cientista que provar o depósito mais antigo, independentemente da data de criação, com fundamento no art. 7º "caput", da Lei n. 9.279/96.

(40º Exame) A sociedade empresária Baraúna Participações S.A., companhia constituída por prazo indeterminado, tem entre seus vários empreendimentos, a exploração de um centro de terapia e tratamentos de saúde denominado Spa da Longevidade, elemento da identificação da empresa na categoria de título de estabelecimento, situado na cidade de Campos do Jordão, no Estado de São Paulo. É elemento característico do título de estabelecimento a forma figurativa da palavra longevidade, em formato de coração. Na cidade de Itabaiana, no estado de Sergipe, há uma casa geriátrica de propriedade da sociedade Maruim & Riachuelo Ltda., destinada à internação de idosos em situação de vulnerabilidade, cujo estabelecimento tem como título Lar da Longevidade, que também adota a forma figurativa de coração para a palavra longevidade. Há semelhança do elemento figurativo do título do estabelecimento situado em Campos do Jordão com o de Itabaiana.

Com base nessas informações e nas condições previstas na lei especial para o registro de sinais distintivos como marca, responda aos itens a seguir.

A) A sociedade Baraúna Participações S.A. poderá registrar como marca figurativa Spa da Longevidade, sendo certo que há novidade deste sinal distintivo como marca? Justifique.

B) O registro de marca tem a validade vinculada ao prazo de duração da sociedade que pretende obter sua titularidade, no caso, um prazo indeterminado? Justifique.

GABARITO:

A) Sim. É possível o registro da marca Spa da Longevidade. Embora haja semelhança no elemento figurativo longevidade, não há possibilidade de confusão ou associação do título de estabelecimento com a marca, em razão da localização de cada estabelecimento e do ramo de atividade distintos. Não incide, portanto, a proibição prevista no art. 124, V, da Lei n. 9.279/96.

B) Não. O registro de marca vigora pelo prazo de 10 (dez) anos, prorrogável por períodos iguais e sucessivos, de acordo com o art. 133, *caput, da Lei n. 9.279/96.*

(41º Exame) Chocolates Cacaulândia Ltda. requereu recuperação judicial perante o Juízo de Vara Única de Santa Luzia d'Oeste, RO. A relação de credores que instruiu a petição inicial dá conta da existência de 75 (setenta e cinco) credores trabalhistas; 4 (quatro) credores com garantia real, sendo 2 (dois) hipotecários e 2 (dois) pignoratícios, 174 (cento e setenta e quatro) credores quirografários e 54 (cinquenta e quatro) credores enquadrados como microempresas e empresas de pequeno porte. Sobre o caso apresentado, responda aos itens a seguir.

A) Como serão divididos esses credores para efeito de votação na Assembleia Geral de credores? Justifique. (Valor: 0,60)

B) Na votação do plano de recuperação judicial, como será verificado o *quorum* necessário para a aprovação? Justifique. (Valor: 0,65) Obs.: o(a) examinando(a) deve fundamentar suas respostas. A mera citação do dispositivo legal não confere pontuação.

GABARITO:

A questão tem por objetivo aferir se o examinando conhece a composição das classes de credores para fins de votação na recuperação judicial, de acordo com o art. 41 e seus incisos da Lei n. 11.101/2005. Ademais, é objetivo da questão aferir se o examinando conhece a sistemática de aferição do *quorum* para a aprovação do plano, por classe, de acordo com os parágrafos do art. 45 da Lei n. 11.101/2005.

A) Os credores trabalhistas integram a classe I, os credores com garantia real (hipotecários e pignoratícios) integram a classe II, os credores sem garantia (quirografários) integram a classe III e os credores enquadrados como microempresa e empresa de pequeno porte integram a classe IV, com base no art. 41 da Lei n. 11.101/2005.

B) O *quorum* para a aprovação do plano nas classes I e IV é aferido pela maioria simples dos credores presentes, independentemente do valor de seu crédito; o *quorum* para aprovação do plano nas classes II e III é aferido por mais da metade do valor total dos créditos e, cumulativamente, pela maioria simples dos credores presentes, de acordo com o art. 45, §§ 1º e 2º, da Lei n. 11.101/2005.

(41º Exame) Denise Itanhangá decidiu constituir uma sociedade limitada sendo ela a única sócia, tendo integralizado o capital antes do início da atividade. No documento particular de constituição, Denise não indicou quem administrará a sociedade, preferindo fazê-lo em documento separado. Foi designada como administradora com plenos poderes a irmã de Denise, Sra. Mirassol Itanhangá, que não tem impedimento legal e é plenamente capaz. Sobre o tema, responda aos itens a seguir.

A) A designação de administrador na Sociedade Limitada Unipessoal pode ser feita em ato separado? Justifique. (Valor: 0,65)

B) Como se dará a investidura da administradora Mirassol? Justifique. (Valor: 0,60)

PRÁTICA EMPRESARIAL   239

GABARITO:
A questão tem por objetivo aferir se o examinando é capaz de reconhecer a possibilidade de a designação de administrador ser feita em documento separado na sociedade limitada, bem como a forma de investidura quando nomeado em ato separado.

A) Sim. Na Sociedade Limitada Unipessoal, é possível a designação do administrador no documento de constituição ou em ato separado, de acordo com o art. 1.060, *caput*, do Código Civil.

B) A investidura da administradora Mirassol no cargo ocorrerá mediante termo de posse no livro de atas da administração, segundo o art. 1.062, *caput*, do Código Civil.

(41º Exame) Leme do Prado, liquidante da sociedade empresária Fábrica de Doces Fruta de Leite Ltda., em liquidação, verificou, após elaborar o inventário e levantar o balanço geral do ativo e do passivo, que o primeiro era insuficiente para a solução do segundo. Diante desse fato sobejamente comprovado, Leme do Prado exigiu dos sócios Marilac e Gonçalves, os únicos que ainda não haviam integralizado suas cotas, que o fizessem imediatamente. Os sócios argumentaram que a sociedade não está falida e a lei não os obriga a integralizar as cotas que subscreveram antes do prazo fixado no contrato, até 31 de dezembro de 2024, data ainda não atingida. Considerados os fatos apresentados, responda aos itens a seguir.

A) Procede o argumento apresentado pelos sócios ao liquidante? Justifique. (Valor: 0,65)

B) Qual o dever legal do liquidante, terminada a liquidação? Justifique. (Valor: 0,60)

GABARITO:
A questão tem por objetivo averiguar se o examinando é capaz de identificar o dever do liquidante durante a liquidação de exigir dos cotistas, quando insuficiente o ativo à solução do passivo, a integralização de suas cotas (art. 1.103, V, do CC). Também se espera que o examinando conheça o dever legal do liquidante de apresentar aos sócios, encerrada a liquidação, o relatório da liquidação e suas contas finais (art. 1.103, VIII, do CC).

A) Não. É dever do liquidante exigir dos cotistas, quando insuficiente o ativo para a solução do passivo, a integralização de suas cotas, com fundamento no art. 1.103, V, do Código Civil.

B) O dever legal do liquidante, terminada a liquidação, é de apresentar aos sócios o relatório da liquidação e as suas contas finais, de acordo com o art. 1.103, VIII, do Código Civil.

(41º Exame) O Instituto de Agronomia da Universidade do Estado do Tapajós, autarquia estadual, realiza com proficiência a análise técnica da qualidade do café produzido na região em que a universidade atua, produzindo laudos técnicos sobre a certificação de qualidade do produto. A universidade realizou um concurso para a criação de um sinal distintivo associado ao instituto e seu trabalho. O vencedor do concurso e recebedor do prêmio foi o engenheiro agrônomo Marcos Aveiro, que não tem vínculo empregatício com a autarquia. O sinal distintivo por ele concebido será registrado como marca de certificação no INPI. Consideradas tais informações e a legislação marcária, responda aos itens a seguir.

A) A autarquia estadual pode requerer o registro de marca, considerando que Marcos Aveiro criou o sinal sob o patrocínio dela? Justifique. (Valor: 0,60)

B) Como se adquire a propriedade da marca e qual seu efeito para o titular? Justifique. (Valor: 0,65)

GABARITO:
A questão tem por objetivo verificar se o examinando reconhece que o pedido de registro de marca pode ser formulado por pessoa jurídica de direito público, no caso a autarquia estadual,

que patrocinou e premiou sua criação. Também se espera que o examinando reconheça como se adquire a propriedade da marca e o efeito para o titular.

A) Sim. Em razão de ter patrocinado a criação da marca, a autarquia, como pessoa jurídica de direito público, pode requerer o registro, de acordo com o art. 128, *caput*, da Lei n. 9.279/96.

B) A propriedade da marca se adquire pelo registro validamente expedido, sendo assegurado ao titular seu uso exclusivo em todo o território nacional, com fundamento no art. 129, *caput*, da Lei n. 9.279/96.

Súmulas selecionadas

Acesse o *QR Code* e veja as Súmulas que foram selecionadas pelos autores para auxiliar seus estudos.

> *http://uqr.to/1yvaf*

Referências

COELHO, Fábio Ulhoa. *Manual de direito comercial*: direito de empresa. 24. ed. São Paulo: Saraiva, 2012.

FAZZIO JUNIOR, Waldo. *Manual de direito comercial*. 13. ed. São Paulo: Atlas, 2012.

GONÇALVES, Marcus Vinicius Rios. *Novo curso de direito processual civil*. 9. ed. São Paulo: Saraiva, 2012. v. 1; 8. ed. São Paulo: Saraiva, 2012. v. 2; 5. ed. São Paulo: Saraiva, 2012. v. 3.

GONÇALVES, Marcus Vinicius Rios. *Direito processual civil esquematizado*. 7. ed. São Paulo: Saraiva, 2016.

MAGALHÃES, Giovani. *Direito empresarial facilitado*. São Paulo: Método, 2020.

MAGALHÃES, Giovani; ROCHA, Marcelo Hugo da. *Passe na OAB 2ª Fase – empresarial – teorias e modelos*. São Paulo: Saraiva, 2013.

MAMEDE, Gladston. *Direito empresarial brasileiro*: falência e recuperação de empresas. São Paulo: Atlas, 2006. v. 4.

MAMEDE, Gladston. *Direito empresarial brasileiro*: títulos de crédito. 4. ed. São Paulo: Atlas, 2008. v. 3.

PEDRO, Paulo Roberto Bastos. *Curso de direito empresarial*. São Paulo: Revista dos Tribunais, 2011.

RAMOS, André Luiz Santa Cruz. *Direito empresarial esquematizado*. São Paulo: Método, 2011.

RAMOS, André Luiz Santa Cruz. *Direito empresarial esquematizado*. 2. ed. São Paulo: Método, 2012.

REQUIÃO, Rubens. *Curso de direito comercial*. 29. ed. São Paulo: Saraiva, 2012. v. 2.

REQUIÃO, Rubens. *Curso de direito comercial*. 31. ed. São Paulo: Saraiva, 2012. v. 1.

ROCHA, Marcelo Hugo da. *Passe na OAB 2ª Fase – empresarial – peças e questões comentadas*. 3. ed. São Paulo: Saraiva, 2012.

ROCHA, Marcelo Hugo da. *Direito empresarial sintetizado*. São Paulo: Método, 2016.

TOMAZETTE, Marlon. *Curso de direito empresarial*: teoria geral e direito societário. 3. ed. São Paulo: Atlas, 2011. v. 1.

TOMAZETTE, Marlon. *Curso de direito empresarial*: títulos de crédito. 2. ed. São Paulo: Atlas, 2011. v. 2.

VIDO, Elisabete Teixeira dos Santos. *Direito empresarial*. 10. ed. São Paulo: Revista dos Tribunais, 2010.

VIDO, Elisabete Teixeira dos Santos. *Prática empresarial*. 2. ed. São Paulo: Revista dos Tribunais, 2010.